Profession

JOURN
INDÉPEN

Chez le même éditeur

Dans la même collection

E. Delamarre, *Profession photographe indépendant*, 4e édition, 2016, 334 p.
J. Moya & É. Delamarre, *Profession graphiste indépendant*, 3e édition, 2014, 272 p.
O. Ramoul/Pajda, *Profession artiste plasticien*, 2014, 262 p.
C. Mahé-Menant, *Profession administrateur de production de films*, 2012, 196 p.
A. Lacouchie, S. Mechta & E. Sourdillat, *Profession iconographe*, 2011, 296 p.

Autour du journalisme

M. Briggs, *Manuel de journalisme web*, 2014, 296 p.
J. Gray , L. Bounegru , L. Chambers & N. Kayser-Bril, *Guide du data journalisme,* 2013, 220 p.

Révision : Hind Boughedaoui
Mise en pages : Nord Compo

Groupe Eyrolles
61, bd Saint-Germain
75240 Paris Cedex 05
www.editions-eyrolles.com

Profession

JOURNALISTE INDÉPENDANT

Thierry Butzbach

EYROLLES

Avant-propos

L'appellation de journaliste pigiste est souvent assimilée à celle de salarié précaire. C'est une réalité. Il convient par conséquent de bien réfléchir avant de se lancer. La presse est un secteur professionnel en pleine recomposition où les embauches sont plus rares aujourd'hui qu'il y a dix ans. La pige n'est plus un palliatif transitoire entre deux postes en rédaction : elle devient un mode permanent d'exercice du métier.

Pour réussir, il ne suffit pas d'être un bon journaliste. Il faut savoir dénicher des sujets originaux, peaufiner des angles décalés, rédiger des synopsis accrocheurs, attraper le bon chef de rubrique, le convaincre, mener des enquêtes au long cours tout en suivant l'actualité, entretenir son réseau, apprendre à faire valoir ses droits... Et toujours relancer.

Postulat de départ : les rédactions n'ont besoin de personne. Par contre, elles ont besoin de sujets. De bons sujets. Au-delà de la précarité, la pige rime aussi avec liberté, diversité, adaptation, projets, innovation... Être pigiste est une forme de performance dans le journalisme. Nombre de journalistes pigistes ont développé des projets passionnants qu'ils n'auraient jamais réalisés s'ils avaient été contraints par les limites d'un poste dans une rédaction. Il y a évidemment les reportages à l'étranger, le choix d'une spécialité, mais aussi la possibilité de traiter des sujets variés ou de s'investir dans des enquêtes fouillées, sans oublier la possibilité d'articuler plus aisément vie professionnelle et contraintes personnelles.

Cette indépendance a un prix. Pour mener à bien leurs différents projets ou tout simplement pour joindre les deux bouts, la plupart des journalistes exercent une activité annexe. Édition, communication, formation : les secteurs intéressés par les compétences des journalistes ne manquent pas. Mais pour y travailler, il est souvent nécessaire d'adopter un statut particulier.

Défricheur cultivant sa différence, concepteur polyvalent apportant des sujets clés en main, commercial sachant se vendre : tel est le pigiste d'aujourd'hui. Fruit d'une longue expérience et de multiples échanges, ce livre a vocation à vous aider à relever le défi.

Remerciements

Un grand merci à Bruno Crozat qui m'a accompagné dans la préparation de ce livre. J'adresse également mes remerciements chaleureux à Yann Kerveno, Éric Delon, Jean Chabod, Raphaël Baldos, Emmanuel Guillemain d'Echon, et plus généralement à tous mes ami(e) s de Profession Pigiste et du forum de la liste Piges, qui m'ont, directement ou indirectement, aidé à saisir toute la richesse de la vie de journaliste pigiste. Merci également à Martine Rossard et au Syndicat national des journalistes (SNJ) pour leur aide précieuse.

À Malika...

Sommaire

Introduction

Un métier, des activités, plusieurs statuts

Lors des « 48 heures de la pige » de juillet 2014, à Vichy – le rendez-vous annuel des journalistes pigistes –, le directeur de la prospective à France Télévisions, Éric Scherer affirmait : « L'innovation est la seule assurance vie du journalisme [...], les journalistes auront un avenir s'ils réinventent leur métier ». On ne réinvente pas un métier sans expérimenter toute sorte de statuts. Ainsi, certains journalistes jouent la carte du « collectif » en créant des agences de presse sous forme de coopératives, tandis que d'autres prolongent leurs travaux en écrivant des livres enquêtes en qualité d'auteurs.

Ces évolutions conduisent la plupart des journalistes indépendants à diversifier leurs activités, et donc à cumuler différents statuts et modes de rémunération. Il ne s'agit pas des traditionnels « ménages » qu'assurent parfois les journalistes en poste pour gonfler leurs revenus, mais d'une véritable tendance de fond. Travailler uniquement pour la presse est devenu une gageure pour la majorité des journalistes pigistes. Les opportunités offertes par un secteur en crise suffisent rarement à procurer un salaire décent. La recherche de revenus complémentaires est devenue quasiment indispensable. En plus du statut de salariés que leur procure leur collaboration avec la presse, la plupart des journalistes indépendants exercent donc leurs compétences dans des activités annexes (communication, édition...). Des travaux ayant des interactions avec celui de journaliste, mais accessibles avec un autre statut que celui de salarié – qui est le statut normal des journalistes pigistes.

La presse elle-même fait parfois pression pour que ses journalistes pigistes adoptent un autre statut que celui de salarié rémunéré à la pige, pourtant expressément prévu par la loi. Des entreprises de presse et audiovisuelles incitent ou obligent des journalistes pigistes à se déclarer en auto-entrepreneurs, à être payés en droit d'auteur ou en honoraires, ou bien via une société de portage. Les syndicats de journalistes dénoncent régulièrement ces conditions qui bafouent les droits légaux et conventionnels de la profession, rappelant que les journalistes professionnels rémunérés à la pige bénéficient d'une présomption de contrat de travail et doivent donc être considérés comme salariés.

À noter

La première partie de ce livre évoque les divers statuts qu'un journaliste indépendant peut être amené à adopter. La quatrième partie revient en détail sur certaines questions juridiques ou sociales relatives au statut de salarié.

Pour mieux se défendre et, au besoin, bien savoir comment recourir à ces différents statuts, il est utile de bien les connaître, car ils viennent s'ajouter à la complexité des conventions qui régissent ce métier. Les incidences du statut sont importantes, notamment en matière de contribution aux charges sociales. Le tableau comparatif de la page 52 récapitule les conséquences financières et sociales de chacun des statuts.

Par ailleurs, le fait de multiplier les employeurs et les statuts complexifie la notion d'activité principale et accessoire... La règle est pourtant simple : pour l'administration fiscale comme pour la Sécurité sociale, l'activité principale est celle qui vous apporte la rémunération la plus importante. Donc, même si vous devez payer des charges sociales sur l'ensemble de vos revenus, votre couverture sociale dépendra de votre activité majoritaire en termes de revenus.

Actualisation des chiffres et des données

Pour chaque cas de figure, nous nous sommes efforcés de communiquer des chiffres actualisés. Mais les montants, seuils et plafonds des différentes bases de calcul (du Smic, de la Sécurité sociale...) sont réévalués tous les ans. Prenez donc soin de vérifier qu'ils n'ont pas changé depuis l'impression de ce livre. De même, certaines lois, circulaires ou décrets peuvent changer et avoir des conséquences sur les statuts. Il est donc important de se tenir au courant des décisions juridiques qui ont un impact sur la profession.

PARTIE 1

Quel journaliste êtes-vous ?

Cette partie passe en revue les différents statuts – salarié, auteur, auto-entrepreneur, correspondant de presse et salarié en portage salarial – et en détaille les incidences sur le plan social et fiscal. Celui qui jongle avec de plusieurs statuts doit s'habituer à une certaine gymnastique comptable pour fixer ses tarifs. En particulier, les journalistes sollicités pour travailler en portage salarial devront se souvenir de se faire payer deux fois le prix de la pige payé en salaire pour s'y retrouver… Au-delà de ce point de vue financier, chacun doit avoir conscience des conséquences sociales si l'une ou l'autre de ses activités annexes devient prépondérante par rapport à une activité salariée, car les statuts d'auteur ou d'auto-entrepreneur ne relèvent pas du régime général de l'assurance sociale. D'ailleurs en cas de fin de collaboration et de chômage, ces statuts n'ouvrent pas droit à des indemnités de licenciement ni aux allocations de l'assurance-chômage.

Chapitre 1
Le journaliste pigiste

La pige a longtemps été un moyen de débuter dans le métier, surtout pour ceux qui n'avaient pas fait d'études spécialisées dans ce domaine. Une première étape pour entrer dans une rédaction. On pigeait durant un temps (quelques mois, voire quelques années...), avant d'être embauché. C'est de moins en moins le cas, parce que les places en rédaction se font de plus en plus rares – les effectifs se réduisent et les départs ne sont pas remplacés. Par ailleurs, les pigistes dont la carrière s'allonge ont peu de chance d'être recrutés, car les rédactions préfèrent souvent embaucher un jeune journaliste (qu'ils formeront à leur méthode) plutôt qu'un pigiste aguerri, sur lequel on sait cependant pouvoir compter. Depuis vingt ans, la pige est donc devenue un mode d'exercice du journalisme à part entière. C'est une pratique du métier qu'on peut installer dans la durée, de manière subie (en attendant une place permanente en rédaction) ou délibérée (sans volonté de décrocher un poste fixe).

Le métier de journaliste présente l'avantage d'être défini par la loi. L'article L 7111-3 du Code du travail précise ainsi que « le journaliste professionnel est celui qui a pour occupation principale, régulière et rétribuée, l'exercice de sa profession dans une ou plusieurs publications, quotidienne ou périodique, ou dans une ou plusieurs agences de presse ou dans une ou plusieurs entreprises de communication audiovisuelle et qui en tire le principal de ses ressources ». Il est également précisé que le correspondant, qu'il travaille sur le territoire français ou à l'étranger, est un journaliste professionnel s'il reçoit des appointements fixes et remplit les conditions précédentes. Comme les journalistes en poste – appelés « staffés » – les journalistes pigistes bénéficient de la convention collective nationale du travail

Important

Que le journaliste soit en poste ou pigiste, son statut est celui de salarié.

des journalistes, qui améliore les dispositions légales de droits communs (versement d'un treizième mois, prime d'ancienneté, maintien du salaire en cas de maladie-maternité, indemnités de licenciement plus conséquente…).

Ce statut de salarié du pigiste et le bénéfice de la convention collective des journalistes qui en découle font partie des acquis de la profession. Il nous est envié par les confrères européens qui travaillent sous le statut d'indépendant. Toutefois, la situation des journalistes pigistes est souvent complexe et parfois délicate à faire respecter. Face à un employeur ignorant ou irrespectueux de ses devoirs, le journaliste pigiste isolé peut avoir des difficultés à faire valoir ses droits, par exemple en matière de paiement des compléments de salaires lors d'un arrêt maladie, ou d'indemnité de licenciement.

Le poids des pigistes

La presse a toujours eu recours aux collaborations extérieures. En 2007, le cabinet Oasys a mené une étude sur le recrutement des journalistes. Sur le panel interrogé, 73 % des entreprises de presse avouaient avoir eu recours à des pigistes dans l'année et 29 % déclaraient compter plus de 30 % de pigistes dans leurs effectifs. Parmi les motivations justifiant la non-titularisation des pigistes, 47 % des entreprises de presse annonçaient vouloir « garder de la flexibilité » et 27 % vouloir « disposer d'un vivier de compétences ». Par ailleurs, 20 % estimaient que le pigiste « devient moins performant » lorsqu'il est intégré à la rédaction… Bel hommage à l'efficacité et à la productivité des pigistes !

L'exercice de la pige

À l'origine, la pige est un instrument de mesure des compagnons bâtisseurs de cathédrales : il s'agit d'une règle. En presse écrite, cette même règle a servi à mesurer la longueur des articles imprimés dans un journal pour en déterminer la rémunération. Aujourd'hui, l'unité de mesure de la pige la plus fréquente en presse écrite est le feuillet, à savoir 1 500 caractères espaces compris. Une pige correspond donc à un nombre déterminé de feuillets. Par extension, on parle d'une pige pour un article, un son, un reportage vidéo. Elle est devenue synonyme de collaboration.

La pige est un mode de rémunération, non un type de contrat. Encore moins un statut. L'interprétation annexée à la convention collective nationale des journalistes parle du journaliste pigiste comme d'un « journaliste salarié qui n'est pas tenu de consacrer une partie déterminée de son temps à l'entreprise de presse à laquelle il collabore mais n'a pour obligation que de fournir une production convenue dans les formes et les délais prévus par l'employeur ». Concrètement, le journaliste pigiste est donc rémunéré « à la tâche », c'est-à-dire au feuillet, à la photo, au dessin...

Théoriquement, la rémunération à la pige ne peut être utilisée quand le temps de travail est mesurable. Mais des employeurs de presse écrite appellent également pigistes des secrétaires de rédaction contraints à des horaires et à une présence dans l'entreprise. Dans l'audiovisuel, on appelle aussi pigistes des journalistes rémunérés à la vacation. Et dans certaines rédactions, les remplacements à la journée de personnes absentes sont aussi souvent réalisés par des pigistes.

La loi Cressard

Le statut social des journalistes pigiste est l'aboutissement d'une longue conquête. Une circulaire du 28 juillet 1949 accordait aux journalistes collaborant épisodiquement avec des entreprises de presse le droit d'être immatriculés à la Sécurité sociale. La plupart des entreprises de presse ne l'appliquaient pas. Il fallut attendre la loi du 8 août 1963 pour que les journalistes rémunérés à la pige soient expressément intégrés à la catégorie des journalistes de la Sécurité sociale (article L 242-3, L242-4 et L 514-1 du Code de la Sécurité sociale). Dès lors, les journalistes pigistes jouirent de la même couverture sociale que n'importe quel salarié.

Malgré cette reconnaissance, les journalistes pigistes ne bénéficiaient pas des mêmes droits que leurs homologues staffés. Au début des années 1970, des journalistes pigistes de la presse régionale sollicitèrent Jacques Cressard. Le député gaulliste d'Ille-et-Vilaine connaissait bien la presse écrite dans laquelle travaillait son père ainsi que plusieurs de ses frères et sœurs. Il prit fait et cause pour les pigistes et porta une loi reconnaissant le statut professionnel des pigistes. Insérée dans plusieurs articles du Code du travail (voir encadré page 10), la loi Cressard reconnaît aux pigistes le statut légal de journalistes ainsi qu'une présomption de salariat leur donnant accès aux mêmes protections et avantages légaux et réglementaires que les journalistes staffés (à condition d'exercer la profession de journaliste à titre principal et d'en tirer le principal de leurs ressources). Il en découle les avantages et protections suivants pour le journaliste pigiste :

- il doit être payé en salaire ;
- il bénéficie du versement du treizième mois, des congés payés et des primes d'ancienneté ;
- il est électeur et éligible aux instances représentatives du personnel (DP, CE, CHSCT) ;
- il a accès au plan de formation de l'entreprise et au 1 % logement ;
- il a droit au maintien du salaire en cas d'arrêt maladie, de congé maternité ou d'accident du travail ;
- il bénéficie des indemnités en cas de rupture du contrat de travail (licenciement), des droits au chômage ;
- il a droit aux bénéfices de la participation et de l'intéressement ;
- il peut faire valoir les clauses de conscience et de cession.

Important

Les pigistes font partie de l'effectif des journalistes : tous les journalistes pigistes doivent être inscrits sur le registre unique du personnel et sont comptabilisés dans les effectifs de l'entreprise.

En quarante ans, la jurisprudence a abondement enrichi la lecture de la loi Cressard. Ainsi, pour qu'un professionnel soit reconnu comme journaliste pigiste, la justice considère qu'une collaboration régulière (et à titre principal) est une condition nécessaire mais pas suffisante ; un lien de subordination doit exister. La majorité des litiges résulte de l'ambiguïté liée à la présomption de contrat de travail, dont l'absence doit cependant être démontrée par l'employeur.

La circulaire d'information n° 91-6 du 27 mars 1991 du ministère du Travail apporte quelques précisions sur cette « présomption ». Le texte indique que le mode de rémunération (salaire) n'est pas une condition d'application de la présomption de contrat de travail tel que défini par la loi Cressard. La rémunération à la pige ne préjuge donc pas de la nature juridique des relations entre le journaliste et l'entreprise de presse. Seuls des éléments fondateurs d'un lien de subordination prouvent son existence. Ce lien se caractérise par « l'exécution d'un travail sous l'autorité d'un employeur qui a le pouvoir de donner des ordres et des directives, d'en contrôler l'exécution et de sanctionner les manquements de son subordonné». Concrètement, un travail effectué au sein d'un service organisé, la détermination unilatérale des conditions d'exécution du travail, la nécessité de respecter des horaires ou des délais d'exécution comme la mise à disposition de moyens nécessaires à l'exécution du travail sont des éléments qui prouvent l'existence d'un lien de subordination.

La régularité comme la durée de la collaboration ne sont pas précisées dans la loi Cressard. Le critère pour définir la régularité d'une collaboration d'un journaliste pigiste demeure imprécis et est laissé à l'appréciation des juges en cas de conflit. Elle varie en fonction de la périodicité de la publication, du nombre de collaborations et de leur fréquence. Rappelons néanmoins que la convention collective des journalistes indique que les journalistes rémunérés à la pige, justifiant d'au moins trois bulletins de salaires dans les douze derniers mois précédents, dont au moins un dans les trois derniers mois, peuvent participer aux élections représentatives du personnel des entreprises de presse. La jurisprudence s'appuie régulièrement sur ces critères pour établir le caractère de régularité des collaborations.

La Sécurité sociale enfonce le clou

En plus de la loi Cressard, le Code de la Sécurité sociale (articles L 311-2 et L 311-3) réaffirme que les sommes versées à un journaliste professionnel ou assimilé doivent être qualifiées de salaires, quels que soient le mode et le montant de la rémunération, ainsi que la qualification donnée à la convention par les parties à leurs relations de travail. Peu importe que le journaliste concerné soit détenteur de la carte de presse.

Un statut méconnu

L'exercice de la pige est trop peu enseigné dans les écoles de journalisme. Certains établissements proposent un module de découverte d'une journée, mais la plupart n'en parlent jamais. De l'autre côté, les rédacteurs en chef et chefs de rubrique, qui commandent les piges, connaissent rarement les conditions d'exercice du journaliste pigiste – tout comme la plupart des directions des ressources humaines (DRH) des entreprises de presse. Ces dernières enfreignent souvent leurs obligations d'employeurs par ignorance. Mais certaines transgressions sont parfois faites sciemment, au détriment des pigistes. Il est donc conseillé de bien connaître ses droits pour les faire valoir.

Code du travail : les principaux textes de loi sur le statut de journaliste pigiste

Article L 7111-3

« Est journaliste professionnel toute personne qui a pour activité principale, régulière et rétribuée, l'exercice de sa profession dans une ou plusieurs entreprises de presse, publications quotidiennes et périodiques ou agences de presse et qui en tire le principal de ses ressources. »

Article L 7111-4

« Sont assimilés aux journalistes professionnels les collaborateurs directs de la rédaction, rédacteurs-traducteurs, sténographes-rédacteurs, rédacteurs-réviseurs, reporters-dessinateurs, reporters-photographes, à l'exclusion des agents de publicité et de tous ceux qui n'apportent, à un titre quelconque, qu'une collaboration occasionnelle. »

Article L 7112-1

« Toute convention par laquelle une entreprise de presse s'assure, moyennant rémunération, le concours d'un journaliste professionnel est présumé être un contrat de travail. Cette présomption subsiste quels que soient le mode et le montant de la rémunération ainsi que la qualification donnée à la convention par les parties. »

Le contrat de travail

Compte tenu des impératifs de réactivité et de rapidité spécifiques à la profession et à l'information, beaucoup de groupes de presse rechignent à établir un contrat à chaque commande et cherchent à établir un cadre global régissant les relations de travail générales. Pas d'inquiétude : un contrat de travail à durée indéterminé (CDI) n'est pas obligatoirement écrit. Les bulletins de salaires suffisent à prouver son existence. Dans la pratique, n'hésitez pas à demander un « bon de pige » écrit (même par e-mail) récapitulant les grandes orientations d'une commande passée oralement (angle, calibrage, délais...) afin de prouver le lien de subordination.

Lorsqu'il est proposé, un contrat de travail écrit présente l'avantage de préciser l'essentiel des éléments de l'organisation de la collaboration et certaines modalités concernant la rémunération, les dates de paiement, les congés payés, l'éventuel accès aux services du comité d'entreprise, etc. L'écriture d'un contrat est d'autant plus conseillée que celui-ci est atypique.

Dans le journalisme, deux clauses sont à surveiller de près : celle de la non-concurrence et celle sur les droits d'auteur. L'objet de la première est de protéger l'entreprise, mais elle ne doit pas être trop large, sinon elle peut être déclarée nulle. Impossible donc de vous empêcher de travailler en Picardie si vous êtes en poste à Douai, par exemple. Surtout, cette clause de non-concurrence doit être explicitement rémunérée. N'hésitez pas à biffer les mentions qui vous semblent abusives. Quant à la clause sur les droits d'auteurs, elle doit s'appuyer sur l'accord d'entreprise portant sur les droits d'auteur conclu dans le cadre de la loi Hadopi (voir chapitre 20, « Faire rémunérer la ré-exploitation de son travail », page 237).

Il arrive souvent qu'un pigiste régulier soit sollicité par un employeur pour un remplacement. Il lui est alors souvent proposé un contrat de travail à durée déterminée, c'est-à-dire limité dans le temps. Ce type de contrat de droit commun est soumis à des formalités et règles très strictes. Il doit obligatoirement être écrit et préciser les raisons de l'embauche : remplacement pour absence d'un salarié (congés payés, maladie, formation, attente d'un nouveau recrutement après un départ...) ou exécution d'un travail exceptionnel (surcroît de travail).

À noter

L'article 17 de la convention collective des journalistes stipule que « le journaliste professionnel ne peut être embauché avec un contrat à durée déterminée que pour une mission temporaire dont la nature et la durée doivent être définies lors de l'embauche ».

En cas de remplacement, le salaire doit correspondre à celui du salarié remplacé. Un CDD ne peut être renouvelé que deux fois pour un même poste pour une durée maximale de dix-huit mois (loi Rebsamen d'août 2015). La période d'essai dépend de la durée du CDD : il est d'un jour par semaine prévue au contrat (dans la limite de deux semaines) pour les CDD de moins de six mois, et d'un mois au-delà. En cas de missions successives, la loi impose un « délai de carence » (période non travaillée) représentant un tiers de la durée du CDD (la moitié pour les missions d'une durée inférieure à 14 jours). L'entreprise est tenue de respecter ce délai entre deux contrats. À l'issue de sa durée, le CDD donne droit au versement d'une prime de précarité correspondant à 10 % de la rémunération brute totale perçue pendant toute la durée du contrat (et de l'équivalent des congés payés acquis s'ils n'ont pas été pris).

Outre le CDD, la loi reconnaît l'existence d'un « CDD d'usage » (article L122-1-1 et suivants du Code du travail) pour certains emplois (hôtellerie, restauration...) en raison de leur caractère saisonnier. Les secteurs d'activité dans lesquels peuvent être conclus des CDD d'usage sont fixés par décret. La liste complète figure à l'article D1242-1 du Code du travail. Elle contient, entre autres, « l'information, les activités d'enquête et de sondage » et « les spectacles, l'action culturelle, l'audiovisuel, la production cinématographique, l'édition phonographique », mais pas le secteur de la presse. Cette possibilité a cependant été longtemps utilisée par les radios et télévisions qui multipliaient les « CDD d'usage » (parfois successifs) avec les journalistes pigistes pour éviter de conclure un CDD (impossible à renouveler au-delà de deux fois sans période de carence). Un tel contrat doit être obligatoirement écrit et donner la définition précise de son motif.

En théorie, la presse écrite ne devrait pas se prévaloir du CDD d'usage, car pour le mettre en œuvre, l'employeur doit prouver qu'il existe un « usage constant de ne pas recourir à des contrats à durée indéterminée » dans son secteur (article L. 1242-2 3 du Code du travail). Pour autant, de nombreux journaux et groupes de presse n'hésitent pas à faire signer de tels contrats à leurs journalistes pigistes. En abusant de ce CDD d'usage, ils évitent le versement de la prime de précarité obligatoire à verser aux CDD « normaux » en fin de contrat et s'exonèrent du délai de carence. Soyez vigilant, mais signez en connaissance de cause. Personne ne vous reprochera d'avoir accepté un CDD d'usage si vous devez travailler. Tout le monde doit manger. Mais passé un certain temps, il faut savoir défendre les droits de profession. Et si vous ne voulez pas vous mettre en porte-à-faux, alertez les instances représentatives des salariés (délégués du personnel, comité d'entreprise), voire les syndicats.

Les accords d'entreprise sur les pigistes

Pour clarifier les choses et prévenir les conflits, les organisations syndicales invitent les entreprises de presse à conclure un accord d'entreprise portant sur les pigistes et les collaborations extérieures. Il existe de telles « chartes » dans des groupes de presse comme Bayard Presse ou Wolters Kluwer, ainsi qu'au *Monde* et à *Libération*.

Renseignez-vous lorsque vous commencez à collaborer avec un nouvel employeur. Ces chartes ont le mérite de rappeler – une bonne fois pour toutes – le statut de pigiste, ses droits et ses devoirs. En particulier au niveau des horaires et de l'organisation du travail, ainsi que sur la liberté de collaborer à d'autres titres ou supports (y compris lorsqu'ils sont concurrents).

Liberté de collaboration multiple

Les journalistes pigistes sont libres de travailler pour plusieurs entreprises de presse. Au début de la collaboration, il est courant de mentionner ses autres collaborations régulières. Selon l'article 7 de la convention collective des journalistes, le journaliste pigiste est tenu de prévenir ses autres employeurs. Ces derniers doivent donner leur autorisation par écrit dans les dix jours suivants la demande. À défaut, l'autorisation est automatiquement acquise. L'employeur peut refuser de donner son accord en motivant sa décision. Les collaborations exceptionnelles sont exemptées de cette obligation dès lors qu'elles ne portent pas préjudice à l'employeur. Ce qui ne pose pas de problème lorsque les supports ne sont pas directement concurrents.

Certains de ces accords déterminent le volume d'activité nécessaire pour qu'un journaliste soit considéré comme un collaborateur régulier (en nombre de fiches de paie par an ou rémunération moyenne mensuelle). Ces conventions peuvent également fixer la rémunération des piges (feuillets et photos) et établir d'éventuels barèmes forfaitaires – sachant que ces montants sont susceptibles d'être réévalués régulièrement dans le cadre des négociations annuelles obligatoires (NAO). Mieux, ces accords fixent parfois les conditions de commande des piges, l'éventuel prêt de matériel, les modes de règlement et de remboursement des frais ainsi que la possibilité d'obtenir des acomptes, les dispositions de règlement du treizième mois (à chaque pige ou en fin d'année). Ils rappellent aussi parfois les conditions de versement du complément de salaire en cas de maladie-maternité, les conditions du bénéfice de la participation et de l'intéressement, et évoquent même le cas particulier des pigistes à l'étranger.

D'autres accords encore précisent les conditions d'une éventuelle rupture de collaboration et définissent le niveau de baisse substantielle de pige (à partir de 25 % d'une année à l'autre au *Monde*, de 35 % chez Bayard) considéré comme mettant fin à la collaboration et ouvrant droit à indemnisation. Enfin, ils détaillent les dispositions internes de l'accès des journalistes pigistes aux élections des instances représentatives du personnel et aux activités sociales et culturelles du comité d'entreprise quand il existe.

Et les pigistes non cartés ?

Beaucoup de journalistes rémunérés à la pige ne possèdent pas la carte de presse. Soit parce qu'ils ne remplissent pas les conditions d'attribution vérifiée par la Commission de la carte d'identité des journalistes professionnels (voir chapitre 17, « Obtenir la carte de presse », page 193) en raison de leur faible volume d'activité ; soit parce qu'ils « oublient » ou ne veulent simplement pas la réclamer.

En théorie, il n'est absolument pas obligatoire d'être titulaire de la carte de presse pour être journaliste, exercer à la pige et être payé comme tel en salaire. Certaines entreprises demandent abusivement à leurs pigistes d'être titulaires de la carte de presse ; si cela vous arrive, faites-leur savoir que votre demande est en cours. Cette précaution vise généralement à justifier de votre qualification de journaliste vis-à-vis de l'Urssaf pour autoriser l'entreprise à appliquer l'abattement de 30 %. En revanche, la conclusion du « Protocole d'étape » signé entre les syndicats de salariés et les fédérations de la presse écrite concernant les journalistes rémunérés à la pige de fin 2007 réserve expressément le versement du treizième mois et l'accès à la formation aux seuls titulaires de la carte de presse. Deux bonnes raisons pour la demander.

Entreprises de presse… ou pas

Les journalistes ne sont pas les seuls employés d'une entreprise de presse. D'autres catégories professionnelles y travaillent également, sous d'autres conventions collectives (il s'agit le plus souvent de la convention collective des employés de la presse magazine et d'information). À l'inverse, les entreprises de presse ne sont pas les seules à employer des journalistes. Beaucoup d'organismes ou même d'associations éditent ou publient divers supports d'information générale. Certains sont même reconnus par la Commission paritaire des publications et agences de presse (CPPAP), qui délivre un avis pour le bénéfice du régime économique de la presse des publications (tarifs postaux réduits et fiscalité privilégiée).

Il y a eu beaucoup de littérature sur la question du statut des journalistes travaillant pour des employeurs qui ne sont pas des entreprises de presse. Mais la jurisprudence a clairement établi que c'était la fonction qui créait le statut, pas l'entreprise. Pour le Conseil d'État, « la reconnaissance de la qualité de journaliste professionnel n'est pas nécessairement subordonnée à la condition que l'activité soit exercée au sein d'une entreprise de presse » (décision n° 219930 du 22 juin 2001). Un arrêt du 25 septembre 2013 de la Cour de cassation estime par ailleurs que « dans le cas où l'employeur n'est pas une entreprise de presse ou une agence de presse, la qualité de journaliste professionnel peut être retenue », dès lors qu'il s'agit d'une publication d'intérêt général et que la rédaction en chef dispose d'une indépendance éditoriale.

Chapitre 2
Le statut d'auteur

Un auteur est une personne indépendante, supposée créer librement des œuvres originales (textes, photos, productions audiovisuelles). Il peut autoriser un tiers à reproduire et exploiter commercialement son œuvre. En contrepartie, il reçoit le versement de droits d'auteur. Cette rémunération de l'auteur en droits d'auteur découle de principes moraux patrimoniaux et juridiques fondés au XIXe siècle et qui ont progressivement structuré le statut d'auteur en France.

Ce statut concerne les écrivains, illustrateurs, scénaristes, réalisateurs, auteurs-compositeurs, traducteurs... mais pas les journalistes pigistes salariés liés à un ou plusieurs employeurs. La notion de contrat de travail est incompatible avec le statut d'auteur. Malgré tout, des entreprises de presse demandent à certains collaborateurs d'adopter ce statut pour régler une ou plusieurs piges en bénéficiant de cotisations sociales allégées. Mais seule la vente à un tiers de piges déjà parues ou déjà diffusées peut faire l'objet d'une rémunération sous la forme de droits d'auteur.

Comme toute rémunération, les droits d'auteurs sont soumis au prélèvement de cotisations sociales. Celles-ci sont gérées par l'Agessa, qui joue le rôle d'interface entre les auteurs et l'Urssaf. Au début de son activité, l'auteur est considéré par l'Agessa comme simple « assujetti ». C'est-à-dire que c'est son diffuseur (l'entité à qui il cède les droits d'exploitation de son œuvre) qui sera chargé de prélever ses cotisations sociales sur le montant de ses droits d'auteur et de les reverser directement à l'Agessa. C'est le système du « précompte » (comme prélèvement...), où les charges salariales sont prélevées à la source par le diffuseur et reversées par lui-même à l'Agessa pour le compte de l'auteur. Le diffuseur adressera donc à

À noter

Dans le jargon de l'Agessa, le diffuseur est celui qui exploite commercialement l'œuvre de l'auteur en la diffusant ou en la distribuant. Il peut s'agir d'un éditeur, d'une société de production ou de diffusion, ou encore d'une galerie.

À noter

Les bénéfices non commerciaux (BNC) concernent les revenus de personnes qui exercent une activité professionnelle non commerciale. Ces revenus sont soumis à une déclaration et une imposition fiscale particulière.

À noter

Aucun précompte n'est à verser lorsque l'auteur réside fiscalement à l'étranger. En revanche, la contribution diffuseur de 1,1 % reste due.

l'auteur un règlement du montant de ses droits minoré de ces cotisations.

À quoi sert l'Agessa ?

Depuis 1978, c'est l'Association pour la gestion de la sécurité sociale des auteurs (Agessa) qui assure la protection sociale des écrivains, auteurs-compositeurs, réalisateurs et photographes. Elle agit comme un « relais » de l'Urssaf en gérant et collectant les cotisations d'une population professionnelle à statut particulier.

Après deux années, et lorsque le montant total des droits d'auteur atteint le seuil de 8 703 €, l'auteur peut s'affilier à l'Agessa. Ce seuil (correspondant à 900 fois le Smic) augmente de 100 à 150 € chaque année (il est mis à jour sur le site service-public. fr). Dès lors, il est possible d'obtenir une dispense de précompte auprès de l'Agessa (voir encadré).

La dispense de précompte

Une fois affilié, et s'il déclare fiscalement ses revenus comme des bénéfices non commerciaux (BNC) et non comme des traitements et salaires, l'auteur peut demander à l'Agessa une dispense de précompte (formulaire S6062). En fournissant cette attestation, l'auteur dispense explicitement le diffuseur de prélever les cotisations sociales sur ses droits d'auteur. L'auteur se charge alors directement de régler le précompte à l'Agessa sur la base de son bénéfice fiscal majoré de 15 %. L'attestation de dispense de précompte doit être renouvelée tous les ans. L'auteur affilié doit justifier chaque année d'une rémunération suffisante de 8 703 € (en 2016), pour le maintien de son affiliation.

Simple en théorique, cette mécanique du précompte liée aux auteurs assujettis s'accompagne d'une certaine lourdeur administrative pour les diffuseurs. Si vous collaborez avec un éditeur qui connaît la musique, pas de problème. Mais s'il s'agit d'entreprises, d'associations ou d'organismes peu familiers de la gestion des droits d'auteur, mieux vaut les guider pour s'assurer qu'ils versent bien le précompte à l'Agessa. Avant de verser les droits d'auteurs, le diffuseur doit effectuer une déclaration d'existence auprès de l'Agessa ; chaque trimestre, il doit aussi remplir une déclaration de versement de précompte, accompagnée du règlement des cotisations et contributions dues. Lorsqu'il s'agit d'une première collaboration ou d'une vente unique à un « client » novice, le mieux est de rappeler le montant des cotisations sur votre note de droits d'auteur et de l'accompagner du bordereau déclaratif des diffuseurs prérempli à destination de l'Agessa.

Les principes du droit d'auteur

Il n'existe pas de définition légale d'une œuvre en France. Selon la loi, c'est la création qui fait l'œuvre. Selon le 1er article du Code de la propriété intellectuelle, l'auteur d'une œuvre de l'esprit jouit sur celle-ci, du seul fait de sa création, d'un droit de propriété exclusif et opposable à tous.

Pour être protégée par le droit d'auteur, une œuvre doit posséder certaines caractéristiques : être une réalisation humaine, issue de la volonté et d'une conscience de création, et posséder une forme et une originalité propre. À ce titre, les écrits, prises de vue ou réalisations audiovisuelles (y compris à caractère journalistique) sont considérés comme des œuvres de l'esprit.

Activités accessoires

Certaines activités annexes des auteurs, en lien avec une pratique artistique et reconnues par l'Agessa (activités en résidence, lectures publiques, animations d'ateliers d'écriture...) peuvent faire l'objet d'une rémunération de droits d'auteur à condition de ne pas excéder 80 % du seuil d'affiliation.

Au sens de la loi, il existe deux formes de droits s'appliquant aux œuvres : les droits moraux et les droits patrimoniaux.

- Le droit moral est rattaché à la personne et confère à l'auteur le droit au respect de son mon, de sa qualité d'auteur et de son œuvre. Ce droit a un caractère perpétuel, inaliénable et imprescriptible. Il ne peut faire l'objet d'une renonciation ou d'un transfert par voie contractuelle. En conséquence : l'auteur possède un droit de signature de l'œuvre que personne ne peut lui enlever (droit à la paternité); il peut s'opposer à tout moment à l'affichage ou à l'exploitation de son œuvre même lorsqu'il a autorisé un tiers à le faire, sous réserve d'indemnisation du préjudice (droit de repentir ou de retrait); et il peut s'opposer à toute modification susceptible de dénaturer son œuvre (droit au respect).
- Le droit patrimonial conditionne les modalités de cessions et d'exploitations de l'œuvre par un tiers. Il stipule que seul l'auteur peut autoriser l'utilisation et l'exploitation de son œuvre par un tiers sur une durée limitée (l'œuvre devient une chose commune soixante-dix ans après la mort de l'auteur).

La cession de droits d'auteur

N'importe quel auteur peut céder ses droits patrimoniaux contre rémunération. Au préalable, il doit se déclarer auprès du Centre de formalités des entreprises (CFE) de l'Urssaf dont dépend son domicile. Il doit remplir la déclaration P0 (déclaration Cerfa n° 11921*01) concernant les personnes physiques exerçant une activité non salariée indépendante. En retour, il se voit attribuer par l'Urssaf un numéro Siret (une série de 14 chiffres pour identification) et un code d'activité principale exercée (dit code APE) par l'Insee, qui devront figurer sur les notes de droits d'auteur.

La principale différence entre l'assujetti et l'affilié concerne la protection sociale. L'auteur assujetti cotise solidairement mais n'a droit à aucune protection sociale. C'est le cas de tous ceux dont les droits d'auteur ne constituent qu'un complément de revenus.

Il n'est pas besoin de justifier d'une éventuelle affiliation au régime de sécurité sociale des auteurs pour être rémunéré en droits d'auteur. Dans le cas des personnes déjà rattachées à la Sécurité sociale par un autre statut, comme celui de salarié, une seconde affiliation n'a pas lieu d'être. Lorsque vous avez plusieurs activités sous différents statuts (salarié, auteur, profession libérale…), vous cotisez pour chacune d'elles dans le régime correspondant, mais votre couverture sociale est assurée par celui où vous cotisez le plus (activité principale).

Demander son affiliation

Si vous n'avez pas déjà une activité salariée, vous aurez sans doute intérêt à vous affilier à la Sécurité sociale sous le statut d'auteur via l'Agessa. Pour demander votre affiliation au régime de Sécurité sociale des auteurs, vous devrez déclarer les revenus d'auteur perçus au cours des deux années précédentes. Ce laps de temps est nécessaire pour connaître vos revenus précis sur la période – dans le cas de l'édition, la rémunération n'intervient qu'en fin d'année, après le bilan annuel des ventes. Si votre dossier est envoyé au cours de l'année 2016, l'affiliation prendra effet au 1er janvier 2017. Les formulaires de déclaration de revenus devront porter sur les revenus des deux années précédentes. Les auteurs affiliés reçoivent de l'Agessa un numéro d'identification. Ce numéro est réservé à l'usage interne et n'a pas à figurer sur les notes de droits d'auteur.

Si vous êtes salarié comme journaliste pigiste, votre assurance sociale est liée à votre statut de salarié. Mais si les droits d'auteurs représentent la majorité de vos revenus, vous devrez vous affilier (à la Sécurité sociale via l'Agessa) pour bénéficier des prestations de l'assurance maladie et des prestations familiales. Pour l'heure, seuls les affiliés cotisent pour leur vieillesse, mais cela concernera tous les auteurs à partir du 1er janvier 2019.

En dessous de 42 300 € de recettes annuelles, l'auteur peut choisir de ne pas être assujetti à la TVA. Pour cela, il doit en faire la demande à son centre des impôts au moment de sa déclaration d'activité. Ensuite, la mention « TVA non applicable, article 239B du CGI » doit figurer sur ses notes de droits d'auteur (voir encadré page 22). Dans le cadre d'une activité annexe, l'assujettissement à la TVA apporte un surcroît de travail à éviter. De plus, cela évite d'alourdir la note de droits d'auteur auprès des clients (associations, certains groupements ou collectivités) qui ne récupèrent pas la TVA. En revanche, pour certaines activités comme la photographie, où les achats de matériels pèsent lourd, il peut être intéressant de facturer la TVA afin de pouvoir la récupérer sur le montant de ses investissements. Cela contraint à une gestion comptable rigoureuse et à faire une déclaration de TVA tous les mois ou trimestres.

Les cotisations sociales

L'Agessa n'est pas une caisse de Sécurité sociale ; elle n'est qu'un « intermédiaire » qui recouvre, pour le compte de la Sécurité sociale, les cotisations et contributions dues sur les rémunérations artistiques (versées par les diffuseurs et par les auteurs eux-mêmes). Les cotisations sont ensuite transférées à l'Agence centrale des organismes de sécurité sociale (ACOSS). Une fois la note d'auteur envoyée au diffuseur, ce dernier établit le « précompte », qui équivaut pour l'auteur au bulletin de paie d'un salarié. Ce précompte indique le revenu en droits d'auteur brut et le revenu net après la déduction des cotisations sociales obligatoires. Ce précompte de cotisations versées pour le compte de l'auteur correspond à la « part salariale » des cotisations sociales des salaires.

En 2016, ces cotisations se déclinaient ainsi :

- cotisation maladie : 1,10 % du montant des droits d'auteur ;
- CSG : 7,50 % de 98,25 % du montant des droits d'auteur ;

À savoir

En 2015, l'Agessa dénombrait 170 000 auteurs assujettis en France et seulement 15 600 auteurs affiliés – pour qui cette activité est principale. Sur ces 15 600 auteurs, 4 384 sont photographes et 2 412 sont écrivains.

Attention

Au-delà de quatre fois le plafond annuel de la Sécurité sociale (soit 154 464 €) la CSG et la CRDS doivent s'appliquer sur 100 % des revenus pour la part excédant ce plafond.

- CRDS : 0,50 % de 98,25 % du montant des droits d'auteur ;
- formation : 0,35 % du montant des droits d'auteur.

S'y ajoute une cotisation retraite de 6,85 % du montant des droits d'auteur pour les auteurs affiliés. Ces derniers doivent justifier d'un revenu minimum de 1 500 € par an pour valider un trimestre. S'ils le souhaitent, ils peuvent également cotiser à une caisse de retraite complémentaire (Institution de retraite complémentaire de l'enseignement et de la création, ou IRCEC) en choisissant parmi cinq classes de cotisations (de 449 à 3 592 € par an).

Rédiger une note de droits d'auteur

Nul besoin de s'inscrire à l'Agessa pour être payé en droits d'auteur. Mais l'inscription comme travailleur indépendant (professionnel libéral) à l'Urssaf sera nécessaire pour déclarer ces revenus aux impôts. Pour cela, il faut se rendre au Centre de formalités des entreprises (CPE) de l'antenne locale de l'Urssaf afin de remplir un formulaire de déclaration (P0). Souvent, comme dans l'édition, le diffuseur s'occupe lui-même d'établir l'ensemble des documents administratifs pour l'Agessa et l'auteur se contente de percevoir son chèque, les conditions de rémunération ayant généralement été établies précédemment par contrat. Dans d'autres cas (cessions de droit de reproduction de photos, par exemple), il sera nécessaire d'établir une note de droits d'auteur.

Comme la facture, la note de droits d'auteur est une véritable pièce comptable qu'il convient de conserver. Elle doit comporter certaines informations légales comme l'identité de l'auteur, son adresse et son n° de Siret. La cession de droits doit obligatoirement mentionner l'œuvre en question (un livre, une série de photos...) et l'utilisation qui en sera faite. Pour éviter tout litige, indiquer qu'il s'agit d'une rémunération forfaitaire concernant les différents types d'utilisation prévus, la durée et le périmètre. On veillera donc à préciser les points suivants.

- L'étendue de la cession : quel support ? Le magazine, le site Internet... ?
- La destination de la cession, c'est-à-dire le mode de diffusion : presse écrite, affichage, Internet, produits dérivés, etc.
- La durée de la cession, qui doit être limitée dans le temps.
- Le lieu de la cession (France, Europe...).

Il existe deux possibilités de rédaction de note d'auteur – avec ou sans précompte – selon sa situation sociale.

Du côté du diffuseur, les cotisations sont très réduites. Sa participation à la Sécurité sociale se limite à 1,1 % du montant brut des droits d'auteur au titre de la contribution diffuseur (1 %) et de la formation professionnelle

(0,1 %). Cette «part patronale» des charges sociales est une taxe qui n'a pas à figurer sur votre note de droits d'auteurs. Certains la mentionnent toutefois pour rappel, mais elle n'a aucune incidence sur la rémunération de l'auteur. À noter que les agences de presse et agences photographiques, inscrites sur une liste établie par la Commission paritaire des publications et agences de presse, sont exonérées de ces contributions. Le diffuseur n'est pas non plus soumis aux cotisations retraite.

Même avec ces cotisations réduites, les auteurs affiliés bénéficient de la couverture santé du régime général, donc de la même protection sociale que les salariés – sauf en ce qui concerne les accidents du travail et les maladies professionnelles. Comme n'importe quel assuré social, l'auteur affilié reçoit une carte Vitale et dépend du centre de Sécurité sociale de son domicile. Sous réserve de ne pas dépasser le plafond de référence de la Sécurité sociale fixé à 38 616 € par an (en 2016), les prestations de la CPAM peuvent se cumuler avec celles qui sont versées au titre d'autres activités professionnelles, qu'elles soient salariées, libérales ou indépendantes.

Lien

Bourré d'information et de fiches explicatives, le site agessa.org permet de télécharger tous les documents nécessaires. Il est possible d'effectuer toutes les déclarations en ligne. Pour plus d'informations, les bureaux parisiens de l'Agessa sont ouverts tous les matins sans rendez-vous.

La cotisation retraite bientôt obligatoire pour les assujettis

Une réforme globale des artistes et auteurs est évoquée depuis plusieurs années. À terme, il est probable que l'Agessa et la Maison des artistes fusionnent et que tous les auteurs soient automatiquement affiliés. En attendant, le précompte retraite sera imposé aux auteurs assujettis dès le 1er janvier 2019. Cela signifie qu'à cette date une cotisation supplémentaire de 6,85 % sera prélevée pour l'assurance vieillesse sur tous les droits d'auteur.

Journaliste et auteur

On l'a vu (chapitre 1, «Le journaliste pigiste», page 5), les journalistes professionnels doivent être payés en salaire dès lors qu'il existe un lien de subordination. Celui-ci s'établit lorsque la collaboration relève de décisions prises par la rédaction en chef quant aux sujets à traiter, à l'angle choisi et à la longueur des textes. Bref, dès qu'il y a une commande. En plus des journalistes, cela concerne également les critiques, les chroniqueurs et les éditorialistes. Seuls les collaborateurs occasionnels n'ayant pas la qualité de journaliste professionnel peuvent

À noter

Par dérogation, la vente de clichés par les photographes par les agences de presse photographique peut être rémunérée en droits d'auteur (accord du 10 mai 2007 étendu par arrêté du 5 mai 2008) dans certaines conditions – lors d'une repasse ou d'une ré-exploitation par exemple. Les entreprises de presse écrite ne sont pas concernées par cette exception.

être rémunérés sous forme de droits d'auteur pour une œuvre de l'esprit originale et en dehors de tout lien de subordination. L'écriture d'un livre ou d'un guide, ou encore la réalisation d'un documentaire rentrent dans ce champ. Cette activité doit être envisagée comme une source de revenus complémentaires, car le niveau des rémunérations est assez faible (quelques milliers d'euros au mieux pour un livre).

Tant que l'essentiel des revenus du journaliste pigiste provient de piges payées en salaires, il restera un auteur assujetti au précompte. Si cette activité devient principale, il devra faire une demande d'affiliation pour bénéficier de la protection sociale des auteurs.

Écrire un livre

Nombreux sont les journalistes qui endossent l'habit d'auteur pour approfondir un travail d'enquête. Qu'il s'agisse d'une commande ou d'un projet vendu à un éditeur, le projet donne naissance à un contrat d'édition qui lie l'auteur à l'éditeur. Ce contrat détermine toutes les modalités de collaboration, en particulier la date de rendu du manuscrit, son volume, le tirage et les conditions de retirage, le nombre d'exemplaires mis gracieusement à disposition de l'auteur... et sa rémunération en droits d'auteur. Cette partie négociable varie généralement de 7 à 12 % du prix du livre hors taxes, somme à partager si il y a plusieurs auteurs. Pour un ouvrage vendu 25 € en librairie, l'auteur touche donc environ 2 €. Il est souvent prévu que l'auteur perçoive une avance (l'« à-valoir ») sur sa rémunération, soit au début de la rédaction, soit à la remise du manuscrit, car les droits d'auteur sont versés annuellement. En cas de réédition, l'éditeur peut réclamer un travail de mise à jour s'il y a lieu.

Certaines entreprises de presse imposent en toute illégalité le règlement des piges en droits d'auteur. Elles insistent souvent sur le bénéfice qu'en retirent les pigistes : les taux de cotisation de la part salariale des charges sociales étant moindres (environ 9,5 % en droits d'auteur, contre 21 % en salaires), le revenu net est effectivement supérieur d'environ 10 %. Mais les employeurs « oublient » de dire que ce sont eux qui font la plus belle d'économie puisque les charges patronales sont seulement de 1,1 % en droits d'auteur contre 34,5 % en salaire... De plus, ce traitement prive le journaliste d'un certain nombre de ses droits sociaux comme les indemnités de licenciement en cas d'arrêt de la collaboration ou encore d'indemnité journalière de la Sécurité sociale en cas d'accident du travail ou de maladie professionnelle reconnue.

Hadopi et les droits d'auteur des journalistes

Il existe un cas particulier où les journalistes professionnels sont payés en droits d'auteur. Selon la loi Hadopi du 12 juin 2009, les entreprises de presse sont autorisées à rémunérer un journaliste professionnel en droits d'auteur pour la réutilisation de ses œuvres lorsqu'elles sont diffusées au-delà d'une période de référence ou lorsqu'elles sont vendues par l'entreprise à des tiers. Ces conditions sont fixées par un accord d'entreprise. (voir chapitre 20, « Faire rémunérer la ré-exploitation de son travail », page 237).

À la demande de l'Urssaf, l'Agessa traque les journalistes pigistes et les entreprises de presse qui recourent abusivement au paiement de droits d'auteur pour la réalisation de travaux journalistiques. Lors de la demande d'affiliation, l'Agessa réclame ainsi systématiquement les avis d'impositions des candidats ainsi que les justificatifs de leurs différents revenus pour instruire le dossier. Les commissions professionnelles (il y en a quatre, dont une pour les auteurs-compositeurs, et une autre pour les photographes) étudient alors les conditions de rattachement au statut d'auteur au regard des éléments de preuve d'activité pour être affilié et le rester. Vous n'aurez pas de problème si les travaux de référence concernent l'écriture de livre ou guide, ou la vente de photos pour une exposition. Mais si la majorité de vos revenus proviennent d'entreprises de presse, il y a fort à parier que l'Agessa vous déboutera de votre demande d'affiliation. Ce qui vous empêchera de bénéficier de la protection sociale des auteurs.

Signaler un paiement abusif en droits d'auteur

Les syndicats de journalistes travaillent main dans la main avec l'Agessa pour mettre fin aux pratiques illégales du paiement sous forme de droits d'auteur de travaux journalistiques. L'Agessa ne possède pas vraiment de moyens de pression pour lutter contre cette forme de salariat déguisé. Mais elle peut organiser des contrôles et prévenir l'Urssaf des dérives constatées chez un employeur. Vous pouvez donc l'alerter directement en exposant votre situation (identité de l'employeur, preuve de la nature du travail effectué, pièces justificatives du paiement...). Après étude, l'Agessa pourra adresser une lettre d'injonction à l'entreprise. Veillez à préciser si vous souhaitez que votre situation soit personnellement évoquée en vue d'une régularisation ou si vous préférez que votre identité ne soit pas révélée.

Outre le journalisme, l'Agessa précise que le statut d'auteur n'est pas adapté aux travaux relevant du domaine de la communication, des relations publiques, de la publicité ou de la promotion commerciale ou institutionnelle. Cela concerne les concepteurs-rédacteurs dont la finalité est de promouvoir ou favoriser de manière directe ou indirecte la diffusion de produits ou de services : brochures, rapports d'activité, publireportages, vidéos... Il en est de même des personnes qui participent à l'animation de séminaires, conventions d'entreprise, campagnes électorales et manifestations diverses dans le cadre d'un service organisé.

Vendre ses images

La rémunération liée à la cession de droits d'auteur d'une image dépend du format et de la nature du support, ainsi que du périmètre de diffusion. Là encore, tout se négocie, mais les barèmes de l'Union des photographes professionnels sont des indicateurs précieux qui peuvent servir de base d'évaluation. Pour un livre, les montants préconisés en 2015 vont de 161 € le quart de page jusqu'à 488 € pour la couverture (à majorer de 25 % quand le tirage excède 100 000 ex.). Pour la presse, ces valeurs varient de 135 € le quart de page à 400 € pour la couverture lorsque les tirages sont inférieurs à 20 000 exemplaires et augmentent proportionnellement en fonction du tirage (de 335 € à 1 000 € pour les tirages compris entre 200 000 et 400 000 exemplaires).

Droits d'auteur et indemnités Pôle emploi

Les droits d'auteur peuvent se combiner avec le versement d'allocations d'assurance chômage sans perte du droit à ces dernières. Selon la circulaire n° 04-07 de l'Unedic du 31 mars 2004, « les revenus correspondant aux droits d'auteur ou droits voisins ne sont pas pris en compte pour apprécier les droits aux allocations d'assurance chômage ».

Les auteurs ne cotisent pas à l'assurance chômage et ne peuvent donc prétendre à l'allocation pour retour à l'emploi (ARE). En revanche, ils peuvent bénéficier (comme tout un chacun) de l'allocation de solidarité spécifique (ASS), également versée par Pôle emploi. Les conditions à remplir sont d'avoir épuisé ses droits à l'allocation d'aide au retour à l'emploi (ARE) et d'avoir des revenus mensuels inférieurs au plafond fixé à 1 137,50 € en 2016 (1 787,50 € pour une personne vivant en couple).

Le régime fiscal des droits d'auteur

Selon l'instruction fiscale du 15 mars 2012 (5G-2-12 du *Bulletin officiel des impôts* du 23 mars 2012), les journalistes indépendants dont l'activité d'auteur n'est qu'une activité annexe doivent déclarer leurs droits d'auteur dans la catégorie des « Traitements et salaires ». Si leurs montants ne sont pas répertoriés dans la déclaration préremplie envoyée par l'administration fiscale, ils doivent la corriger. Vous bénéficiez alors sur ces montants de la déduction forfaitaire de 10 % censée correspondre aux frais engagés pour percevoir ces revenus.

S'ils le souhaitent, les auteurs ayant adopté le régime fiscal de la micro-entreprise ont cependant la possibilité de déclarer leurs droits d'auteurs en tant que bénéfices non commerciaux (BNC) et de bénéficier d'un abattement forfaitaire de 34 %.

Chapitre 3
Le statut d'auto-entrepreneur

Le statut d'auto-entrepreneur a été créé en 2009. Début 2016, il a changé de nom pour devenir « micro-entrepreneur », mais tout le monde continue d'employer l'ancienne appellation. Il s'agit d'un régime simplifié du régime de travailleur indépendant qui offre des formalités de d'inscription allégées ainsi qu'une gestion facilitée par un mode de calcul et de paiement simplifié des cotisations sociales. Il se caractérise aussi par une franchise de TVA et l'impossibilité de déduire d'éventuels frais ou charges. Souvent, l'activité déclarée sous le régime d'auto-entrepreneur vise à lancer un projet d'entreprise. Mais il peut également être adopté à titre complémentaire (pour les salariés, par exemple) à condition de ne pas dépasser un plafond annuel de 32 900 € de chiffre d'affaires. Il existe une tolérance sur les deux premières années jusqu'au seuil de 34 100 €.

Le statut d'auto-entrepreneur n'est pas ouvert à toutes les professions. Certains métiers (agriculteurs, commerçants...) en sont exclus. Il en est de même des activités exercées dans le cadre d'un lien de subordination pour lesquels seuls le salariat doit être retenu. Comme pour le statut d'auteur, le régime de l'auto-entrepreneur est donc incompatible avec une activité de journaliste professionnel. En revanche, il permet de facturer des prestations de service « hors presse », réalisées pour le compte d'entreprises, d'associations ou de collectivités. C'est un moyen pratique de se faire payer des travaux de rédaction d'articles ou de vidéos pour les journaux ou télévisions internes, ou lorsqu'on assure l'animation de conférences-débats.

Fondé pour « lever les contraintes qui empêchent certains secteurs de se développer, créer des emplois et faire baisser les prix », ce nouveau régime a rapidement

À noter

Ce chapitre présente ce régime pour les activités autres que les activités commerciales, industrielles, artisanales ou commerçantes, dont les seuils de cotisations et le régime de protection sociale sont sensiblement différents.

fait l'objet de nombreuses critiques. Beaucoup de professions décriaient la concurrence déloyale qu'introduisaient les charges très réduites. En effet, en plus d'offrir une certaine facilité de gestion, le statut d'auto-entrepreneur bénéficie d'un faible taux de cotisations sociales (22,9 %). De plus, les demandeurs d'emploi peuvent faire une demande d'aide à la création et à la reprise d'entreprise (ACCRE) pour se voir appliquer un taux réduit pendant trois ans. Ils peuvent également être accompagnés dans le cadre du dispositif du nouvel accompagnement pour la création ou la reprise d'entreprise (NACRE).

Devenir auto-entrepreneur

Le statut d'auto-entrepreneur peut être adopté en complément de celui de salarié ou d'auteur. Si vous êtes déjà auteur, vous posséderez le même n° de Siret pour les deux statuts. En revanche, l'Insee vous fournira sans doute un code NAF différent si l'activité est différente. Attention : l'adoption du statut d'auto-entrepreneur ne dispense pas d'appliquer la législation propre au métier exercé. Cela concerne les professions réglementées qui réclament la possession d'une qualification professionnelle (coiffure, bâtiment...), mais pas les métiers du texte et de l'image où aucune expérience ni certification ne sont demandées.

Les formalités à remplir pour devenir auto-entrepreneur sont sommaires. Il suffit de se rendre au guichet du centre de formalité des entreprises (CFE), à l'antenne de l'Urssaf de son domicile pour s'inscrire, voire de le faire sur le site www.lautoentrepreneur.fr. Il est important de bien cocher la case « Activités libérales ». L'inscription donne lieu à une déclaration automatique aux services fiscaux, à la Sécurité sociale et à l'Insee. À ce stade, il vous est demandé d'indiquer votre activité principale et, le cas échéant, les autres activités annexes exercées. C'est l'équivalent de l'objet social d'une entreprise. La dénomination doit être assez large pour vous permettre d'exercer tout type d'intervention. En général, les traditionnelles mentions « conception et réalisation de supports de communication » ou « conseil en communication » suffisent. Elles peuvent néanmoins être complétées par des activités plus précises comme «rédaction de supports d'informations», «réalisation de films», etc.

Environ un mois plus tard, vous recevrez votre numéro d'immatriculation (Siret) et votre code d'activité (NAF) qui font office de carte d'identité de votre entreprise. Ils devront figurer sur vos factures et courriers. Sous réserve de ne pas franchir le seuil de 32 900 € (la première année, ce montant est à proratiser en fonction de la date de début d'activité), votre seule obligation sera de déclarer le total de vos rentrées d'argent qui constituent votre chiffre d'affaires. La première déclaration interviendra trois mois après le début de votre activité. Ensuite, les déclarations interviendront tous les mois ou tous les trois mois, selon l'option choisie. La télédéclaration est possible, tout comme le télépaiement. Si vous optez pour le paiement en ligne, vous devrez le faire depuis un compte bancaire professionnel, distinct de votre compte personnel. En général, la tenue d'un compte professionnel est facturée par les banques. Mais vous avez toujours le choix de payer par chèque. La déclaration est obligatoire, même si vous n'avez encaissé aucune prestation pendant la période considérée.

Vous n'aurez pas de cotisations sociales à payer tant que vous n'aurez pas encaissé vos premières factures. La déclaration de chiffre d'affaires ne concerne que les sommes effectivement encaissées. Il est néanmoins conseillé de surveiller les délais de paiement, car certains clients règlent leurs factures avec plusieurs mois de retard. Pour accélérer vos rentrées d'argent, mieux vaut prévoir le versement d'acompte à l'acceptation du devis ou de la proposition de services.

Pas de déduction des frais pour les auto-entrepreneurs

Attention : à la différence de ce qui se pratique pour les entreprises ou les travailleurs indépendants, il n'est pas possible de déduire les frais liés à l'activité professionnelle (déplacements, abonnements téléphonique...), ni aux investissements (ordinateurs, appareils photo...) d'un auto-entrepreneur. Tout ce qui est facturé à un client et donc encaissé est considéré comme chiffre d'affaires.

L'auto-entrepreneur sort du dispositif quand il le souhaite ou dès lors que l'Urssaf constate une absence d'activité pendant deux ans. Le fait de dépasser les seuils d'activité, dès la première année ou

À noter

L'activité d'auto-entrepreneur s'exerce en franchise de taxe sur la valeur ajoutée (TVA). Vous n'aurez donc pas à la facturer et vous ne pourrez pas la récupérer sur vos achats. En outre, vous devez faire figurer sur vos factures la mention « TVA non applicable, en vertu de l'article 293 B du Code général des impôts ».

pendant deux années consécutives est aussi un motif de radiation. Il faut alors adopter un autre statut (travailleur indépendant, société à responsabilité limitée...) pour continuer à exercer.

Si votre activité dépasse 32 900 € de chiffre d'affaires...

Si vous dépassez les seuils applicables au régime de l'auto-entrepreneur pour les prestations de service, vous bénéficierez du régime jusqu'au 31 décembre. Mais l'Urssaf vous basculera dans le régime social de droit commun des travailleurs indépendants dès l'année suivante. Vous en serez informé par courrier.

Les prélèvements sociaux et fiscaux

Comme pour les autres formes de rémunération, les revenus issus d'une activité d'auto-entrepreneur sont soumis à charges sociales. Le paiement des cotisations est obligatoire, même si vous bénéficiez d'une couverture maladie par ailleurs (par exemple si votre activité principale est salariée). Les cotisations doivent être déclarées et calculées par vous-même en appliquant un taux forfaitaire de 22,9 % sur le chiffre d'affaires réalisé. Ce taux forfaitaire concerne les activités libérales et représente les cotisations à l'assurance maladie-maternité, la CSG/RDS et la retraite. Pour la vente de marchandises et les autres prestations de services, ce taux est respectivement de 13,4 % et 23,1 %. Au moment de l'inscription, vous aurez le choix entre la déclaration et le règlement des cotisations sociales tous les mois ou tous les trimestres. À ces 22,9 % s'ajoute une contribution à la formation professionnelle de 0,2 %. Le total des cotisations s'élève donc à 23,1 %.

Les auto-entrepreneurs qui ne réalisent aucun chiffre d'affaires les deux premières années n'ont pas à s'acquitter de la cotisation foncière des entreprises (CFE, ex-taxe professionnelle). Mais à partir du 3e exercice, ils doivent la payer – chiffre d'affaires ou pas. À l'origine, tous les auto-entrepreneurs en étaient exonérés pendant deux ans. Elle est due en début d'année, donc désormais à partir de la seconde année d'exercice (comme la taxe d'habitation) dès lors qu'il y a réalisation d'un chiffre d'affaires. Le taux de la CFE est fixé par la commune ou communauté de communes. Elle est versée sur la base d'une cotisation forfaitaire minimale allant de 212 € à 1 009 € par an. Elle varie selon les zones géographiques avec une moyenne d'environ 350 € par an. Quoi qu'il en soit, la CFE est plafonnée à 500 € lorsque le montant du chiffre d'affaires est inférieur à 10 000 €.

Les demandeurs d'emploi qui débutent une activité d'auto-entrepreneur peuvent demander à l'Urssaf une aide à la création et à la reprise d'entreprise (ACCRE). La demande doit être faite à l'inscription ou dans un délai de 45 jours après celle-ci. Il s'agit d'un simple formulaire à remplir qui ouvre accès à des taux de cotisation sociale réduits progressifs : 5,8 % la première année (ou plus précisément jusqu'à la fin du 4e trimestre civil qui suit le début d'activité), puis 11,5 % pour les 4 trimestres suivants et 17,2 % pour les 4 trimestres suivants. Attention : le dépassement du seuil de 32 900 € entraîne la perte du bénéfice de ces taux réduits au 31 décembre de l'année du dépassement.

Calculs des cotisations, déclarations et virements peuvent être automatiquement faits en ligne sur le site www.lautoentrepreneur.fr. Pour éviter d'être en retard, et donc de payer une pénalité de 49 €, il est possible d'effectuer les télédéclarations et télépaiements à l'avance en fixant l'autorisation de prélèvement au jour de l'échéance.

Auteur et auto-entrepreneur

Il est tout à fait possible d'exercer sous le double statut d'auteur et d'auto-entrepreneur pour deux activités distinctes. Les revenus issus de ces deux activités vont se cumuler puisqu'il s'agit dans les deux cas de bénéfices non commerciaux (BNC). Cela signifie que les droits d'auteurs seront à prendre en compte pour le calcul du seuil d'activité du régime de l'auto-entrepreneur – vous ne pourrez pas dépasser les 32 900 € pour la totalité de vos deux activités.

Sur le plan fiscal, vous devez mentionner vos revenus d'auto-entrepreneur (chiffre d'affaires moins les cotisations et contributions sociales) sur votre déclaration fiscale annuelle dans la rubrique des bénéfices non commerciaux (BNC). Pour les activités de prestations de services et les activités libérales, un abattement de 34 % s'applique. Le montant de ce revenu est intégré au revenu imposable global du foyer et est pris en compte pour déterminer la tranche d'imposition du foyer fiscal.

Le régime de l'auto-entrepreneur vous permet aussi d'opter pour le versement libératoire de l'impôt sur le revenu : vous payez vos impôts à chaque déclaration mensuelle ou trimestrielle. Le taux d'imposition unique est alors de 2,2 %. Cette possibilité n'est envisageable que si le revenu global du foyer est inférieur à 26 764 € par part de quotient familial – soit 26 764 € pour une personne seule, 53 528 € pour un couple et 80 292 € pour un couple avec deux enfants. Pour savoir si le versement libératoire à 2,2 % est plus avantageux que l'imposition de droit commun au regard de votre situation personnelle, il existe des outils de calcul à disposition sur le site des impôts (www.impots.gouv.fr). Si vous ne payez pas d'impôts sur le revenu, le versement libératoire est déconseillé. Dans les deux cas (versement libératoire et imposition de droit commun), il vous faudra aussi remplir une déclaration complémentaire de revenus (Cerfa n° 2042 C), téléchargeable depuis le site Internet des impôts.

Attention

Entre les cotisations sociales (22,9 %) et l'impôt (2,2 %), le taux de prélèvement des auto-entrepreneurs atteint 25,1 %. Le revenu net issu de cette activité représente donc les trois quarts du prix de vente de vos prestations.

Quelles obligations en l'absence de chiffre d'affaires ?

Même si vous n'avez pas réalisé de chiffre d'affaires au cours du mois ou du trimestre, vous devez effectuer une déclaration de chiffre d'affaires, en indiquant « 0 » pour la période concernée. À défaut, vous serez redevable d'une pénalité de 49 € pour chaque déclaration manquante. Si vous ne déclarez aucun chiffre d'affaires pendant 24 mois consécutifs, vous perdez le bénéfice du régime de l'auto-entrepreneur.

La couverture sociale

Cette section ne concerne pas les personnes exerçant une activité d'auto-entrepreneur à titre secondaire, puisque l'activité principale détermine le rattachement au régime social. Les journalistes pigistes salariés dont les revenus d'auto-entrepreneur demeurent accessoires restent affiliés au régime d'assurance maladie des salariés. Pour autant, toutes les cotisations ne sont pas « perdues » : les droits à la retraite acquis au titre du régime social des indépendants se cumulent aux droits salariés acquis et augmentent ainsi les droits. On peut valider jusqu'à quatre trimestres selon le montant du chiffre d'affaires.

En revanche, si votre activité d'auto-entrepreneur est exercée à titre principal, vous bénéficiez de la couverture sociale des professions indépendantes. C'est le régime social des indépendants (RSI) qui s'en charge. Les auto-entrepreneurs bénéficient ainsi d'une couverture maladie-maternité (remboursement des consultations médicales et des médicaments) identique à celle des salariés. Cependant, la protection sociale du régime de l'auto-entrepreneur est bien moins intéressante en cas d'arrêt de travail : les indemnités journalières en cas d'arrêt maladie ou de maternité (réservées aux artisans et commerçants) ne sont pas prévues pour les activités libérales. Par ailleurs, ce statut n'offre aucune couverture spécifique concernant les accidents du travail, pour lesquels il est nécessaire de souscrire une assurance complémentaire si besoin.

Demandeur d'emploi et auto-entrepreneur

Le statut d'auto-entrepreneur est compatible avec le versement des allocations-chômage (tout comme le RSA). À condition de rester inscrit comme demandeur d'emploi et de faire votre déclaration mensuelle à Pôle emploi, vous pouvez continuer à percevoir vos allocations d'aide au retour à l'emploi (ARE). Mais 70 % des revenus issus de votre activité d'auto-entrepreneur viendront en déduction de l'indemnisation. S'ils dépassent le salaire mensuel brut moyen qui a servi de référence au calcul des indemnités chômage, vous ne serez pas indemnisé pour le mois concerné. Pour faciliter son actualisation mensuelle, il est conseillé aux demandeurs d'emploi indemnisés de choisir le paiement mensuel des charges de leur activité d'auto-entrepreneur afin de pouvoir justifier précisément de leurs revenus lors de la déclaration mensuelle d'activité auprès de Pôle emploi.

Si vous souhaitez vous investir pleinement dans une activité d'auto-entrepreneur, vous pouvez aussi « solder » vos droits au chômage en sollicitant l'aide à la reprise ou à la création d'entreprise (ACCRE) – qui vous offrira aussi le bénéfice de taux réduits de cotisations sociales. Cette aide est à demander lors de l'inscription au régime de l'auto-entrepreneur ou dans les 45 jours suivants. Elle représente

45 % du montant des droits au chômage restant dus. Elle est versée en deux fois (la première moitié à la création de l'activité et l'autre moitié six mois après).

Par ailleurs, les demandeurs d'emploi indemnisés et les personnes de plus de 50 ans inscrites à Pôle emploi peuvent bénéficier de l'accompagnement pour la création ou la reprise d'entreprise (NACRE). Ce dispositif d'aide au démarrage et développement de votre activité dure trois ans. L'aide financière du NACRE prend la forme d'un prêt à taux zéro de 1 000 € à 8 000 € sur cinq ans maximum.

Attention

Les auto-entrepreneurs ne cotisent pas à l'assurance chômage. Cette activité n'ouvre donc aucun droit d'allocation en cas d'arrêt.

Journalisme et auto-entrepreneur

Une certaine confusion régnait à la création du statut d'auto-entrepreneur. À son lancement, certains guides ou fascicules officiels assuraient que le régime de l'auto-entrepreneur concernait entre autres les journalistes indépendants. Les syndicats ont rappelé aux autorités que la profession de journaliste était salariale et non libérale, et qu'il s'agissait de surcroît de l'une des rares professions à être inscrites comme telle dans le Code du travail. Bercy a réagi et rectifié la liste des professions enregistrée par la Caisse interprofessionnelle de prévoyance et d'assurance des professions libérales (CIPAV).

Malgré cette utile précision, certaines entreprises de presse voient toujours dans ce statut un moyen de rémunérer leurs collaborateurs à moindre coût ; et continuent, en toute illégalité, de réclamer une facture à leurs pigistes. Classique chantage à l'emploi : c'est auto-entrepreneur ou pas de travail… Et même si l'entreprise fait miroiter une rémunération nette supérieure, le collaborateur a bien plus à perdre qu'à gagner puisque le statut d'auto-entrepreneur ne lui garantit ni formation, ni indemnités de licenciement, ni treizième mois, ni clauses de conscience et de cession. De plus, il n'est même plus considéré comme auteur de ses œuvres. Enfin, les revenus issus d'une activité d'auto-entreprise ne sont pas valables pour l'obtention ou le renouvellement de la carte de presse.

Quand l'auto-entrepreneur devient salarié

Parfois, la justice estime que l'auto-entrepreneur exerce son travail dans des conditions qui lui permettent de revendiquer le statut de salarié. C'est notamment le cas lorsque le travail confié par un client amène l'auto-entrepreneur à ne plus travailler pour d'autres clients. Confirmant que ce sont les conditions dans lesquelles s'exerce un travail qui détermine le statut, la cours de cassation (Cass. Soc, 6.5.2015, N° 751) indique clairement qu'un auto-entrepreneur, sous-traitant d'une entreprise, peut donc se trouver finalement absorbé de fait par celle-ci, perdant ou négligeant ses autres clients, et finir par travailler dans les mêmes conditions qu'un salarié. Il a dès lors droit au même statut et aux mêmes protections qu'un salarié.

Chapitre 4
Le correspondant local de presse

« Vous aimez votre commune. Vous voulez retranscrire et faire partager son actualité locale dans toutes ses initiatives et diversités. Nous vous proposons une activité qui vous permettra de satisfaire cette passion. Vous possédez un ordinateur, un appareil photo numérique et un véhicule. Vous avez déjà une activité, mais êtes disponible quelques heures en semaine et le week-end. Vous pouvez devenir un de nos correspondants. » En province, la presse régionale quotidienne régionale (PQR) publie régulièrement de telles annonces qui ressemblent fort à une offre d'emploi de journaliste... En fait, ce type d'annonce entretient la confusion entre le terme générique de « correspondant » qui sert à la fois à désigner une fonction (on parle de correspondant régional, de correspondant de guerre...) et celui de « correspondant local de presse » (plus connu dans le jargon sous l'appellation de CLP), un statut très encadré.

Avec le journaliste en poste et le journaliste pigiste, le CLP est le troisième type de collaborateur de la presse écrite. Il contribue à la collecte de l'information de proximité en rapportant des faits d'actualité à une rédaction qui la met en forme et la vérifie avant publication. Sa contribution ne prend pas forcément la forme d'articles rédigés. Partant de là, le CLP est considéré au plan légal non pas comme un salarié mais comme un travailleur indépendant. À ce titre, il ne relève pas du régime général des salariés de la Sécurité sociale mais peut s'affilier à celui des travailleurs indépendants.

À l'origine, ce statut particulier a été créé pour rémunérer des personnes servant de relais à la presse régionale, afin de couvrir au mieux le territoire. Dans l'esprit, il s'agit d'une rémunération à titre accessoire pour une personne ayant par ailleurs une autre activité professionnelle principale. Or avec la crise, de nombreux titres de presse ont commencé à rémunérer sous ce statut des personnes auxquelles est pourtant réclamé un véritable travail de journaliste (recherche, vérification et mise en forme d'informations) créant, de fait, un véritable lien de subordination incompatible avec le statut de CLP.

Un informateur, pas un journaliste

Si le CLP est un des piliers de la presse régionale, il n'est pas pour autant journaliste professionnel au sens de l'article L 711-3 du Code du travail (voir chapitre I, « Le journaliste pigiste », page 5). La loi n° 87-39 du 27 janvier 1987 modifiée par la loi n° 1702 du 21 décembre 2015 définit avec précision le statut de correspondant de presse. Elle affirme que le CLP est un travailleur indépendant dont la contribution consiste en l'apport d'informations soumises avant une éventuelle publication à la vérification ou à la mise en forme préalable par un journaliste professionnel. L'activité d'un CLP n'est donc pas une activité professionnelle au sens propre du terme ; elle s'exerce à titre accessoire.

Outre la loi, la circulaire ministérielle n° DSS/AAF/A1/93/90 du 1er décembre 1993 précise que le CLP n'est pas un journaliste professionnel tel qu'il est défini à l'article L. 761-2 du Code du travail et visé à l'article L. 311-3-16 du Code de la Sécurité sociale. En particulier, ces textes soulignent expressément que le CLP ne doit pas recevoir de directives formelles de la rédaction et qu'il reste libre de gérer son organisation et son emploi du temps dans lesquels le journal ne peut exercer aucun contrôle. Il est précisé que le suivi régulier d'événements ou de manifestations périodiques (conseil municipal, match de foot, kermesse...) ne caractérise pas l'intégration du CLP dans l'organisation d'une rédaction. La circulaire précise aussi que le fait de signer un article ne constitue pas un critère d'intégration dans la rédaction. En résumé, le CLP ne doit pas recevoir de directives contraignantes de la part de la rédaction d'un journal, à l'exception d'éléments d'information comme l'agenda local. Il ne peut exister de lien de subordination entre un CLP et un journal auquel il collabore.

Il est aussi entendu que le correspondant local de presse est rémunéré à l'acte (article, photo...) ou éventuellement selon un barème indicatif propre au journal. Il ne doit en aucun cas percevoir une rémunération forfaitaire globale pour son activité et la pratique d'avances fixes est strictement interdite.

Des milliers de CLP dans l'ombre

Il est difficile de connaître le nombre exact de CLP, dans la mesure où ils ne sont recensés par aucun organisme (ni CCIJP, ni Urssaf). On estime le nombre de ces maillons essentiels de l'information locale à environ 30 000 personnes, soit cinq fois plus que le nombre de journalistes professionnels dans la presse régionale (5 000) et presque autant que de nombre total de journalistes titulaires de la carte de presse (36 000 en 2015).

Attention à ne pas confondre le « correspondant » tel qu'indiqué dans l'article L7111-3 du Code du travail qui définit le journaliste professionnel et le « correspondant local de presse ». Le premier est une personne exerçant le métier de journaliste comme activité régulière, principale et rétribuée en dehors du siège de la rédaction (à l'étranger ou dans un bureau secondaire), à la pige ou non. Le second est un informateur de la presse régionale ou départementale qui n'a pas le statut de journaliste professionnel.

La micro-entreprise plutôt que le statut de CLP ?

Jusqu'à un certain seuil (5 792 € en 2016), le CLP est normalement exonéré de charges sociales. La loi du 18 juin 2014 relative à l'artisanat, au commerce et aux très petites entreprises est revenue sur cette dispense, sans évoquer le cas très particulier des CLP. En l'absence de précisions, l'Urssaf n'hésite pas à envoyer des appels à cotisations aux CLP qui ne savent plus à quel saint se vouer... Interpellés sur le problème, les ministères concernés disent étudier la question. De son côté, le ministère de la Culture (dont la presse dépend) invite les CLP à se tourner vers le statut d'auto-entrepreneur, jugé plus opportun.

Des tarifs très bas

Le calcul des honoraires des CLP n'est pas encadré. Il n'existe aucun barème ni aucun minimum et les journaux restent libres de fixer le montant de la rémunération. D'une manière générale, les contributions des CLP sont très mal payées par rapport aux piges. Surtout lorsqu'il s'agit de livrer – et c'est souvent le cas – des articles et des photos clés en mains. De l'avis général, il s'agit d'une activité de « bénévolat défrayé » tant les tarifs sont bas. Qu'on en juge : à environ 5 à 10 € l'article et environ 2 à 4 € la photo (plus le remboursement d'une indemnité kilométrique selon le barème de l'entreprise, s'il y a lieu), il faut multiplier les papiers si l'on veut espérer un petit complément de salaire. De là à en vivre… Ramenés au Smic horaire, les honoraires perçus par les CLP ont de quoi faire bondir.

Il appartient au CLP de transmettre tous les mois au journal son relevé d'articles transmis et les frais kilométriques y afférant. Les erreurs et les retards de paiement ne sont pas rares. Et face à ce laxisme, les CLP sont démunis et ne disposent d'aucun moyen de pression (ils sont rarement reconnus par les syndicats) et de très peu de voies de recours (hormis la Justice). En enchaînant les articles et en étant disponibles pour couvrir le maximum d'informations, les meilleurs arrivent à gagner jusqu'à 1 000 € par mois.

CLP et Sécurité sociale

À statut atypique, conditions atypiques. Les honoraires issus d'une activité de correspondant local de presse sont soumis aux cotisations de la Sécurité sociale. Toutefois, en dessous d'un seuil de revenus net annuel fixé à 15 % du plafond de la Sécurité sociale (soit 5 792 € pour 2016), le CLP est dispensé de cotisations. Et lorsque les revenus sont compris entre 15 et 25 % du plafond (soit entre 5 792 et 9 654 € en 2016), L'État prend en charge 50 % des cotisations sociales. En pratique, peu de gens doivent dépasser ces seuils. Au-delà de ce seuil de 15 %, le CLP doit donc s'immatriculer auprès de l'Urssaf (donc s'établir comme profession libérale) et régler lui-même ses cotisations sociales.

À noter

Les CLP dépendent du régime social des indépendants (RSI) pour l'assurance maladie-maternité et de la CIPAV (Caisse interprofessionnelle de prévoyance et d'assurance-vieillesse) pour l'assurance retraite.

Aussi, dès qu'il gagne plus de 5 792 € d'honoraires, le CLP doit se soucier du paiement de ses charges sociales. Les taux de cotisations applicables sont identiques à ceux des professions libérales à savoir : 6,50 % au titre de l'assurance maladie, 8 % pour la CSG-CRDS, 2,15 % pour les allocations familiales et 8,23 % pour l'assurance vieillesse. Une contribution de 95 € est également réclamée au titre de la contribution pour la formation professionnelle. Au total, les charges sociales applicables aux CLP qui gagnent plus d'un demi-Smic s'élèvent donc à près de 25 % de leur rémunération.

Déclarer ses honoraires aux impôts

Les honoraires perçus par les CLP doivent être déclarés comme des bénéfices non commerciaux (BNC). Les éventuels remboursements de frais sont considérés par l'administration fiscale comme des revenus avec deux possibilités de déduction. Lorsque les revenus n'excèdent pas 32 900 €, on peut déduire 34 % des frais du total des honoraires, avec un minimum de 305 € (article 102 ter du Code général des impôts). Le revenu brut du CLP s'établit alors à 76 % de sa « recette »; c'est ce montant qui doit être reporté sur sa déclaration d'impôt et s'ajouter aux éventuels autres revenus. Si les frais engagés sont supérieurs à la déduction forfaitaire de 34 %, le CLP peut choisir une déclaration dite des « frais réels » permettant de déduire les frais effectivement engagés de ses honoraires. Il faudra alors conserver tous les justificatifs et factures. Seuls les frais de déplacements (frais kilométriques, parking, péage...) et l'acquisition de matériel (ordinateur, appareil photo...) sont pris en compte. L'administration impose un amortissement allant jusqu'à cinq ans pour certains matériels, ce qui ne permet pas de déduire l'intégralité de l'investissement sur l'année d'achat. Le CLP est libre de choisir l'option la plus avantageuse parmi les deux options fiscales.

Attention

À l'inverse des auto-entrepreneurs, les correspondants locaux de presse sont exonérés de la cotisation foncière des entreprises (CFE, ex-taxe professionnelle) s'il s'agit bien d'une activité annexe (article L 1458-3 du Code général des impôts).

CLP et allocations-chômage

Comme pour les piges ou le statut d'auto-entrepreneur, il est possible de cumuler des honoraires de correspondant de presse avec des allocations d'aide au retour à l'emploi (ARE), des allocations de solidarité spécifique (ASS) ou même le revenu de solidarité active (RSA), toujours dans une certaine limite. Si vos honoraires dépassent le salaire mensuel de référence de Pôle emploi pour le calcul des indemnités journalières (pour l'ARE), ou bien le montant de l'indemnisation (cas de l'ASS et du RSA), vos allocations seront rognées. Renseignez-vous auprès de Pôle emploi, car ce serait bête de perdre une partie de vos allocations pour une activité très peu rémunérée en regard des frais engagés et du temps passé.

Un tremplin et des abus

Le statut de CLP a longtemps été une voie d'intégration pour de nombreux journalistes, en particulier ceux qui n'avaient pas fait d'études de journalisme. Le journal soutenait les CLP qui s'investissaient dans la profession et, souvent, embauchait les meilleurs après quelques années d'expérience. Ce n'est plus vrai. Avec les difficultés économiques que rencontre la presse, les CLP sont devenus des « sous-journalistes ». De fait, ce statut n'est plus seulement proposé aux retraités ou aux personnes qui ont du temps. Dans beaucoup de cas, il concerne des personnes qui font un véritable travail de journaliste en écrivant des articles reproduits tels quels dans les journaux. Le statut de CLP est même souvent spontanément proposé aux chroniqueurs judiciaires et aux correspondants sportifs qui subissent généralement un lien de subordination qui ne dit pas son nom.

Dans beaucoup de cas, la presse régionale (mais aussi nationale) abuse des dispositions du statut de CLP pour faire des économies ; non seulement les tarifs sont très bas, mais l'employeur ne paie aucune cotisation sociale. D'ailleurs, le journal coupe tous les ponts lorsque le CLP fait mine de vouloir se « professionnaliser » – en faisant une demande de carte de presse par exemple – ou lorsqu'il réclame le bénéficie du statut de pigiste. Lors de l'arrêt de collaboration, de nombreux CLP ont saisi les prud'hommes pour faire requalifier leur collaboration comme un contrat de travail et faire valoir leurs droits au titre de salariés (indemnité de licenciement, rappel d'arriérés de salaires, congés payés, treizième mois...), s'engageant dans des procédures longues, durant parfois plusieurs années. Reste qu'il est souvent difficile de prouver l'existence du lien de subordination tant le CLP jouit généralement d'une grande autonomie dans l'organisation de son travail.

Ces dérives sont régulièrement dénoncées. Et la question revient souvent dans les débats de l'Assemblée nationale. Certains députés estiment que le statut de CLP est fréquemment détourné et qu'il ne correspond plus à la réalité de l'activité professionnelle de nombre d'entre eux. Ces élus réclament une révision de la législation qui favorise le travail dissimulé ainsi que l'évasion des prélèvements sociaux. Les CLP deviendront-ils bientôt des pigistes comme les autres ? Jusqu'ici l'appel est resté lettre morte...

Paradoxalement, le salut viendra peut-être des règles protectrices du Code de la propriété intellectuelle (droits d'auteur). À l'instar du pigiste, le correspondant local de presse est un auteur comme les autres. À ce titre, il conserve son droit d'auteur sur tous ses articles et photos dans le cadre d'une utilisation complémentaire à celle prévue au titre de sa collaboration (1re publication). Même si la loi Hadopi de 2009 a changé la donne en autorisant la libre ré-exploitation d'une œuvre dans « une famille cohérente de presse », cette possibilité demeure soumise à la signature d'un accord d'entreprise... qui ne concerne pas, en général, les CLP. Or, selon l'avocat Vianney Féraud, « il est difficile d'imaginer qu'il existerait une cession automatique et implicite des droits d'auteur des CLP au profit des sociétés de presse puisque lesdits correspondants locaux ne sont pas censés écrire de véritables articles ».

À savoir

Malgré leur éparpillement, les CLP tentent de se regrouper pour défendre leurs intérêts. Il existe deux structures représentatives : l'Union des correspondants de presse (UCP) et l'Association interdépartementale des correspondants de presse de France et de Navarre (AICPFrance72), proche des syndicats de journalistes.

Chapitre 5
Le portage salarial

Le portage salarial est une alternative au statut d'indépendant ou de micro-entrepreneur. Ce modèle présente l'intérêt de conserver un statut de salarié et de cotiser au régime général de la Sécurité sociale tout en travaillant pour une entreprise qui souhaite payer votre prestation par le biais d'une facture.

Comme l'intérim, le portage est une relation triangulaire : l'entreprise cliente conclut un contrat d'intervention avec la société de portage, laquelle salarie une personne qui intervient pour le compte de l'entreprise cliente. Mais à l'inverse de l'intérim, c'est le salarié qui doit trouver la mission. « Porté » par la société de portage, le salarié n'a aucun lien de subordination avec l'entreprise cliente. Sur le plan juridique, l'article L 1251-64 du Code du travail définit le portage salarial comme étant « un ensemble de relations contractuelles organisées entre une entreprise de portage, une personne portée et des entreprises clientes comportant pour la personne portée le régime du salariat et la rémunération de sa prestation chez le client par l'entreprise de portage ». Ce rôle d'intermédiaire n'est pas gratuit. En échange de ce service, la société de portage prélève une commission d'environ 10 à 15 % sur le montant de la facture. Elle reverse également à l'Urssaf les cotisations patronales du salarié porté.

La solution du portage salarial est pratique pour faire facturer des prestations « hors presse ». La plupart des sociétés de portage relèvent de la convention collective du personnel des bureaux d'études techniques, des cabinets d'ingénieurs-conseils et des sociétés de conseils (Fédération Syntec). Les salaires reçus ne seront donc pas considérés comme provenant d'un travail de journaliste par la commission de la carte de presse.

Depuis quelque temps, certains groupes de presse font pression sur leurs journalistes pigistes pour qu'ils collaborent au travers de sociétés de portage. Ce schéma conduit le journaliste à ne plus être salarié de l'entreprise de presse et à perdre une partie des avantages liés au statut de journaliste professionnel et de la convention collective des journalistes, en particulier lors de la fin de collaboration.

Être salarié d'une entreprise de portage

Le portage salarial permet de développer une activité comme indépendant sans avoir à créer une entité juridique propre ou une micro-entreprise. Ce qui simplifie grandement la gestion administrative de son activité puisqu'on conserve un statut de salarié. Contrairement aux sociétés d'intérim, la société de portage ne vous trouvera pas de mission. C'est à vous de prospecter et de négocier les conditions (contenus, planning, rémunération...) de vos futurs travaux. Une fois l'intervention définie avec le client, deux contrats distincts sont établis. D'un côté, vous signerez avec la société de portage une « convention de portage » au terme de laquelle vous deviendrez salarié de ladite société ; de l'autre, la société de portage signe avec le client final un contrat de prestation. À la différence de l'intérim, vous n'aurez aucun lien de subordination avec l'entreprise cliente. Une fois le travail terminé, la société de portage salarial facture votre client, gère les recouvrements et vous verse votre rémunération. Le salaire brut est déterminé à partir du montant facturé après déduction des frais de gestion (représentant 10 à 15 % de la facture) et des cotisations sociales patronales.

Attention !

Veillez à ce que les services administratifs que vous attendez soient inclus dans la commission, notamment l'édition des bulletins de salaire.

Le portage salarial permet de collaborer facilement avec des entreprises, collectivités ou organismes qui rechignent souvent à salarier un intervenant.

La principale subtilité du portage salarial réside dans le calcul du salaire net du bénéficiaire. Lorsque vous travaillez en direct pour un employeur, votre salaire net correspond au salaire brut amputé des charges salariales (environ 21 % du salaire brut). Les charges patronales sont versées par votre employeur et n'ont aucune incidence sur votre rémunération. Dans le cas du portage, le montant facturé par la société de portage sert d'assiette à l'ensemble des charges (la factura-

Quand la presse fait pression pour recourir au portage

Pour limiter leur responsabilité d'employeur, certaines entreprises de presse font parfois pression sur les journalistes pigistes pour qu'ils collaborent via des sociétés de portage. L'objectif est souvent de les exonérer du licenciement lorsqu'elles décident de cesser une collaboration. Salarié de la société de portage, le journaliste pigiste n'a alors aucun recours pour faire valoir ses droits. D'une manière générale, l'entreprise de presse échappe ainsi à de nombreuses contraintes fiscales et obligations sociales (formation...), le journaliste « porté » ne faisant pas partie de l'effectif. Ce recours au portage salarial des journalistes pigistes est d'autant plus en vogue qu'il n'est pas expressément interdit, à l'inverse du paiement en droits d'auteur et en factures sous le statut d'auto-entrepreneur. Comme le portage suppose qu'il n'y ait aucun lien entre l'intervenant et l'entreprise de presse, cette solution évite tout problème de requalification potentielle de la collaboration. En cas de litige, il sera cependant facile pour le journaliste de démontrer que son travail dépend des directives données par l'entreprise de presse et non de la société de portage. En tout état de cause, veillez à ce que le prix de la pige facturée soit au moins supérieur de 50 % à celui de la pige salariée pour obtenir une rémunération identique.

tion et la récupération de la TVA à l'échelle de la société sont transparentes pour vous). Le calcul est le suivant : du montant facturé il faut soustraire les frais de gestion de la société de portage (10 à 15 %) pour avoir l'assiette de calcul de laquelle on soustrait les charges patronales (environ 35 %). On obtient alors le salaire brut duquel on déduit les charges salariales (environ 21 %), les congés payés et les éventuelles primes pour avoir le salaire net. Au final, le salaire net correspond à environ la moitié du total hors taxes facturé.

Lien

Le syndicat des professionnels de l'emploi en portage salarial (PEPS) regroupe plus de 70 entreprises du secteur qui s'engagent à respecter les règles déontologiques de la profession. www.peps-syndicat.fr

Le choix d'une société de portage dépend de nombreux critères ; ses références sont à prendre en compte. La communauté des rédacteurs de Communication et entreprise (ex-Union des journalistes et des journaux d'entreprises de France, UJJEF) a ainsi labellisé la société Dtalents. Cette dernière s'engage donc à faciliter l'accès à ses services aux rédacteurs de la presse d'entreprise. Socopag et Question d'Angles, elles, sont des agences de presse qui pratiquent ponctuellement le portage salarial, au même titre que Coopetic Médias et CAPresse. Ces structures présentent l'avantage de relever de la convention collective nationale des journalistes.

Le niveau des frais de gestion est également à considérer, tout comme les conditions et les délais de paiement. En principe, le droit du travail impose aux entreprises de rémunérer un salarié le mois suivant sa prestation, mais il arrive que la société de portage ne verse qu'un petit salaire fixe le mois suivant la prestation et le reste après règlement de la facture.

À savoir

Il est tout à fait possible de cumuler le portage salarial et un autre emploi salarié, donc de journaliste pigiste. Il est également possible de le cumuler à un statut d'auteur et de micro-entrepreneur.

Contrairement au statut de micro-entrepreneur, le recours à une entreprise de portage permet de déduire les frais professionnels liés au déroulement de la mission (frais de déplacements, hébergement et repas, documentation...). Le total de ces frais est retiré de l'assiette de calcul des charges sociales dans la limite d'un plafond fixé par l'Urssaf, égal à 30 % des salaires bruts versés.

Les coopératives et le statut d'entrepreneur salarié

D'autres solutions existent avec les nouvelles formes de sociétés coopératives, les coopératives d'activité et d'emploi (CAE). Nées à la fin des années 1990, elles servent d'appui à la création et au développement des activités d'« entrepreneurs » qui peuvent être simples salariés ou salariés actionnaires. La loi du 1er août 2014 relative à l'économie sociale et solidaire leur a donné un nouvel élan en créant le statut d'entrepreneur-salarié. Assimilé à celui de salarié, ce statut offre le bénéfice d'un contrat de travail à durée indéterminée, d'une protection sociale, d'une couverture professionnelle, d'un accompagnement personnalisé et de services de gestion mutualisés. La coopérative héberge sous son propre Siret les activités des entrepreneurs, et ces derniers sont salariés de leur activité au sein de la coopérative. Ils se versent un salaire en fonction du bénéfice de leur activité, et paient également les cotisations sociales et patronales afférentes. Au-delà du simple portage, ce statut invite les personnes investies dans la CAE à en devenir associées dans un délai de trois ans pour consolider les fonds propres de la coopérative.

Plutôt que de jongler avec plusieurs statuts, certains journalistes pigistes regroupent l'ensemble de leurs activités au sein d'une CAE. La coopérative facture l'ensemble de leurs prestations et leur verse un salaire proportionnel. Une option beaucoup plus simple sur le plan de la gestion, car c'est la coopérative qui se charge de tout. D'autant que certaines coopératives réalisent des péréquations entre différentes activités permettant de faire des « avances » aux salariés, en leur versant un salaire avant même que la facture soit payée.

Il existe de nombreuses coopératives d'activités et d'emploi. La plupart ne sont pas spécialisées et accueillent des entrepreneurs exerçant des métiers variés. Cela favorise les échanges et peut parfois contribuer à développer un réseau. Des CAE spécialisées dans la presse se sont aussi constituées, en adoptant le statut d'agence de presse, avec l'ambition d'accompagner et de mutualiser les efforts des journalistes pigistes. Socopag est la plus ancienne, Coopetic Médias et CA Presse les plus connues. Agréées par la commission paritaire des agences de presse, ces coopératives présentent l'avantage de respecter la convention collective des journalistes et donc de déterminer des salaires permettant d'obtenir la carte de presse.

Créer sa propre agence de presse

Plutôt que de compter sur les autres, certains journalistes franchissent le pas et n'hésitent pas à créer leur propre agence de presse pour accueillir l'ensemble de leurs activités. Il s'agit le plus souvent de sociétés à responsabilité limitée (SARL), mais d'autres formes juridiques sont envisageables (entreprise unipersonnelle à responsabilité limitée, société anonyme...).

En travaillant ainsi, vous n'êtes plus journaliste pigiste salarié de la publication avec laquelle vous collaborez, mais salarié de l'agence qui facture ses prestations. La fourniture d'éléments d'information aux médias doit cependant rester l'activité principale de l'agence de presse.

Si le portage vise à facturer quelques prestations dans l'année, la création d'une agence correspond à un vrai projet entrepreneurial : l'objectif est de monter des projets plus ambitieux (reportages au long cours, œuvres numériques...), en vous associant éventuellement avec d'autres personnes (journalistes ou pas) avec des moyens plus importants. Le statut d'agence de presse délivré par la Commission paritaire des publications et agences de presse (CPPAP) permet de bénéficier de certains avantages fiscaux comme la TVA à taux réduit de 10 %. Les agréments délivrés font l'objet de révisions régulières.

Face au mouvement général d'externalisation des entreprises et devant le refus grandissant des entreprises de presse de salarier les journalistes pigistes, ces coopératives sont un moyen de lutter contre la précarité du métier. Ce sont des structures créées par des pigistes qui ont souhaité devenir leur propre employeur. Fondée en 2010, CA Presse accueille près de 200 journalistes pigistes. Depuis 2014, Coopetic Médias regroupe une quarantaine de salariés. En général, les journalistes rejoignent ces structures avec leurs contrats. Mais au-delà du simple portage, les deux coopératives revendiquent pleinement leur statut d'agence de presse et font valoir leur investissement éditorial pour accompagner l'activité de leurs sociétaires, dans le cadre de gouvernances démocratiques propres aux coopératives (selon le principe une personne = une voix).

Comparatif :
salaire net (en €) perçu selon le statut
pour une rémunération brute de 1 000 €

	Charges diverses	Charges salariales	Rémunération nette	Charges patronales	Coût pour le média	Remarques
Salarié (salaire)		210 (env. 21 %)	790	350 (env. 35 % sur 1 000)	1 350	– Couverture sociale (chômage, maladie, accident du travail…) – Convention collective des journalistes (13e mois, prime d'ancienneté, indemnité de licenciement…)
Portage (facture HT)	100 (env. 10 %) (coût du service)	189 (env. 21 % sur 910)	514	315 (env. 35 % sur 900)	1 000	– Couverture sociale des salariés – Convention collective autre que journalistes
Correspondant local de presse (note d'honoraires)	150 (15 % si revenu annuel > 5 792 €) (charges sociales)		850		1 000	– Doit obligatoirement être une activité annexe – Pas de protection sociale – Pas de convention collective
Droits d'auteur (note de droits d'auteur)	95 (9,5 %) (Agessa)		905	11 (1,1 %)	1 011	– Pas de lien de subordination – Protection sociale si affilié – Pas de convention collective
Micro-entrepreneur (sans TVA)	230 (23 %) (charges)		770		1 000	– Pas de lien de subordination – Protection sociale limitée – CA limité – Pas de convention collective

« DEUX STATUTS : ÇA VA... »

Témoignage de Florence Falvy

Florence Falvy est originaire de Chartres. Après des études en alternance à l'Institut pratique du journalisme (IPJ), elle a intégré la rédaction parisienne du magazine professionnel *Chaussez Magazine* pendant cinq ans. Pour élargir son horizon professionnel, elle a suivi une formation de photojournalisme de six mois à l'EMI-CFD, en 2007, à l'issue de laquelle elle a choisi de démissionner pour s'installer à Nantes comme pigiste. Depuis 2009, elle collabore principalement avec la presse (Agence AEF, *Journal des entreprises*, etc.) comme journaliste pigiste salariée. Et jongle avec les statuts d'auteur et d'auto-entrepreneur pour ses travaux d'édition et de communication.

Démissionner d'un poste de rédacteur intégré pour choisir d'être pigiste n'est pas courant. D'où vient ce choix ?

J'ai fait mes études en alternance chez *Chaussez Magazine* qui m'a embauchée à l'issue de ma période de stage. J'y suis donc restée sept ans en tout, c'est beaucoup ! En plus, j'avais suivi ma formation photo pour me diversifier, mais je ne pratiquais pas, car il y avait peu de photos à prendre dans le cadre de mon travail. En fait, tout est parti d'un sujet que j'avais à cœur de traiter sur un couple de sauniers (récoltants en sel) à Noirmoutier. Je les ai suivis pendant un an et j'ai insisté auprès de *Chasse et Marées* pour qu'il soit publié. Ils l'ont pris et ça m'a mis le pied à l'étrier. Avec mon ami, nous avons ensuite décidé de changer de cadre de vie pour nous installer près de la mer, dans une ville avec des opportunités professionnelles.

Tu n'as pas trouvé de travail en rédaction sur place ?

Si, j'ai commencé par un remplacement de congé maternité de cinq mois à la rédaction de *Presse Océan*. C'était très formateur, mais j'ai renoncé à poursuivre l'aventure au bout de deux mois. Mes piges décollaient et je voulais m'y consacrer à plein-temps... Entre 2010 et 2012, mon activité de pigiste était florissante, j'ai eu jusqu'à sept employeurs réguliers.

Toujours sous le statut de journaliste pigiste salarié ?

Presque toujours. Jusqu'en 2013, certaines rédactions demandaient qu'on leur facture les articles. Je trouve que c'est moins courant maintenant. Dès le départ, j'ai distingué mon travail de journaliste (pour la presse) et celui de prestataire (pour l'édition, la communication, etc.) en adoptant deux statuts distincts : celui de salariée payée en salaire sous la convention collective des journalistes pour bénéficier de la carte de presse et de la protection sociale et celui d'auteur via l'Agessa. J'ai toujours été claire dans ma tête : ce second statut me sert dans le cadre d'activités complémentaires, qui n'ont jamais dépassé 40 % de mes revenus. Le statut de salarié est bien plus avantageux en ce qui concerne la couverture sociale. À une époque, j'ai travaillé en droits d'auteur pour une agence du sud de la France jusqu'à ce que je découvre qu'il s'agissait d'une entreprise de presse. Je lui ai donc demandé de me payer en salaire, ce qu'elle a accepté de faire. Grâce à quoi j'ai pu réclamer des indemnités de licenciement lorsqu'elle a subitement arrêté de me faire travailler quelques années plus tard.

Et le statut d'auteur ?

Des amis photographes m'avaient orientée vers le statut d'auteur, mais j'ai eu de mauvaises relations avec l'Agessa. Je réalisais des publireportages textes et photos pour la régie pub de *L'Express* et du *Figaro*. Ce n'était clairement pas du travail de journalisme, mais l'Agessa, voyant l'identité de mes employeurs, m'a dit que ce travail ne rentrait pas dans le champ des activités concernées. En septembre 2014, j'ai reçu une lettre de la commission professionnelle de l'Agessa pour m'informer que j'étais radiée, avec effet rétroactif au 30 juin 2013, sur la base de mes revenus 2012. Selon la commission, mes revenus relevaient « de la rédaction d'articles et prises de vue qui émanent de la presse ainsi que la rédaction d'articles de communication pour lesquels [j'aurais] dû être rémunérée sous forme de salaires ». Alors que les diffuseurs cités sont des agences de communication et des régies pub, et non des sociétés de presse comme prétendu. J'ai bien essayé de faire valoir mon point de vue, mais je me suis heurtée à un mur et j'ai préféré chercher une solution alternative.

D'une façon générale, je trouve que le statut d'auteur est un peu complexe et que l'Agessa est un dispositif compliqué et peu transparent. Par exemple, il n'y a aucun moyen de savoir si les diffuseurs avec lesquels tu travailles règlent bien leurs parts des cotisations, alors qu'il s'agit quand même de ta protection sociale...

Donc, tu as adopté le statut d'auto-entrepreneur...

J'ai rapidement pris rendez-vous avec l'Urssaf. J'avais des missions en cours et je devais trouver le moyen de facturer mes prestations. Simple et souple, le statut d'auto-entrepreneur s'est imposé. Avec mon licenciement, j'avais pu m'inscrire à Pôle emploi tout en continuant à piger. Mes revenus étant supérieurs à mes indemnités journalières, je n'ai jamais été indemnisée, sauf le mois de mon retour de congé maternité. Mais le fait d'être demandeur d'emploi m'a permis d'avoir des taux de cotisation minorés, car un auto-entrepreneur peut cumuler son statut avec le dispositif d'aide au chômeur créateur ou repreneur d'entreprise (ACCRE) afin de bénéficier de taux de cotisations sociales réduits pour le calcul des cotisations et contributions personnelles, en début d'activité. Pendant trois ans, je bénéficie de taux de cotisation minoré : 5,90 % la première année, 11,70 % la deuxième et 17,50 % la troisième, quand le taux normal est de 22,9 % pour les professions libérales relevant de la Caisse interprofessionnelle de prévoyance et d'assurance vieillesse. Avec le bénéfice des cotisations minorées, le statut d'auto-entrepreneur s'est donc révélé particulièrement intéressant pour moi. De plus, toutes les démarches sont d'une facilité déconcertante : tous les mois, il suffit de déclarer ses revenus sur « net-entreprise. fr » qui calcule les cotisations et assure les prélèvements automatiques.

Tu n'as jamais envisagé de passer par une société de portage ?

Pas encore, mais j'y pense. Dans le cadre d'une activité secondaire, mon objectif était de ne pas verser trop de cotisations – qui de toute façon ne servent à rien. J'ai contacté le RSI pendant ma grossesse. On m'a répondu que je ne toucherais rien, car je relevais du régime général de par mon activité principale de salariée. J'avoue que ça m'a refroidie.

J'ai 34 ans et le fait de ne pas cotiser pour ma retraite sur une partie de mon activité me questionne. Je suis donc en train d'étudier les possibilités de passer par des coopératives ou des entreprises de portage salarial pour y transférer mon activité hors presse.

À un moment, je voulais diversifier mon activité et faire des photos de mariage. Mais je me suis aperçue qu'il fallait avoir un statut spécifique de « photographe social » et j'avoue que je ne voulais pas multiplier les statuts. Multiplier les statuts, c'est multiplier les organismes de référence, les cotisations... Ça devient très vite compliqué, c'est pourquoi je tiens à me limiter à deux statuts.

PARTIE 2

Envisager son métier dans la durée

Au cœur d'une profession en pleine évolution, le journaliste doit savoir analyser les mutations de sa branche pour s'adapter aux nouveaux métiers, aux changements techniques, mais aussi aux mouvements de concentration des entreprises de presse. Pour le pigiste, dont l'évolution de carrière ne dépend que de ses propres choix, c'est même une priorité.

Chapitre 6
Les médias bousculés par le Web

La presse écrite reste le principal marché des journalistes pigistes. Pour combien de temps encore ? Depuis plus d'une décennie, tous les médias sont en proie à une baisse des recettes publicitaires traditionnelles. De nouvelles formes de recettes apparaissent avec l'arrivée de contenus éditoriaux financés par les annonceurs *(native advertising)* ou la revente de contenus aux couleurs des annonceurs *(brand content)*. Mais cela ne suffit pas à amortir l'inexorable chute des ventes. Selon l'organisme de contrôle de la distribution des titres l'Alliance pour les chiffres de la presse et des médias (ACPM), la diffusion de la presse écrite a chuté de 20 % entre 2003 et 2013, allant jusqu'à mettre en péril les kiosquiers (3000 points de vente ont disparu en cinq ans). Rien qu'en 2013, la diffusion de la presse papier a atteint une baisse record de – 4,9 %.

Le Web...

Pour autant, les Français continuent de s'informer... sur Internet. L'équipement numérique des ménages progresse d'année en année : les ventes de Smartphones et de tablettes ont explosé en 2014 et 2015. Et la lecture digitale de la presse représente désormais plus d'un tiers (39 %) des titres de presse. Toujours selon l'ACPM, la croissance de la fréquentation des sites Internet (+ 8,1 %) et des applications presse (+ 104 %) compense largement la baisse des ventes papier. Aujourd'hui, la première source d'information du grand public provient des alertes sur les Smartphones. L'essor continu des outils de lecture numérique s'est hissé au rang de véritable révolution darwinienne à laquelle la presse écrite doit s'adapter. Cette mutation est d'ailleurs devenue la priorité de tous les titres.

La plupart des entreprises du secteur de la presse écrite ont d'ores et déjà intégré le numérique dans leur stratégie de développement. Mais le modèle économique – lorsqu'il existe – n'est pas encore suffisamment stabilisé pour assurer la rentabilité. De ce fait, les entreprises du secteur se voient obligées de réduire la voilure en coupant dans leurs budgets, en réduisant les équipes et en modifiant leur organisation. Pour faire des économies, les éditeurs ont supprimé plusieurs milliers d'emplois de journalistes au cours des dernières années. En outre, la redistribution des supports papier et numérique s'accompagne d'une complexification du paysage de la presse, marqué par une forte variété des formats. Elle met aussi en lumière de nouvelles formes de concurrence entre titres traditionnels et *pure players* d'information en ligne.

Les groupes de presse perdent du poids

Selon *Les Clés de la presse*, le chiffre d'affaires – et donc les moyens – des principaux éditeurs ne cesse de fondre. En 2013, ils sont presque tous passés sous le seuil du milliard d'euros de chiffre d'affaires, à l'exception du leader Sipa-Ouest France (1077 M€, avec *Ouest-France* et l'ensemble des titres hebdomadaires de Publihebdo), dont la moitié de l'activité provient de sa filiale Spir Communication, spécialisée dans les petites annonces et la distribution d'imprimés publicitaires. D'ailleurs, la plupart des groupes de presse se sont diversifiés en se tournant vers des activités plus rentables, ce qui permet de compenser les pertes enregistrées par leur activité d'origine.

C'est notamment le cas du groupe Lagardère Active (998 M€), qui réalise la moitié de son activité dans l'audiovisuel (production et diffusion de programmes), et du groupe Amaury, dont un tiers du chiffre d'affaires (670 M€) provient de l'organisation de manifestations sportives par l'intermédiaire d'Amaury Sport Organisation (ASO). L'organisation de salons est, depuis longtemps, l'une des marques de fabrique de *L'Étudiant*, mais certains groupes font preuve d'imagination pour développer des revenus annexes liés à leurs marques comme le prouve l'arrivée des Elle Café.

Des milliers de titres

Selon le ministère de la Culture et de la Communication, il existait en 2012 4 559 titres de presse, dont une majorité de publication spécialisée grand public (1 960 titres) et de presse technique et professionnelle (1 385). La presse nationale d'information générale et politique ne représente que 85 titres. L'offre de publications diffusées dans le réseau de distribution de la presse atteignait 3 766 journaux et magazines en 2013, selon les diffuseurs. Les principales familles de presse sont : les titres de sport-auto-loisirs (14 % du chiffre d'affaires), les féminins (13 %), la presse d'actualité (12 %) et la télévision (12 %). Ces quatre catégories représentent plus de la moitié de l'activité des médias en France.

Seul le groupe Ebra-Crédit Mutuel (820 M€), très implanté dans l'Est (*Dernières nouvelles d'Alsace, Dauphiné Libéré* à Grenoble), réalise l'intégralité de son activité dans la presse écrite. L'activité presse reste prépondérante pour la majorité des autres groupes, tels Le Figaro (510 M€), Prisma Média (455 M€), Bayard Presse (360 €), Mondadori (354 M€) ou encore Le Monde (345 M€).

À noter

En plus des 700 millions d'euros (dont la moitié d'aides directes) accordés par l'État, la presse écrite a bénéficié en 2013 du Fonds pour l'innovation numérique de la presse mis en œuvre par Google, lequel a versé au secteur environ 60 millions d'euros sur trois ans. En 2013, 23 titres ont ainsi touché 16 M€ de la firme.

L'audience de la presse se maintient

Depuis 2013, la presse dispose enfin d'un outil de mesure global mis au point par Audipresse pour mesurer les performances des marques sur le papier et sur le numérique.

Sans surprise, l'audience du *print* continue de reculer, enregistrant une baisse globale de – 3 %, plus marquée pour les magazines (– 3,7 %) que pour les quotidiens (– 0,2 %). L'appétence des Français pour la presse reste élevée : 49,7 millions de personnes, soit 97 % de la population de plus de quinze ans, ont lu un titre de presse en 2013. Ils sont même 33,9 millions à en lire un chaque jour. Parmi eux, 66 % lisent un quotidien ou un magazine, 50 % un magazine, 42 % un quotidien et 26 % un quotidien et un magazine tous les jours.

La lecture « multisupport » se développe avec la croissance du taux d'équipement numérique des foyers (23 % des Français possédaient une tablette en 2013, soit deux fois plus qu'en 2011), mais sans faire forcément concurrence au papier : si 58 % des Français consultent au minimum un site Internet, un site mobile ou une application mobile de presse, la moitié des lecteurs d'une version numérique de presse lisent aussi la version papier, et 61 % des lectures d'une marque de presse viennent de la lecture papier.

De fait, le Smartphone est devenu l'écran devant lequel chacun passe le plus de temps (35 %, contre 27 % pour la télévision en 2013) et il apparaît actuellement comme le principal levier de croissance pour la presse.

L'accélération du numérique

Pour les groupes de presse, les années 2013 et 2014 ont été entièrement consacrées au positionnement numérique des titres. Les questions concernant l'information sur les Smartphones, la vidéo et la mise en place de contenus payants à valeur ajoutée ont nourri la réflexion de l'ensemble des éditeurs, soucieux de réussir leur transition vers le numérique.

Alors que leur chiffre d'affaires reste très majoritairement lié à la vente de support papier, l'objectif est de préparer la bascule de leur *business model* en s'appuyant sur l'économie numérique. Tous les efforts consentis par des titres comme *Le Monde, Les Échos* ou *20 Minutes* vont dans ce sens. Pourtant, les titres les plus performants dans ce domaine ne tirent encore qu'à peine 15 % de leurs revenus de leurs activités numériques. Selon l'ACPM, la diffusion numérique de l'ensemble des titres a progressé de 60 % en 2013, mais n'atteignait toujours que 1,2 % de la diffusion payée totale de la presse. Les versions numériques les plus importantes concernent essentiellement les médias « chauds » comme les quotidiens. À titre d'exemple, la part de la diffusion des versions numériques sur la diffusion totale pesait, en 2013, 12,5 % pour *Le Monde,* 2,4 % pour *La Voix du Nord,* 4,2 % pour *l'Usine Nouvelle,* 5,9 % pour *GQ* et 1,6 % pour *La Montagne.* Selon les observateurs, le rapport pourrait rapidement s'inverser, et cette part numérique pourrait représenter la majorité des ventes de la presse à l'horizon de 2020.

Conjuguer presse papier et presse numérique n'est pas chose aisée. La migration de la presse vers le numérique ne requiert pas uniquement l'invention de nouveaux modèles économique : elle passe également par la prise en compte des nouvelles formes de consommation de l'information. « Quand l'information devient un flux permanent, fait de mises à jour continues, étoffé par des liens vers des images fixes et animées, plusieurs pistes sont à explorer. La première repose sur l'idée que les médias en ligne sont adaptés à l'information en continu, centrée sur les faits, tandis que le papier se prête à la réflexion plus approfondie », analyse Françoise Benhamou, spécialiste de l'économie des médias, dans une tribune des Échos.fr.

Le nouvel appétit des lecteurs internautes pour des supports alliant l'écrit et la vidéo réclame l'acquisition de nouvelles compétences dans des entreprises de presse qui doivent faire preuve d'une grande capacité d'innovation. Après avoir favorisé la « segmentation » de ses éditions (par zone géographique pour la PQR par exemple), la presse se voit aujourd'hui obligée de privilégier les rédactions numériques, et éventuellement de fusionner les rédactions *print* et Web lorsque les deux existent. Parallèlement, elles doivent aussi accueillir des journalistes d'un nouveau genre : *data journalist*, *community manager*, etc.

Virage vers le Web

Il n'y a plus débat : le numérique fait désormais partie intégrante de la stratégie des groupes de presse et toute la presse écrite adapte ses pratiques et son organisation à l'évolution numérique.

Deux logiques rédactionnelles doivent cohabiter. Pour être bien placé sur Internet, il faut privilégier une logique rédactionnelle de *desk* favorisant la réactivité. Toujours connectés, les journalistes restent postés derrière leur écran et se concentrent sur les exigences de rapidité et de référencement. Il faut alors repérer l'information importante pour la mettre en ligne le plus tôt possible selon une forme particulière. Pour espérer avoir un contenu repéré par les algorithmes des moteurs d'informations, il faut rédiger les articles selon certains critères.

L'autre partie de la rédaction privilégie la création de contenu à haute valeur ajoutée, en travaillant sur une information spécifique propre à « identifier » le support. Répondre à ces deux obligations impose la révision des organisations des rédactions, mais les aménagements adoptés varient beaucoup d'une entreprise de presse à l'autre et les changements sont plus ou moins rapides.

Dans ce contexte, si toutes les entreprises se sont aujourd'hui dotées de compétences Web, rares sont celles qui ont totalement fusionné leurs rédactions papier et Web. Il s'agit davantage de rapprochements ou d'une certaine coordination entre les équipes des deux supports.

Les nouvelles organisations que cherchent à mettre en place les éditeurs dépendent évidemment du type de presse, des lecteurs et de la culture d'entreprise. Mais chaque adaptation remet en cause l'existant et les métiers et fonctions dans l'entreprise, ainsi que la place des journalistes pigistes, et exige des efforts importants de coordination. En raison de leur éloignement, les journalistes pigistes peuvent rarement collaborer aux activités de *desk*.

Vers de nouveaux modèles économiques

La presse continue de tâtonner pour trouver un modèle économique viable sur le numérique. L'évolution récente tend à démontrer que l'heure du « tout gratuit » est désormais révolue. Après avoir longtemps fait la course à l'audience, en offrant gratuitement leurs contenus pour drainer des recettes publicitaires, la plupart des titres de presse écrite adoptent un modèle mixte de *freemium* – conjonction des termes anglais *free* (gratuit) et *premium* (contenus de qualité à haute valeur ajoutée). Il s'agit de bloquer une partie de l'accès à un site par l'intermédiaire d'un « péage informatique ». Dans ce modèle, seul un nombre limité d'informations est accessible librement : en général les dépêches d'agences d'actualité générale ou internationale. Cette offre gratuite sert de produit d'appel et vise à attirer les internautes vers l'offre *premium*. Car dès qu'il s'agit d'informations de proximité avec le lecteur, on oriente ce dernier vers la partie payante du site. Certains titres font même du *teasing* en proposant de lire gratuitement le début de l'article, ou offrent en accès libre un nombre limité d'articles par mois.

Initié par *Les Échos* en 2012, ce modèle, consistant à faire payer (à l'unité ou par abonnement) certains articles, est quasiment devenu la norme dans la presse. C'est notamment le choix de la presse quotidienne régionale (de *La Voix du Nord* à *La Dépêche du midi*) ou de la presse quotidienne nationale *(Le Monde, Libération, L'Équipe).* L'objectif de ces titres est de développer leur offre *premium* en enrichissant les contenus payants de leur site, afin d'augmenter leur chiffre d'affaires et d'amorcer la rentabilité du modèle. La presse en ligne bascule également vers ce modèle, comme Atlantico, dont seulement les cinq premiers articles consultés en un mois sont gratuits.

Témoignage de Stéphanie, pigiste à Paris

« Dans mon cas, l'arrivée du Web en plus du *print* n'a rien changé : même chef, mêmes briefs, aucun salaire en plus, et si je n'allais pas voir sur le site des journaux pour lesquels je travaille, je ne serais même pas au courant que mes papiers sont repris sur le Web ! Parmi mes collaborations, le Web n'a aucun statut particulier. Il sert juste à accueillir les articles déjà parus sur le papier et ceux-ci ne sont jamais modifiés, jamais édités, leur mise en forme ne change même pas. L'avantage, c'est que quand j'en parle à un rédacteur en chef un peu ouvert d'esprit et qui a une petite marge de manœuvre dans sa boîte – tous n'ont pas cette chance –, je peux essayer de faire évoluer des choses, voire m'impliquer dans cette évolution et là, ça devient intéressant. Il y a des exceptions, comme la *Gazette des communes :* là, le chef est le même, c'est le chef de rubrique, mais le brief est différent. On peut parler longuement du sujet et réfléchir à la façon de l'adapter au Web.

J'ai le sentiment que, dans beaucoup de rédactions, on ne sait pas très bien quoi faire du Web. C'est pénible parce qu'on se retrouve parfois à voir des papiers sur lesquels on a beaucoup bossé complètement détruits par leur passage sur Internet : tout en vrac sur la même page, mur de mots, aucune illustration... Comment imaginer que le lecteur ait envie de lire ça ? Mais pour nous, les pigistes, c'est aussi une porte par laquelle se faufiler : si personne ne sait quoi faire du site – quand tout le monde ne s'en fout pas un peu –, on peut apporter nos idées, nos envies ! »

À noter

Pour suivre au plus près l'actualité des médias, lisez les hebdomadaires *Les Clés de la presse* et *La Correspondance de la presse,* ou allez sur le site de *PresseNews.* Par ailleurs, de nombreux blogs décryptent l'évolution de la presse et analysent les mutations du métier de journaliste (mediatype.be, themediatrend.com, meta-media.fr).

Chapitre 7
Les marchés du journaliste indépendant

Bien vendre ses sujets suppose de bien connaître les médias. Ce petit tour d'horizon vous aidera à mieux comprendre la situation et l'économie des différents secteurs de la presse, sachant que la presse écrite reste le principal employeur des journalistes et le principal pourvoyeur de piges.

Selon l'Observatoire des métiers de la presse, le secteur de la presse écrite se composait en 2011 de 2 515 entreprises, dont 1 659 relevaient de la presse magazine et spécialisée, 209 de la presse hebdomadaire et 118 de la presse quotidienne.

La presse quotidienne

Le prestige de la traditionnelle presse quotidienne nationale reste entier, mais le nombre de titres ne cesse de diminuer. Après la disparition des versions *print* de *France Soir* et de *La Tribune*, on dénombre aujourd'hui seulement 5 quotidiens papier généralistes *(Le Monde, Le Parisien – Aujourd'hui en France, Le Figaro, la Croix, Libération, L'Humanité)*, 2 quotidiens économiques (*Les Échos* et le récent *L'Opinion*), 1 quotidien sportif *(L'Équipe)*, ainsi que 3 quotidiens jeunesse *(L'Actu, Mon Quotidien, Le Petit Quotidien)*, 2 quotidiens consacrés aux courses hippiques *(Paris Turf, Geny Courses)* et 1 édition dominicale *(Le Journal du Dimanche)*. Soit un total de 14 titres, auxquels s'ajoutent les 2 quotidiens papiers gratuits *(20 Minutes et Direct Matin)* – soit deux fois moins qu'au sortir de la Seconde Guerre mondiale.

Malgré la baisse du nombre de titres, la PQN reste la première puissance éditoriale de France, avec plus de 2 600 journalistes. En dépit de ses difficultés économiques, elle a bien amorcé le virage digital : chaque jour, en moyenne 8 millions de Français lisent un quotidien dans sa version *print* (une audience qui reste stable), mais ils sont plus de 22 millions à consulter chaque mois les versions numériques de ces quotidiens. Une audience qui n'existait pas il y a dix ans.

Depuis plusieurs années, la PQN a cessé d'opposer le papier au numérique : elle a compris que les deux supports se complètent et se renforcent l'un l'autre, tout en participant au renouvellement de son lectorat. Mais elle peine encore à valoriser ses efforts en raison de l'absence de modèle économique lié à la diffusion de l'information Web. Son chiffre d'affaires provient toujours très majoritairement de la publicité, dont le volume baisse et qui s'oriente de plus en plus vers le digital : en un peu plus de vingt ans, les ressources publicitaires (publicité et petites annonces) de la PQN ont ainsi chuté de moitié.

Ventes : l'érosion continue

Selon l'ACPM, la diffusion des quotidiens nationaux a encore été difficile en 2015 avec une baisse moyenne de 3,1 %. À l'exception de *L'Équipe* (+ 1,76 % et des *Échos* + 1,18 %), tous les autres titres reculent (– 1,91 % pour *Le Monde*, – 0,95 % pour *Le Figaro*, – 0,93 % pour *La Croix*) ou plongent carrément (– 5,74 % pour *Libération* et – 6,22 % pour *Aujourd'hui en France*). Pour contenir leurs pertes et assurer leur équilibre économique, *Le Parisien*, *Libération* et *Le Monde* avaient déjà relevé leur prix de vente en 2014, (de 5 à 20 centimes). Depuis, rares sont ceux qui n'ont pas engagé de plan d'économie et qui n'ont pas réduit leurs effectifs de journalistes *(Libération, Le Figaro, L'équipe, 20 Minutes...).*

La bascule sur le Web

La disparition, en 2011, de deux versions papiers des quotidiens *France Soir* et *La Tribune* illustre le transfert de la PQN vers Internet. Sans aller jusqu'à devenir des *pure players*, la plupart des titres abandonnent le principe de la gratuité de l'information numérique pour proposer des versions semi-payantes. Avec succès, puisque la diffusion numérique constitue désormais le seul moteur de croissance pour la PQN. Selon l'OJD, la diffusion numérique des quotidiens nationaux continue de croître, avec une progression + 8,4 % en 2015 contre + 3,5 % en 2012.

En fait, l'évolution de la fréquentation des supports numériques de la PQN est proportionnellement inverse à celle de la diffusion papier. Il n'en fallait pas plus pour que les directions misent sur les éditions numériques pour compenser le recul du papier. Les initiatives privilégiant internet *(Web first)* fusent de toute part, à l'instar de *20 Minutes* qui publie désormais ses informations d'abord sur son site avant d'en sélectionner une partie pour les éditer au format papier. *Le Parisien* met sur pied un nouveau pôle d'activités consacré à la production de vidéos pour Internet, doté d'un studio et d'une équipe dédiée ; *Le Monde* joue la carte de la complémentarité papier-Web avec une formule papier laissant plus de place à des articles grand format. Dans le même temps, *La Tribune* met l'accent sur le développement de l'information économique de proximité avec l'ouverture d'éditions locales.

Travailler avec la presse quotidienne

Traditionnellement, la PQN employait de nombreux pigistes comme correspondants régionaux. La crise du secteur et la réduction des budgets qui l'accompagne ont considérablement réduit les possibilités de collaboration. Néanmoins, de nouvelles opportunités se font jour sur la toile. La stratégie d'information semi-payante adoptée par le secteur va permettre de constituer des enveloppes de piges pour compléter le travail des journalistes permanents, de moins en moins nombreux, chargés de mettre l'information en ligne le plus rapidement possible. Les rédactions recherchent ainsi des journalistes capables de leur fournir des enquêtes et des reportages dont la qualité justifie leur offre premium payante. Pour multiplier ses chances, le journaliste pigiste se doit de proposer un traitement multimédia (textes, photos, vidéos) de ses sujets.

Hécatombe sociale

La crise n'est pas un vain mot dans la PQN. Confrontés à d'importantes difficultés économiques, beaucoup de titres ont vécu une *annus horribilis* en 2014. La reprise de *Libération* s'est soldée par le départ d'une centaine de journalistes, tandis que le projet de réorganisation du *Monde* prévoit la suppression de 50 postes. L'ambiance est aussi morose au *Figaro* et au *Parisien-Aujourd'hui en France* en raison de pertes importantes qui n'augurent rien de bon.

La presse régionale

La presse quotidienne régionale et départementale

La presse écrite quotidienne régionale et départementale (PQR) est le principal média d'information en France. Selon le Syndicat de la presse quotidienne régionale (SPQR), qui rassemble 63 titres (l'ACPM en scrute 53), elle touche chaque jour 17 millions de lecteurs en diffusant en moyenne 4,9 millions d'exemplaires par numéro. Les plus gros tirages de la presse écrite quotidienne figurent dans cette catégorie, à commencer par *Ouest-France* (733 078 exemplaires diffusés en moyenne par numéro en 2013 selon l'ACPM), *Sud Ouest* (265 777 exemplaires) et *La Voix du Nord* (238 564 exemplaires).

La longue marche vers le numérique

Cela fait déjà vingt ans que la PQR est présente sur Internet. En 1995, *les Dernières Nouvelles d'Alsace* ouvrait son site Web, rapidement suivi par *Sud Ouest* et bientôt imité par tous les titres. Depuis, aucun d'entre eux n'a malheureusement trouvé la solution pour faire payer l'information locale...

Au départ, la PQR n'y croyait pas trop. L'intégralité de son contenu était mise en ligne gratuitement. Une étape nécessaire pour appâter l'internaute ? Toujours est-il que la publicité n'a pas suivi. Depuis, la plupart des sites Internet des titres de la PQR ont changé de stratégie digitale pour adopter le *paywall* (sorte de péage informatique), où l'accès gratuit est limité, ou le *freemium*, où certains articles sont réservés aux seuls abonnés numériques.

Depuis 2012, seules les informations générales à faible valeur ajoutée sont gratuites (international, sport, politique, etc.), tandis que les informations purement locales des sites de la PQR sont devenues payantes. L'investissement de la PQR sur le digital est très disparate selon les titres.

Comme ses consœurs, la PQR subit une réduction importance de sa diffusion. Ses ventes ont reculé de – 4,3 % entre 2012 et 2013. Sur les dix dernières années, la baisse atteint 18 %. Très concentrée, cette presse subit les choix stratégiques des groupes Ebra ou Hersant – fermeture ou cession de titre – en plus des difficultés économiques propres à la presse écrite. Résultat : presque tous les journaux ont réduit la voilure et mis en place un plan de départs volontaires (ou clause de cession), voire un plan de sauvegarde pour l'emploi avec licenciements à la clé. Y compris chez *Ouest-France,* considéré comme le champion hors catégorie de la presse française. Une première pour le groupe Sipa qui avait, jusqu'alors, toujours su préserver sa rentabilité.

Travailler avec la presse régionale

La presse régionale a d'abord vocation à recourir aux correspondants locaux de presse (CLP), qui ne sont pas considérés comme des journalistes professionnels et donc payés en honoraires (voir page 41). La rémunération de cette activité, considérée comme accessoire, est généralement très faible. Débuter une collaboration sous ce statut n'est pas souhaitable, car les rédactions rechignent à accompagner le CLP vers le statut de pigiste.

Des journalistes pigistes, payés en salaires, peuvent cependant contribuer à des rubriques spécifiques (immobilier, santé, etc.) ou à des suppléments thématiques, parfois liés à une manifestation ou à un événement particulier. À force de réduire la masse salariale, beaucoup de titres font appel à des collaborations extérieures. Quand elles ne sont pas occupées à remplir le journal, les équipes internes sont mobilisées par l'élaboration de nouveaux contenus sur Internet (vidéo, par exemple).

La presse hebdomadaire régionale

Moins connue que la PQR, la PHR concentre pourtant près de 200 titres en France pour un total de 72 millions d'exemplaires diffusés chaque semaine. *La Manche Libre* (68 973 exemplaires diffusés en moyenne par numéro en 2013), *Le Courrier Gauchois* (36 639 exemplaires) et *Le Messager Thonon* (23 639 exemplaires) figurent parmi le trio de têtes des titres les plus vendus de cette catégorie de presse. La PHR a maintenu ses ventes jusqu'en 2009, année depuis laquelle la baisse cumulée atteint 11 % (– 2,5 sur l'année 2013). Avec des versions numériques qui ne représentent que 0,03 % de sa diffusion, la PHR est loin d'avoir vraiment débuté sa conversion vers le numérique.

Très hétéroclite, la PQR est avant tout un média de proximité qui apprécie la connaissance du terrain des pigistes avec lesquels elle collabore. *Le Parisien – Aujourd'hui* et *Ouest-France* figurent parmi les plus importants employeurs de pigistes de la PQR. Outre la polyvalence et l'autonomie, la PQR apprécie les sujets qui traitent d'une thématique générale avec un angle local. Les titres sont également parfois intéressés par des sujets de société ou internationaux, dès lors qu'il existe un lien avec l'actualité locale ou lorsqu'il met en scène un acteur local.

La presse magazine

À l'origine, la presse magazine se distinguait par l'emploi de son papier, différent du journal. Ensuite, elle s'est plus caractérisée par sa périodicité (hebdomadaire, mensuelle), sa mise en pages sophistiquée laissant une large part à la photo et à l'usage de la couleur.

Complémentaires des médias « chauds » (quotidiens, sites Web, radios, TV), les magazines veulent être des supports d'analyse suivant les évolutions du monde. En France, leur essor témoigne des transformations de la société : les féminins ont accompagné l'émancipation de la femme, les news magazines celle des cadres, les spécialisés celle du temps libre (sport, culture, tourisme, etc.).

Certains de ces titres sont très anciens, comme *Le Pèlerin* (fondé en 1873), *Sciences & Vie* (1913) ou *Vogue* (1920), mais beaucoup de titres furent créés après-guerre, comme *Paris Match* (1949), *Elle* (1945) ou *L'Express* (1953). Et de nombreux petits nouveaux voient le jour chaque année dans de multiples domaines. En 2013, on recensait au total 4500 magazines différents tirant à près de 1,6 milliard d'exemplaires.

Très segmentée, cette presse magazine est constituée pour moitié de titres spécialisés grand public, qui comptent environ 900 publications de loisirs, 200 de sport et 150 féminins. Seulement la moitié de tous ces titres sont diffusés en kiosque. Autrement dit, l'autre moitié n'est connue que des seuls initiés de la spécialité qu'ils traitent. De fait, il existe des magazines (et même parfois plusieurs) sur tout et n'importe quel sujet, du plus sérieux au plus léger. On dénombre ainsi plus de 100 titres pour la maison et la décoration, plus de 60 sur la musique et une vingtaine rien que sur la moto.

La télévision nourrit la presse magazine

Selon l'ACPM, six titres de télévision trustent le top 10 des meilleures ventes du secteur, dont les plus forts tirages sont *Télé Z* et *Télé 7 Jours* (1,3 million d'exemplaires). Dans ce classement apparaissent aussi *Dossier familial* (consacré à la vie pratique, 1 million d'exemplaires), *Famille et éducation* (la publication de l'association des parents d'élèves de l'enseignement libre, 830 000 exemplaires), le féminin *Femme Actuelle* (753 000) et *Notre Temps* (730 000), qui s'adresse aux seniors. Cette typologie donne une indication sur les centres d'intérêt des lecteurs. Elle est à considérer avant de commencer à prospecter.

Reine de la presse en France, la presse magazine connaît pourtant une baisse régulière. Sur dix ans, sa diffusion a baissé de 25 %, selon l'ACPM. En 2013, le recul a atteint – 5 %. Du jamais vu qui s'explique en bonne partie par la disparition de nombreux kiosques et la baisse du pouvoir d'achat. En cinq ans, le réseau de distribution de la presse a perdu près de 3 000 points de vente, passant de 29 700 à 26 800. L'ensemble des catégories de la presse magazine est en repli, y compris la presse féminine (– 4,3 %), qui s'était maintenue jusqu'ici, ainsi que la presse télé (– 5,4 %), la plus importante du secteur en volume (environ 40 %, alors que les féminins représentent 22 % du secteur). Même les magazines *people* et ceux pour la jeunesse accusent le coup (– 9,6 % et – 7,3 %), tandis que la presse masculine est en chute libre (– 29 %).

Seuls les titres diffusant majoritairement par abonnement tirent leur épingle du jeu. C'est notamment le cas des newsmagazines *(L'Obs, L'Express, Le Point...)*, qui limitent le repli à – 3,2 %. Dans ce contexte morose, les magazines d'actualité générale *(Paris Match, Le Figaro Mag, Le Parisien Magazine, M le Monde...)* progressent pourtant (+ 6 %), marqués par le lancement réussi de nouveaux titres comme l'édition française de *Vanity Fair* ou la renaissance de *Lui*.

Malgré tout, la baisse des recettes publicitaires conduit les principaux groupes à engager d'importantes restructurations et cessions (Lagardère Active, Mondadori...), avec la mise en œuvre de nombreux plans de départs dans les rédactions. Comme l'ensemble de la presse, les magazines tentent de trouver leur salut grâce à Internet et multiplient les innovations éditoriales en la matière, comme l'illustre le lancement récent par *Challenge* d'une lettre quotidienne numérique payante. Il est vrai que l'audience digitale des magazines progresse en même temps que la diffusion papier baisse (encore + 6,2 % pour les sites Internet et + 85,2 % pour les sites mobiles en 2015, selon l'ACPM). De fait, les éditions numériques de la presse représentaient 3,3 % de la diffusion totale de la presse française en 2015, contre 1,9 % en 2014 et 0,64 % en 2013). L'apport du numérique à l'audience d'un titre est considérable : selon l'ACPM, pour 100 lecteurs *print*, le digital apporte 73 lecteurs supplémentaires...

Panorama de la presse spécialisée grand public

Sous-catégorie de la presse magazine, la presse spécialisée grand public occupe une place majeure dans le circuit de distribution des titres de presse : elle représente à elle seule 53 % du chiffre d'affaires des ventes au numéro de toute la presse écrite en 2013. La plupart des éditeurs ont un pied dans ce type de presse, à commencer par les principaux groupes (Lagardère Active, Prisma Media, Bayard Presse, Mondadori France, Groupe Express-Roularta, Groupe Nouvel Observateur, Groupe Marie Claire, etc.).

Ce secteur est aussi composé d'éditeurs indépendants et de petits groupes de presse, comme les Éditions Larivière, Motor Presse France ou encore Axel Springer France. Le Syndicat des éditeurs de la presse magazine en recense une centaine et près de 500 titres.

La presse spécialisée grand public représente plus d'un tiers (38 %) de l'ensemble de la presse écrite. Malgré la crise, le nombre de nouveaux lancements de titres est toujours aussi conséquent (environ 10 % par an).

Travailler avec la presse magazine

La presse magazine est le secteur de la presse écrite qui emploie le plus grand nombre de journalistes et de journalistes pigistes, avec environ 20 % du nombre de titulaires de la carte de presse. Dans ce secteur très segmenté, regroupé par affinités thématiques parfois très fines, les journalistes pigistes doivent bien identifier la communauté à qui s'adresse le titre. Il est donc nécessaire d'adapter chaque sujet proposé, tout en respectant le style général du titre. Chaque magazine s'adresse à un public très ciblé et demande que l'on respecte ses codes d'écriture. Même si la pagination tend à se réduire, de réelles opportunités de collaboration existent, à condition de faire la différence par l'originalité de votre angle et la qualité des intervenants que vous proposez d'interviewer.

N'hésitez pas à tenter votre chance : les rédactions en chef sont sans cesse à la recherche d'idées nouvelles, de journalistes sachant à la fois humer l'air du temps et capter les nouvelles naissantes. Mais sachez que les grands hebdos font d'abord appel à des journalistes pigistes connus (et reconnus), capables d'aborder des sujets très pointus quand ils ne trouvent pas les compétences identiques en interne. Reste que beaucoup de petits magazines fonctionnent avec des équipes internes très réduites – voire avec seulement un seul rédacteur en chef – et confient l'essentiel de la réalisation des articles à des pigistes, surtout s'ils peuvent fournir du texte et des photos.

Les succès du long format

Surfant sur le succès des *mooks* (mi-magazines, mi-livres) tels que la *Revue XXI*, la revue *Long Cours* ou la revue *Feuilleton*, de nombreux sites Internet se sont créés avec la volonté de développer l'enquête et le reportage de fond, comme Ulyces.co, Lequatreheures.com ou encore Ijsbergmagazine.com. L'apparition de ces nouveaux formats s'accompagne souvent de nouvelles formes narratives multimédias, comme dans le cas de la rubrique « Explore » du site de L'Équipe.

À noter

Pour des raisons de coûts, la moitié des magazines sont absents des kiosques et diffusent soit par abonnement, soit au travers de réseaux parallèles. À vous de les identifier pour tenter de leur proposer des piges. Surtout si vous êtes familier des thématiques qu'ils abordent.

La presse gratuite

Les quotidiens d'information gratuits ont débarqué en France en 2002, mais il existait une presse gratuite d'annonces depuis le début des années 1970. Tandis que cette dernière s'effondrait, *20 Minutes*, *Metronews* et *Direct Matin* se sont fait une place au soleil en moins de quinze ans – même si *Metro* a mis fin à son édition papier en 2015. La montée en puissance de cette presse quotidienne gratuite est concomitante à la chute de la diffusion de la PQN payante. Certains considèrent toutefois qu'il n'y a pas forcément lien de cause à effet, dans la mesure où cette presse propose une lecture rapide et succincte de l'actualité. Mieux, cette PQG capterait les jeunes et participerait au renouvellement du lectorat de la presse : selon les études d'Audipresse, spécialiste de la mesure d'audience, les trois quarts des lecteurs des quotidiens gratuits ne liraient pas la PQN payante, et quatre sur cinq ne liraient pas la PQR.

La PQG représente un poids relatif assez faible de la presse écrite – seulement 4,1 % du chiffre d'affaires global du secteur. Mais son dynamisme a frappé les esprits durant une décennie. Résistant mieux à la crise que les quotidiens payants, les trois titres de la PQG affichaient, jusqu'en 2012, une croissance annuelle à deux chiffres et faisaient la course au million d'exemplaires. Plombée par un marché publicitaire atone – sa seule source de revenus – elle a depuis connu un douloureux retournement de tendance qui a fait plonger ses comptes dans le rouge. Ces dernières années, les trois titres ont donc sérieusement réduit la voilure en termes de diffusion, engagé de vastes plans d'économie, allant jusqu'à envisager une recomposition du secteur par des opérations de cessions-acquisitions.

Comme la PQN, la PQG doit désormais réussir le pari du numérique. Avec respectivement 5,5 millions de visiteurs uniques contre 3,1 millions, le site de *20 Minutes* semble mieux parti que celui de *Metronews*. Depuis 2014, les deux titres ont clairement basculé vers une logique de *Web first*, privilégiant la diffusion des informations sur leur site Internet. L'organisation du travail des équipes rédactionnelles a changé pour répondre à ce nouvel impératif. Au-delà du Web, la PQG investit également le mobile sur lequel l'information se consomme de plus en plus.

Un secteur étendu

20 Minutes et *Direct Matin* ne sont pas les seuls représentants de la presse gratuite. Celle-ci inclut de nombreux quotidiens, hebdomadaires et mensuels d'information spécialisés, professionnels ou culturels, diffusés dans les lieux publics, les institutions ou certaines entreprises. Ces publications ont souvent un caractère local, à l'inverse de celles qui sont éditées par des grandes marques ou entreprises. Selon le ministère de la Culture et de la Communication, l'ensemble de la presse d'information gratuite totalisait 47 titres en 2012, dont 13 quotidiens, 6 hebdomadaires, 18 mensuels et 10 trimestriels. À ses côtés, il existe encore une presse gratuite d'annonces (incluant du rédactionnel) encore plus importante puisqu'elle comptait 470 titres, dont 408 hebdomadaires et 61 mensuels.

Travailler avec la presse gratuite

La presse gratuite englobe sous le même vocable des réalités très différentes. Le travail journalistique réclamé par un quotidien d'information générale gratuit ne sera pas le même qu'un publirédactionnel commandé par un hebdo de décoration. Les tarifs ne sont pas non plus homogènes. Néanmoins, on peut relever certains points communs : une information assez factuelle et des articles plutôt courts. En repli, les trois quotidiens gratuits offrent de moins en moins d'opportunités, mais les conditions proposées sont proches de celles de la PQN. En revanche, les nombreux gratuits locaux spécialisés (sur le sport, l'immobilier, la culture, la décoration intérieure, les transports, l'éducation, le design, la beauté, etc.) ont souvent besoin de contenus rédactionnels et peuvent être sources de collaborations potentielles, voire régulières. La proximité avec un titre local est essentielle, même si certains d'entre eux sont gérés sur le plan national (cas des régionaux *À nous...*) ou par l'intermédiaire d'une agence de presse comme Relaxnews.

Les *pure players*

La presse en ligne a gagné ses lettres de noblesse. Réunie au sein du Syndicat de la presse indépendante d'information en ligne (Spiil), elle bénéficie désormais du même statut et des mêmes avantages que la presse papier (aides à la presse, TVA à taux réduit). Les scoops à répétition de Mediapart et les reportages de Rue 89 ont contribué à forger une bonne image de cette presse Web, qui reste cependant confidentielle et emploie tout au plus une grosse centaine de journalistes au total. Ces structures aux constructions souvent assez atypiques (associant stagiaires, pigistes plus ou moins réguliers et un noyau de salariés à temps plein qui progresse) voient cependant leur taille moyenne augmenter pour se situer aujourd'hui entre 15 à 20 salariés, soit environ 5 de plus qu'il y a deux à trois ans.

Selon les sources, on dénombre aujourd'hui de 1000 à 3000 sites d'information en France. Ces chiffres intègrent évidemment les *pure players* généralistes comme Huffington Post, Slate ou Atlantico, mais aussi les sites locaux et hyperlocaux, sans oublier les nombreux sites d'information thématiques ou spécialisés dans des domaines aussi spécifiques que l'automobile, la beauté, le tourisme ou la high-tech.

Les plus anciens de ces sites ont été créés par d'anciens journalistes papier pendant la seconde moitié des années 2000, sur le modèle du tout gratuit. L'importance du trafic et la qualité du public déterminent le niveau et le prix de la publicité – selon un modèle bien rodé de la presse écrite. Mais la course à l'audience s'est révélée impossible avec la montée en puissance des agrégateurs et des sites de référencement, qui drainent l'essentiel du trafic. À moins de recevoir plusieurs millions de visiteurs uniques, la recette se fait maigre. À partir de 2010, la plupart des sites d'information en ligne ont donc basculé vers un modèle payant – sur lequel s'est fondé Mediapart dès sa création fin 2007 – ou un modèle mixte d'abonnement, d'achat à l'article ou au volume. Le manque crucial de ressources financières caractérise ces *pure players* qui se tournent parallèlement vers d'autres sources de financement «hors presse», comme l'organisation de formations ou d'événements culturels ou de loisirs. Ils s'aventurent même parfois à (ré) éditer des supports papier afin de mieux capter leurs annonceurs.

Pléthore de sites en province

Galvanisés par le succès des ténors de la presse en ligne (Mediapart, Slate...), de nombreux sites d'information locaux se lancent dans l'aventure : Marsactu à Marseille, 94.Citoyens dans le Val-de-Marne, ou encore DailyNord dans les Hauts-de-France. La plupart adoptent le modèle du tout gratuit, sans pour autant réussir à monétiser leur audience auprès des annonceurs comme le prouve la disparition de Dijonscope en 2013.

Travailler avec les *pure players*

Pas question de démarcher les *pures players* avec de l'information générale. Comme dans les parties premium des sites Internet de la presse écrite, ils attendent de vous des informations à valeur ajoutée – si possible vérifiées, hiérarchisées, analysées et commentées. Si en plus vous pouvez fournir du texte, des photos et de la vidéo, c'est encore mieux. Difficile néanmoins d'envisager une collaboration durable. D'autant que les compétences nécessaires mises en œuvre pour fournir un contenu multimédia sont rarement rémunérées en conséquence. En clair, on appréciera que vous rapportiez du texte, du son et de la vidéo, mais il est peu probable que le forfait proposé intègre cette triple compétence.

Terre fertile de l'imagination

Un nom de domaine, un hébergeur, quelques connaissances en programmation et une connexion : la création d'un site d'information en ligne ne réclame pas beaucoup d'investissement. Raison pour laquelle nombre de journalistes (anciens et nouveaux) ont pris ou continuent de prendre l'initiative de concevoir leur propre média. Frustrés par les contraintes et le format de l'information en continu, ils s'orientent vers un traitement décalé de l'information, avec une écriture plurimédia, comme *Streetpress* ou *Citazine*. À l'inverse, d'autres innovent en effectuant une synthèse quotidienne et condensée de l'actualité, comme Brief.me qui propose l'envoi d'une lettre quotidienne synthétique d'information générale par e-mail, avec les liens de ses sources.

La presse spécialisée, technique et professionnelle

Malgré son statut d'outil de travail pour les entreprises, la presse technique et professionnelle a perdu de sa superbe. Même si elle représente encore près de 40 millions d'exemplaires papier par an, sa diffusion a chuté de moitié en dix ans, avec encore un recul de 1,7 % sur l'année 2015. Dans le même temps, l'audience des sites et applis des titres de cette catégorie a grimpé de + 6 %.

La mutation technologique touche directement la presse technique, particulièrement exposée aux innovations des services en ligne. Le développement des sites informatifs professionnels, souvent accompagnés de véritables services aux entreprises et aux professions libérales, est pour ce secteur une mutation économique impérative. Cela n'empêche pas certaines marques de médias pour les professionnels d'enregistrer de bons scores en matière de diffusion de magazines papier, comme c'est le cas pour *La Gazette des communes* (collectivités locales, + 13 %), *Stratégie* (publicité, + 7 %) ou encore *L'Officiel des transports* (+ 6 %). La santé d'une publication dépend souvent de la vigueur économique du secteur auquel elle s'adresse – raison pour laquelle la presse spécialisée dans le textile a périclité.

Globalement, la presse technique professionnelle pèse 10 % de l'ensemble de la presse écrite. Sa principale force réside dans le caractère relativement fidèle de son lectorat dans la mesure où les abonnements représentent 95 % des ventes. Plus d'un tiers (35 %)

des titres de ce secteur traite de l'agriculture. Le tourisme (15 %) et l'économie (12 %) complètent le podium, talonnés de près par les magazines techniques (11 %).

Cette forme de presse n'échappe pas au mouvement général de restructuration de la presse écrite. En 2014, le groupe spécialisé de presse professionnelle Wolters Kluwer France – l'un des plus gros employeurs de pigistes en France avec une douzaine de titres spécialisés dans le droit, les ressources humaines, le tourisme ou les transports (dont *Liaisons Sociales* et *France Route*) – a finalisé la cession de son pôle de titres consacré à la santé, tandis que le groupe Moniteur *(Le Moniteur des travaux publics et du bâtiment, La Gazette des communes)* est passé dans les mains du groupe Infopro Digital *(L'Argus de l'assurance, L'Automobile...)*. La fédération nationale de la presse spécialisée (FNPS) recense 535 éditeurs pour un total de 1592 publications, dont près de 150 hebdomadaires, plus de 600 mensuels et 300 services de presse en ligne. L'ensemble emploie environ 4500 journalistes.

Travailler avec la presse technique et professionnelle

Moins connue et moins visible que la presse grand public, s'adressant à un lectorat spécialisé et exigeant, la presse technique et professionnelle est un gros employeur de journalistes pigistes : soit comme correspondants régionaux pour étendre la couverture de son territoire, soit pour traiter des domaines d'information très pointus (sous la forme de dossier) ou des rubriques spécifiques. Le recours aux pigistes est d'autant plus indispensable qu'il s'agit très souvent de structures très légères : selon la FNPS, 40 % des éditeurs de ce type de presse emploient moins de 5 personnes, et seuls 8 % disposent d'effectifs supérieurs à 50 salariés.

Ces publications ont en effet besoin de spécialistes reconnus dans leurs domaines auxquels vous pourrez difficilement vous mesurer (à moins d'avoir suivi un cursus technique initial qui vous légitimerait). Mais la presse professionnelle recherche surtout des professionnels de l'information sachant instruire et synthétiser un sujet pour produire des enquêtes et des reportages de qualité. Le tout est de faire preuve d'humilité et de ne pas hésiter à se faire expliquer certains détails ou subtilités, quitte à perdre un peu de temps au début. Travailler pour ce type de presse implique d'aller souvent dans des colloques ou des salons professionnels, qui sont des lieux de rencontres et d'échanges. Ce qui n'empêche pas de se rendre aussi sur le terrain, dans les usines ou les bureaux pour rencontrer les salariés.

La photographie de presse

L'intérêt du grand public pour la photo et le photoreportage ne se dément pas, comme en atteste le succès de supports consacrés au photojournalisme tels que le magazine *6 mois* ou le bimestriel *Polka*. Par ailleurs, de nombreux titres de la presse quotidienne et magazine accordent toujours une large place à l'image, laquelle constitue à leurs yeux un aspect valorisant de leur support. Malgré cet intérêt, les médias dédient de moins en moins d'argent à la photo et le métier de photographe de presse est en déliquescence. L'époque des années 1980 où les agences photo françaises (Gamma, Sipa, Sygma) dominaient le marché et n'hésitaient pas à envoyer les photographes en reportage à l'autre bout du monde est définitivement révolue.

Depuis le début des années 2000, les photographes sont en plus confrontées à une baisse du prix des images sans précédent. Les photographes professionnels souffrent d'une précarité grandissante et peinent à survivre. Le rapport Bertain-Balluteau sur l'état du photojournalisme, remis au ministre de la Culture en 2010, dresse un constat paradoxal : jamais le monde n'a disposé d'une telle offre d'images, grâce notamment à la technologie numérique et à Internet ; mais cette évolution n'a pas profité aux professionnels de l'image en raison du modèle de gratuité en vigueur sur Internet, qui a pollué jusqu'aux rédactions. Avec l'arrivée des banques d'images pour illustrer des sujets et la prolifération de photos provenant d'amateurs, disponibles à moindre coût, le tarif des photos a considérablement chuté. La montée en puissance de services photo des agences filaires comme l'AFP (dont les forfaits permettent de piocher dans un stock d'images considérable) ou des banques d'échanges entre titres de la PQR (agence MaxPPP) a également participé à la baisse des tarifs.

En quelques années, la rémunération d'une photo a été divisée par 4 ou 5, passant de 150 à 30 €. Le salaire journalier, quant à lui, est désormais plus proche des 200 € que des 400. De plus, la loi Hadopi de 2009, qui a profondément modifié les règles relatives à l'exploitation des œuvres journalistiques (voir chapitre 20, « Faire rémunérer la ré-exploitation de son travail », page 237), limite dorénavant la rétribution des « repasses » et l'exploitation des photos d'archive. On observe ainsi dans la presse de nombreux accords faisant état de cessions de droits forfaitaires des images de plus en plus larges, sans contrepartie.

Dans le même temps, les photographes doivent investir des montants de plus en plus importants dans un matériel numérique en constante évolution, et doivent consacrer de plus en plus de temps à des tâches annexes de postproduction (éditing, retouche) qui n'étaient pas de leur ressort du temps de l'argentique. Si le métier continue toutefois de faire rêver, le nombre de photojournalistes se réduit d'année en année et sa population est vieillissante. Ceux qui perdurent sont obligés de se démarquer, en explorant de nouvelles pistes de financement, de production et de diffusion, quitte à naviguer entre le statut de salarié et celui d'auteur.

Aujourd'hui, il reste peu de photographes rattachés à des publications. La majeure partie exerce en free-lance sous différents statuts (salarié, auteur, auto-entrepreneur), selon la nature du travail. Parallèlement à la presse, ils exercent généralement des activités annexes, en particulier dans la formation, la communication (photo dite *corporate*) ou dans le domaine artistique (vente de tirages en galerie). Une infime part des revenus de beaucoup d'entre eux provient de la vente de reportages. Et une part du financement de ces derniers provient de plus en plus de bourses et de prix.

Vendre ses images à la presse

De nombreuses pratiques contribuent à dévaloriser le prix des photographies. Entre les appels aux amateurs ou aux contributions citoyennes (comme l'a fait en son temps *Metronews*), le recours aux images libres de droits (de chez Fotolia, par exemple), l'utilisation abusive de la mention DR (pour droits réservés) permettant de ne pas rétribuer l'auteur sous prétexte que celui-ci n'est pas identifié, ou le pillage pur et simple sur le Web, il est aujourd'hui difficile de se faire une place au soleil comme photojournaliste. D'autant que le métier est aujourd'hui de moins en moins considéré par certains types de presses (PQR, PGN) qui demandent à leurs rédacteurs de réaliser eux-mêmes les photos de leurs articles. En 2014, *20 Minutes* a ainsi fermé son service photo.

Malgré la logique financière appliquée par les groupes de presse, qui privilégient la rentabilité à la qualité, il est néanmoins possible de trouver des publications comme *Géo* ou *Pèlerin* qui produisent encore des reportages. La concurrence y est rude.

Par ailleurs, de nouvelles rubriques se sont développées dans les magazines, laissant une place importante aux portraits et à l'illustration, en particulier chez *Capital* ou *Challenge*. En attendant d'éventuelles premières commandes, le mieux est de débuter en contactant les services photo avec des synopsis de sujets ciblés afin d'obtenir une garantie de publication; ou alors de produire vous-même vos premiers reportages que vous proposerez ensuite. Mieux vaut alors choisir un sujet proche de chez vous pour éviter les frais. L'avantage de cette prise de risque associée à l'autofinancement est de pouvoir présenter un travail abouti à différentes personnes. N'hésitez pas à mettre vos books en ligne pour consultation.

Comme en rédaction, où les barèmes de piges sont rares, il est parfois difficile de définir le juste prix d'un reportage photo. Les barèmes d'une association professionnelle comme l'Union des photographes professionnels (UPP) donnent des indications selon la place de la photo et l'importance du titre. Il faut néanmoins être conscient que les prix pratiqués dans les rédactions sont bien inférieurs.

Vendre des packages « textes et photos »

Dans le cas où vous produisez vous-même le reportage, il peut être judicieux de proposer de fournir des photos avec votre article – à condition que la qualité soit au rendez-vous. Cela limitera les frais. Cependant, toutes les rédactions ne sont pas ouvertes à de telles propositions. Schématiquement, on peut dire que cela n'intéressera pas les magazines prestigieux qui disposent d'un service photo important et soucieux de leurs prérogatives. Dans ce cas, il y a peu de chances que le choix du rédacteur et du photographe soit le même. À l'inverse, d'autres magazines sont ouverts à cette perspective d'acheter auprès d'une seule et même personne un sujet clés en main. Dans ce cas, la rémunération prévoit un forfait par page.

Et la vidéo ?

La plupart des sites de médias publient des vidéos en ligne. Comme la plupart des appareils photo permettent aujourd'hui de filmer, il semble indispensable de compléter un travail de prises de vue par la réalisation de séquences filmées que l'on pourra proposer en complément aux rédactions par l'intermédiaire d'un montage simple de quelques minutes. Dans le même esprit de diversification, on pourra aussi réaliser des enregistrements sonores dans la perspective de diaporamas sonores ou de petites œuvres multimédias (POM).

La radio

La radio est le premier média en France. Selon Médiamétrie, près de 43 millions de personnes allument chaque jour leur poste pour écouter l'une de 1000 stations FM qui émettent en France (dont 20 % sont associatives), pour une audience cumulée quotidienne de près de 3 heures en semaine. Début 2016, le classement des principales radios était le suivant (en parts de marché) : RTL (11,5 % d'audience cumulée chacune), France Inter (9,9 %), Europe 1 (7,4 %), NRJ (6,7 %), France Bleu (6,5 %), RMC (6,4 %), Fun Radio (5,5 %), Nostalgie (4 %), Skyrock et RFM (3,1 %).

Les radios proposant des programmes généralistes, comme Europe 1 ou France Inter, totalisent 38,1 % d'audience, contre 39,8 % pour les radios diffusant essentiellement des programmes musicaux, telles que Skyrock ou RFM. Les radios proposant des programmes thématiques comme France Culture ou Radio Classique amassent 12,9 % de l'audience cumulée, tandis que les radios privées associatives et les stations indépendantes diffusant des programmes locaux totalisent 19,8 % de l'audience.

Même si la radio est considérée par le public comme le média le plus crédible, elle est de plus en plus concurrencée par les alertes sur Smartphones comme première source d'information. Car les sites Web de la presse écrite comme les *pure players* ont adopté le même modèle que la radio : un flux d'informations linéaire gratuit. Avec la montée en puissance de l'information mobile, les radios voient leur audience plonger lentement mais sûrement. Les radios généralistes sont particulièrement atteintes par cette baisse.

Pour accompagner les modes de consommation de l'information (en 2014, 25 % des 13-24 ans écoutaient la radio sur un téléphone mobile, une tablette, un ordinateur, un téléviseur ou un baladeur numérique, contre 11 % en 2000), la plupart des radios ont déployé d'importants moyens de reconquête sur Internet en développant leurs contenus en ligne. Au-delà de la possibilité de podcaster les émissions pour pouvoir les écouter en différé, la radio va continuer à démultiplier ses contenus numériques. Comme RTL, Europe 1, France Inter ou France Info, la plupart passent à la radio filmée. Au départ, seulement quelques chroniques et interviews faisaient l'objet d'une diffusion vidéo. Devant le succès de cette formule, l'offre s'est élargie et ce sont désormais la plupart des émissions qui sont ainsi visibles, en direct ou en différé.

En plus d'offrir une seconde vie aux contenus sur Internet en s'adaptant aux nouveaux modes de consommation des jeunes, l'opération est source de nouveaux revenus avec la commercialisation des « pré-rolls », ces petites vidéos publicitaires à visionner avant le programme choisi.

Le cas de RFI

Radio France International est un cas à part dans le paysage radiophonique français. Ayant coupé ses liens avec Radio France, elle est réunie depuis 2013 à la chaîne de télévision France 24 au sein de France Médias Monde. Basée à Paris, RFI diffuse partout dans le monde, en français et en 12 autres langues. Avec environ 35 millions d'auditeurs, c'est l'une des stations internationales les plus écoutées au monde, avec la BBC anglaise et Voice of America. Son site Internet et ses applications mobiles reçoivent 10 millions de visiteurs uniques chaque mois. Malgré la restructuration intervenue en 2009, RFI reste une opportunité de choix pour les pigistes, surtout à l'étranger où elle compte plus de 500 correspondants qu'il faut parfois remplacer ou seconder. Si vous parlez une autre langue que le français, vous pouvez également tenter votre chance auprès des émissions en langue étrangère de la station.

Travailler à la radio

Les journalistes radio représentent environ 10 % de la profession. La précarisation est particulièrement importante dans ce métier. Comme France Télévisions, Radio France (le plus gros employeur du secteur) a parfois recours au système de l'intermittence. Pour espérer piger à la Maison ronde ou dans l'une des 44 stations locales de France Bleue, il faut présenter des maquettes avant d'intégrer le planning – sorte de système d'intérim interne par l'intermédiaire duquel on effectue des remplacements aléatoires dans toute la France, de façon plus ou moins régulière. Après quelques années de ce régime, on est généralement embauché.

Les petites radios locales indépendantes ont aussi besoin de producteurs animateurs pour lancer de nouvelles émissions. Leurs moyens limités ne leur permettent généralement pas de rémunérer ce travail, mais elles vous donneront l'occasion de vous familiariser avec la technique. En effet, la maîtrise technique (savoir effectuer une bonne prise de son, poser sa voix et réaliser un montage de qualité) est essentielle dans ce métier. À noter que la nature du travail varie selon les stations et que la fonction des journalistes dans les radios à vocation musicale se résume souvent à la présentation de flashs d'information.

La télévision

Selon Médiamétrie, 90 % de la population regarde la télévision, pour un total 3 h 44 minutes par jour en 2015, quel que soit l'écran considéré. TF1 capte toujours la plus grande audience (21,4 % en juin 2016), suivie par France 2, (14,3 %), M6 (10,1 %), France 3 (9 %), D8 (3,7 %) et France 5 (3,4 %). Les nouvelles chaînes de la TNT à haute définition lancées fin 2012 (HD1, L'Équipe 21, 6ter, Numéro 23, RMC Découverte et Chérie 25) cumulent 10 % de l'audience. TF1 semble avoir mis fin à la contraction de son public (elle représentait à une époque un tiers de l'audience), mais les chaînes historiques subissent de plein fouet la multiplication des chaînes intervenue depuis quelques années.

Le passage de la télévision hertzienne analogique à la télévision numérique n'est pas la seule révolution technologique à laquelle sont confrontées les chaînes. Le défi d'Internet et de l'ubiquité des écrans (ordinateurs, tablettes et Smartphones) se pose aussi à elles. L'enjeu est à la fois de diversifier les programmes et de fluidifier les contenus entre les différents écrans, tout en utilisant Internet pour instaurer une nouvelle interactivité avec le public.

Le développement des chaînes locales

Les chaînes locales ont le vent en poupe. Selon Médiamétrie, on dénombrait en 2014, 24 télévisions locales : Mont-Blanc, Alsace20, Canal 32, Grand Lille TV, LCN, LMtv, Mirabelle TV, Opal'TV, Tébéo, TébéSud, Télénantes, Télim TV, TLT, TV Tours, TV Vendée, Tv7 Bordeaux, TV Rennes 35 Bretagne, Wéo, plus quatre chaînes en Île-de-France (BFM Business, Demain !, IDF1 et NRJ Paris). Elles sont régulièrement regardées par plus de 11 millions de personnes. Chaque jour, plus de 1 million de téléspectateurs regardent une de ces chaînes, en moyenne 37 minutes par jour.

Travailler à la télévision

Les télévisions généralistes publiques ou privées sont les principaux employeurs de journalistes pigistes, avec certaines chaînes d'information internationale comme France 24 ou Euronews (en anglais), en particulier pour la couverture de l'actualité nationale. France 3 est la chaîne qui fait le plus appel aux collaborations extérieures. Son réseau est constitué de quatre pôles régionaux (nord-est, nord-ouest, sud-est et sud-ouest) qui pilotent l'organisation des 25 stations régionales. Leur rédaction est chargée des programmes diffusés lors des décrochages locaux (journaux d'information, magazines, documentaires, etc.) plusieurs fois par jour, en particulier le matin, à midi et le soir.

Beaucoup font appel à l'une des agences du syndicat des agences de presse audiovisuelles (Satev), comme Hikari Presse, 17 juin Média ou Capa pour alimenter leurs programmes en reportages et documentaires d'information. Dans l'ouest, TF1 utilise sa filiale Ouest Média. Certaines antennes s'appuient aussi souvent sur des sociétés de production locales (comme Nep TV à Lille ou Booster à Clermont-Ferrand), souvent filiales de la PQR.

L'AFF recourt également aux journalistes pigistes pour la réalisation des vidéos qu'elle diffuse à ses clients. Le journaliste reporter d'image est alors le plus souvent payé en CDD à la journée, l'ensemble du matériel étant fourni. Encore faut-il savoir s'en servir... Plus qu'en radio encore, les compétences techniques sont primordiales pour travailler dans la télévision (cadrage, montage, etc.). Les équipes tendent à se réduire et l'on demande de plus en plus au journaliste de faire l'homme-orchestre et d'être capable de tourner un sujet de manière autonome, comme c'est déjà le cas dans les chaînes d'information continue (BFM TV, i-Télé).

La presse d'entreprise et territoriale

Les grandes marques, la plupart des institutions ou les associations d'envergure éditent de nombreux supports écrits, qu'il s'agisse de magazines, de guides ou même d'annuaires. Les *consumer magazines* sont les plus nombreux et toujours gratuits. Ils s'appellent *TGV Magazine* (330 000 exemplaires), *Carrefour Magazine*, *BMW Magazine* ou encore *France Optique*, *Le Ch'ti* et *Château & Hôtels Collection*. Leur diffusion est en chute libre depuis deux ans (– 50 % rien que sur l'année 2013), mais l'ensemble de la presse d'entreprise représente néanmoins la bagatelle de 61,5 millions d'exemplaires. Le champion de la catégorie est *Vies de famille* (édité par la Caisse d'allocations familiales, 7,6 millions d'exemplaires), suivi de loin par *Du côté de chez vous* (des magasins de bricolage Leroy Merlin, 761 000 exemplaires), *Le magazine des cinémas Gaumont Pathé* (470 000) *Truffaut Magazine* (de la chaîne de distribution horticole éponyme, 425 000) et *Air France Magazine* (422 000).

À noter

Certaines entreprises cherchent également des rédacteurs à qui confier la conception et la réalisation de leurs communiqués ou dossiers de presse.

À l'inverse de la PQR, la presse territoriale ne connaît pas la crise. L'apparition des intercommunalités a dopé le secteur : 230 grandes communautés se sont pratiquement toutes dotées de leur magazine, tout comme un nombre croissant de communautés de communes parmi les 2 000 qui existent. Depuis une dizaine d'années, les titres se multiplient donc et leur diffusion a enregistré une croissance de plus de 15 %. Éditée par les collectivités territoriales (mairie, intercommunalité, département, région, EPCI et autres syndicats intercommunaux) et diffusée gratuitement aux habitants, cette presse se compose de plusieurs milliers de titres qui diffusent autour de 15 millions d'exemplaires chaque mois, selon Cap'Com, l'association des professionnels de la communication publique et territoriale. Avec une périodicité le plus souvent mensuelle ou bimestrielle, ils apportent une information de proximité factuelle aux lecteurs. En parallèle, de plus en plus de collectivités éditent des hors-séries ou des numéros spéciaux thématiques (environnement, gestion de l'eau, etc.). À l'heure de la crise économique et de la réduction des dotations de l'État, tout laisse croire que la presse d'entreprise et la presse territoriale vont se restructurer à cause des restrictions budgétaires. Si le papier représentait jusqu'ici une part très importante de la communication des collectivités territoriales (équivalant à 10 %

du marché de la presse magazine en France), une grande partie de la communication des entreprises et des collectivités territoriales va désormais passer par le Web.

Travailler avec la presse d'entreprise ou territoriale

Les magazines d'entreprises ou des collectivités territoriales ne sont pas les seuls supports à pouvoir accueillir les rédacteurs indépendants. Newsletters, plaquettes, rapports d'activité, livres blancs, publirédactionnels, portails Internet figurent également parmi les listes des supports à investir. Ayez cependant toujours à l'esprit que cette activité n'est pas compatible avec le statut de journaliste professionnel et que la confusion des genres peut conduire à des impasses déontologies.

Les services de communication interne et externe des grandes entreprises ou institutions investissent également le champ de la vidéo, notamment sur le Web. En plus des supports papier, ils ont éventuellement aussi besoin de prestataires pour les alimenter en contenus. Comme les multinationales hésitent à traiter directement avec un indépendant, il y a de grandes chances pour qu'une collaboration se fasse au travers d'une agence de communication ayant pignon sur rue (Voir chapitre 13, «Piger dans la communication», page 151).

Depuis une dizaine d'années, la forme et le fond des publications territoriales se sont très fortement professionnalisés. En traitant de façon objective et neutre des sujets généralistes (sur le sport, la culture, l'emploi, la formation, l'éducation, l'urbanisme, etc.), leurs articles ont de plus en plus une approche de type magazine et n'ont parfois rien à envier à ceux de la grande presse. Leurs artisans, qui proviennent de plus en plus d'écoles de journalisme, auront envers vous la même exigence que dans la presse généraliste... tout en vous demandant d'accepter le principe d'une sacro-sainte validation par leur directeur général ou leur élu.

« LA CONCEPTION ÉDITORIALE SUR LE WEB SE CHERCHE »

Témoignage de Jean-Marie Charon

Sociologue spécialisé dans l'étude des médias et du journalisme, Jean-Marie Charon est ingénieur d'études au CNRS, rattaché à l'École des hautes études en sciences sociales (EHESS). Fin 2014, il a été missionné par le ministère de la Culture et de la Communication pour brosser le panorama actuel de la presse en France en s'interrogeant sur les « nouvelles frontières » du journalisme et de l'information (métiers, écritures), ses formes d'entreprise et ses futurs modes d'organisation du travail. Fin observateur de l'évolution de la presse et des pratiques du métier, il dessine le futur du secteur et la place à laquelle peuvent prétendre les journalistes pigistes à l'heure où le modèle économique de la presse est en devenir et que pointent les rédactions plurimédias.

Tous les médias sont désormais présents sur le Web. Dans la pratique, comment s'organisent les rédactions ?

Il faut faire une distinction nette entre les médias de l'information « chaude », c'est-à-dire les quotidiens, les radios et les télévisions, et les médias « froids » à la périodicité plus longue. Les premiers ont structurellement une rédaction suffisamment importante pour traiter de l'actualité immédiate sur le Web. Mais ils se heurtent à l'absence de modèle économique de l'information numérique, alors même que celle-ci se dédouble avec plusieurs sortes d'usages et de timing selon que cette information est consommée au travers des ordinateurs, des tablettes ou des Smartphones.

Les médias « froids » s'appuyaient traditionnellement sur de petites rédactions et le recours massif aux pigistes qui assuraient la majorité de la production. Or, pour être en cohérence avec ce que le numérique propose aujourd'hui, il leur faut avoir une capacité à réagir sur l'actualité et à gérer le participatif, ce qui impose des ressources que la presse périodique n'a pas... Nous assistons donc au tâtonnement des acteurs qui expérimentent diverses formules. Celle de l'abonnement payant a aujourd'hui le vent en poupe, au détriment du tout-gratuit avec de la publicité. Mais pour que ce modèle économique fonctionne, il faut imaginer des contenus éditoriaux à forte valeur ajoutée que le public soit prêt à payer. Se pose alors la question du type de rédaction et de l'organisation à mettre en place, et donc de la place des pigistes.

Dans les médias chauds comme les quotidiens, la fusion annoncée des rédactions print et Web est-elle effective ?

Certains disent que c'est le cas, comme *Le Monde*, mais c'est loin d'être une réalité. Il y a encore des personnes préposées au *print* et d'autres au Web, même si de temps en temps il y a des collaborations croisées épisodiques. En France, on pense encore le numérique en complément du *print*. À part peut-être *20 Minutes* ou *Les Échos*, aucun journal n'est réellement dans un dispositif de *Web first*. Reste que le schéma de fusion des rédactions sera adopté d'ici peu par tous les journaux. La fusion est en marche sur le modèle de ce qui se passe dans les pays anglo-saxons : au *Guardian*, en Angleterre, la rédaction travaille d'abord pour le Web et identifie, au fur et à mesure de la journée, les sujets qui ont vocation à être traités dans l'édition papier qu'une partie des journalistes se charge d'éditer.

Sur la partie multimédia, l'heure est à l'expérimentation menée par de petites équipes indépendantes, sans réelle stratégie éditoriale affirmée : en plus de traiter l'actualité, les sites Web des radios cherchent à valoriser leurs contenus sous la forme de streaming et de podcasts en diffusant des vidéos de leurs émissions. De son côté, la presse papier cherche à développer de nouvelles formes narratives, que ce soit autour des petits objets multimédias (Pom), des *webdocs* ou des *newsgames*. Toutes ces expériences sont délicates à articuler avec le flot de l'actualité, mais elles sont décisives car c'est grâce à elles que l'on va convaincre le public de s'abonner.

Avec ces évolutions structurelles, quelle sera la place des pigistes dans les médias ?

Aucun média ne peut faire comme s'il n'y avait pas d'actualité. Mais l'actualité ne peut plus être le cœur de l'offre de la presse – surtout périodique. L'information de flux doit être complétée par un travail d'approfondissement et de réflexion. Dans les périodiques, je pense donc que l'on continuera à faire fortement appel aux pigistes, notamment les spécialistes, car il y a de moins en moins de compétences en interne. Au-delà de ces collaborations individuelles, je crois que les médias vont aussi travailler d'avantage en réseaux avec ce que j'appellerais des « agences de contenus spécialisés » qui auront la compétence de développer certains types de contenus *(factchecking, data journalism...)*, de renforcer la présence du média sur les réseaux sociaux, ou de participer à la recherche et l'identification des thèmes porteurs auprès du public.

Aux États-Unis, le site spécialisé dans le *factchecking, Politifact* travaille ainsi avec de nombreux pigistes pour de nombreux journaux. À mon avis, les pigistes vont être amenés à collaborer de plus en plus avec ce type d'intermédiaires spécialisés dans un certain type de valorisation d'information. En direct ou non, les pigistes auront toujours une place et une légitimité au sein des médias. À condition de développer leurs compétences afin de coopérer sur des formats de récits différents (*webdocs*) et d'apprendre à travailler main dans la main avec d'autres personnes (développeurs Web, designers Web, etc.).

On voit pourtant peu de ce « journalisme augmenté » ?

Effectivement, on en parle beaucoup, mais on en voit peu. Outre une question de savoir-faire, personne ne sait vraiment comment l'intégrer simplement dans l'offre éditoriale. La conception éditoriale a du mal à se mettre en place face au plurimédia. Tout le monde a l'intuition que ce type de contenu est la valeur ajoutée nécessaire pour rendre un contenu monétisable ; en revanche, personne ne sait comment opérer cette monétisation.

Pourquoi ne voit-on pas décoller plus de pure players en France ?

Parce que le choix de la gratuité et de la rémunération par la publicité a été mis à mal par les gros faiseurs d'audience que sont

Google, Yahoo et consort. Depuis sa création, Rue 89 court après l'audience et a dû se résoudre à chercher d'autres sources de financement comme la formation ou l'événementiel. Encore une fois se pose la question de proposer une info distinctive. Mais personne ne sait précisément ce qu'est cette info ! Les déboires de Dijonscope (d'abord gratuit puis payant) illustrent cette difficulté. Les exemples de Mediapart et d'Arrêt sur image – sur des contenus très particuliers, avec une très forte identité, presque une dimension militante – prouvent qu'un modèle payant passe par le développement de contenus originaux, avec des équipes relativement importantes et des compétences précises.

Le retrait de la publicité explique-t-il les difficultés de la presse papier ?

Oui mais pas seulement. Il est vrai que l'espace disponible à la publicité est plus large qu'avant, il y a de nouveaux acteurs et de nouveaux supports. Les aspirateurs que sont devenus les gros producteurs d'audience, comme les moteurs de recherche, tirent les prix à la baisse tout en introduisant des techniques de valorisation de leurs espaces – ce que l'on appelait jadis de l'audience qualifiée – ce que ne maîtrisent pas encore bien les médias. Mais les journaux subissent aussi une baisse de leur lectorat. Les magazines de télévision, une presse à contenu sans valeur ajoutée, axée autour de la grille des programmes accessibles sur Internet, a vu sa diffusion baisser énormément. Le segment de la presse féminine recule, alors que l'on aurait pu penser que la qualité des produits comme la belle mise en page les protégerait. Mais il subit la concurrence des sites comme Auféminin.com qui proposent le même type de contenus. Depuis 2013, des baisses de diffusion importantes sont enregistrées, y compris sur des familles de presse que l'on pensait jusqu'ici plutôt protégées (hobbies, passion, etc.). Même les ventes des magazines *people* régressent. Preuve qu'ils doivent se réinventer pour séduire à nouveau le lecteur.

Partie 3

Le métier en pratique

Être journaliste indépendant, ce n'est pas seulement être journaliste, c'est aussi être à l'affût des sujets et des collaborations, savoir présenter un projet d'article et relancer ses interlocuteurs, s'organiser sur le long terme pour s'assurer des revenus suffisants et réguliers. Pour faire face aux commandes fluctuantes ou à la solitude de travail qui peut parfois se faire sentir, il faut aussi être inventif et savoir que de nouvelles façons de travailler se créent continûment, comme les collectifs. Cette partie présente les grandes lignes de la pratique du métier et donne de nombreux conseils pour s'installer durablement comme pigiste.

Chapitre 8
S'installer à la pige

La routine d'une vie en rédaction n'est pas pour vous? Vous souhaitez pouvoir choisir les sujets qui vous tiennent à cœur et organiser votre travail comme bon vous semble? Bienvenue dans le monde de la pige! Un univers synonyme de liberté, d'autonomie et d'indépendance, mais aussi de contraintes, de solitude et de coups durs. Alors, autant mettre tous les atouts de votre côté en vous y préparant du mieux possible. Car si la pige est devenue le moyen d'exercer le métier de journaliste pour plus d'un quart des journalistes, rares sont les formations adaptées qui abordent concrètement cette façon de travailler.

Dans sa thèse sur les journalistes pigistes, le sociologue Olivier Pilmis pointait du doigt leur double facette de « journaliste libéré » et d'« intello précaire ». Le prix de l'indépendance? De fait, si le journaliste pigiste organise parfois son travail comme il veut, il l'exerce le plus souvent comme il peut. Nuance… Même sous le statut de salarié, le plus confortable en termes de couverture sociale, le journaliste indépendant voit souvent ses droits bafoués, n'est jamais maître des tarifs, subit financièrement les reports de parution, besogne pour faire rembourser ses frais, se fait parfois « piquer » ses idées… Alors même qu'il doit suivre l'actualité et trouver toujours et encore des sujets pertinents et originaux aux rédactions. Pas facile d'avoir une idée géniale tous les matins!

Pourtant, il le faudrait – ou presque. D'où la nécessité d'aller constamment à la chasse au sujet, en ouvrant les yeux dans la rue ou en discutant avec des amis. À tout moment, demandez-vous si ce que vous voyez ou ce que vous entendez est susceptible de faire l'objet d'un article et d'intéresser tel ou tel média. Dans cette logique artisanale, le journaliste pigiste doit être un défricheur et un

Lien

La vie de journaliste pigiste n'est pas toujours rose. Pour résister à la pression, le mieux est encore de savoir rester zen et de prendre avec humour les aléas, comme le suggère l'excellent site http://pigistedelextreme.tumblr.com.

concepteur de sujets clés en main, un « VRP » de l'information, en plus de son travail de journaliste proprement dit (enquêter, aller sur le terrain, écrire, etc.). Cette posture réclame un sens de l'organisation à toute épreuve qui reste le meilleur moyen d'éviter l'isolement, les coups de déprime, les pertes de temps ou d'argent, ainsi que le stress face à un avenir incertain.

Pige *versus* recherche de poste

Avant tout, précisons qu'il est délicat de commencer à piger tout en recherchant un poste de journaliste en rédaction. Il est difficile de poursuivre deux lièvres à la fois. En soi, la recherche d'un emploi est une activité de longue haleine, qui réclame un travail à mi-temps. Traquer et lire les annonces sur Internet, peaufiner son CV et ses lettres de candidatures, passer d'éventuels entretiens et tests : tout cela prend du temps. Sans compter qu'il faut aussi rencontrer le plus de monde possible dans la sphère professionnelle qui vous intéresse pour mieux comprendre votre future mission ou fonction, et ainsi construire votre réseau professionnel. Bref, il vous restera peu de temps et d'énergie pour piger ! À l'inverse, débuter à la pige exige également un engagement important entre la définition de son positionnement, la recherche des premiers sujets, l'écriture des synopsis, la prise de contact pour vendre son papier, tout en menant l'enquête pour écrire ou réaliser le sujet.

Des formations spécifiques

L'École supérieure de journalisme de Paris (ESJ), le Centre de formation et de perfectionnement des journalistes (CFPJ) et quelques autres écoles proposent de courts modules d'initiation à la pige. Ces mêmes établissements, et quelques autres comme Illya, dispensent également des formations spécifiques traitant des droits des pigistes ou de l'exercice de la pige (écrire un synopsis, savoir vendre un reportage, adapter un sujet au multimédia, travailler mieux pour gagner plus...). Mais seuls les journalistes pigistes titulaires de la carte de presse peuvent bénéficier de la prise en charge financière de ces stages par l'Afdas.

Vous l'aurez compris : selon nous, il est plus efficace de se concentrer sur l'un ou l'autre de ces projets. Une fois votre choix défini, le mieux est sans doute de vous fixer des objectifs et/ou des échéances. Si vous décidez de chercher un poste fixe, persévérez en vous disant que vous ferez le point sur votre situation trois ou six mois plus tard ; de même, si vous vous lancez dans la pige, fixez-vous des objectifs à atteindre (en termes de rémunération et/ou de collaborations) après six ou neuf mois.

Travailler chez soi ou ailleurs ?

Travailler chez soi ou louer un bureau ? Le choix est cornélien pour le journaliste indépendant. Passons sur le cliché valable pour tous les télétravailleurs qui veut que l'indépendant se lève quand il veut (sous-entendu : car il se couche tard) et bosse quand il veut (sous-entendu : il passe sa journée dans son hamac quand il fait beau). Cela prouve une réelle méconnaissance du travail de journaliste à la pige, qui doit démarcher les rédactions, proposer des sujets, envoyer des synopsis, relancer et encore relancer… pendant les heures ouvrables. Même en travaillant de chez lui, le pigiste doit donc s'astreindre à un rythme de travail identique à celui de ses collègues en poste et de ses interlocuteurs. Il adopte par conséquent les mêmes horaires de travail que tout le monde.

Cela étant dit, le lieu d'implantation de son espace de travail est une vraie question. Installer son ordinateur à la maison permet à la fois de faire l'économie d'un loyer, d'éviter les temps de transport, et d'optimiser la gestion de son temps – pas de discussions inutiles devant la machine à café ou de pauses-cigarette à rallonge. À condition d'être rigoureux et discipliné, cette solution offre une souplesse dont profitera la vie de famille. Un parent pourra ainsi s'organiser pour faire ses interviews téléphoniques quand bébé dort et écrire son papier le soir, une fois bébé couché. D'autres apprécient la proximité de la cuisine à midi ou la possibilité de choyer le foyer lors de la pause-déjeuner. Revers de la médaille, il ne sera peut-être pas facile d'expliquer l'origine des hurlements de votre bambin à l'interlocuteur que vous avez enfin réussi à coincer au téléphone. De même, il sera difficile de faire comprendre à votre enfant que là, maintenant, vous travaillez – bref que vous êtes près de lui, mais pas disponible. Par ailleurs, comme les étudiants, vous culpabiliserez sans doute de ne pas terminer votre enquête alors que le clavier vous narguera à chaque fois que vous passerez devant l'ordinateur.

Pour éviter d'être déconcentré par les soucis domestiques, le mieux est de dédier une pièce ou un coin de votre logis à votre bureau, ce qui délimitera la frontière entre votre vie privée et votre univers professionnel. Cette barrière symbolique sera d'autant plus efficace que vous vous fixerez des horaires de travail que vous saurez faire respecter par votre entourage. Dans ces conditions, n'hésitez pas à changer d'air dès que vous butez sur la rédaction d'un article, en prenant vos quartiers dans une bibliothèque ou un bistrot. Certaines rédactions possèdent des postes de travail réservés à leurs pigistes. N'hésitez pas à leur demander si vous pouvez en bénéficier. C'est la solution idéale pour passer vos coups de fil et profiter de la documentation maison. Cela vous permettra aussi de nouer de nouvelles relations.

Plus radical est le choix de louer un bureau à l'extérieur, dans un espace de bureaux partagés par exemple. Cette option a un coût (entre 100 € et 200 € par mois selon les villes), mais elle présente l'avantage de préserver autant que possible votre vie à la maison. C'est aussi un moyen idéal pour lutter contre l'isolement en rencontrant d'autres collègues et indépendants. Il existe de nombreux espaces de coworking, et de nouveaux regroupements se constituent tous les mois. Surveillez les forums ou les annonces sur Internet (bureauxapartager.com, bureaupartage.com, etc.). Étape intermédiaire : louez à l'heure, à la demi-journée ou à la journée une place dans l'un des espaces de coworking (environ 10 € par jour) qui existent en France (La Cantine à Nantes, Le Lab à Lille, L'atelier des médias à Lyon, etc.).

Organiser son espace et son temps de travail

Que vous choisissiez de travailler chez vous ou ailleurs, il faudra apprendre à vous organiser. Cela passe notamment par des investissements – mobilier, ordinateur, connexion Internet, abonnement portable, appareil photo ou caméra... Comme vous n'aurez pas accès à un service informatique pour vous dépanner, le mieux est d'orienter votre choix selon les supports et aides que vous pourrez solliciter. Équipez-vous, par exemple, d'une solution qu'un collègue ou un ami connaît et utilise déjà. Cela facilitera un éventuel dépannage. Ensuite, selon votre environnement, il faudra attribuer la meilleure place à chaque objet et à vos documents (cela est valable aussi bien pour votre bureau physique que pour votre espace numérique) et veiller à ce qu'ils y retournent après chaque usage. Sujets en cours, idées de reportages avec leur documentation, informations générales... votre efficacité dépendra de la qualité de votre classement. Selon votre sensibilité, organisez-vous par thème, par contact, par média. Cette organisation vous permettra de trier au mieux le flux d'information entrant et d'organiser votre documentation à partir d'e-mails et scans (de courriers et documents papier).

L'organisation adoptée dépendra aussi largement du nombre de piges et de votre rythme de travail. En effet, il est relativement simple de piger pour une ou deux rédactions. Tout se complique dès que l'on multiplie les collaborations, surtout si la fréquence de parution n'est pas la même. À travailler pour un quotidien, des hebdos et des mensuels, on se retrouve rapidement tous les jours en bouclage. Il faut alors prévoir de diviser son temps selon les tâches, pour écrire un article en cours, préparer les interviews du suivant et réfléchir sur le prochain à proposer. L'organisation devient dès lors le maître mot de votre travail. De cette capacité à gérer, en même temps, plusieurs sujets à différents stades de leur réalisation dépendront votre productivité et donc vos revenus.

Organiser sa veille et se préparer en amont

À la traditionnelle revue de presse ont succédé les flux d'information sur Internet et les réseaux sociaux. Mais pour ne pas se noyer sous ces déferlantes d'informations, il est indispensable de cibler les sujets et thématiques que vous souhaitez suivre. Inutile de vous abonner à la revue de presse électronique de la CCI si vous vous intéressez à l'actualité culturelle. Listez les sources d'information qui vous semblent pertinentes dans vos domaines de prédilection, précisez les mots-clés qui vous intéressent, établissez le niveau de profondeur de vos recherches, puis organisez votre sélection par des outils de curation comme Scoop.it. N'oubliez pas de mettre régulièrement tous vos abonnements à jour, car ces sources d'information évoluent et d'autres naissent régulièrement. La préparation d'un sujet débute très en amont. Une veille attentive permet d'accumuler de la documentation et de ne pas être pris au dépourvu lorsqu'arrive une commande d'article. C'est aussi un bon moyen d'anticiper un fait d'actualité qui justifiera l'envoi d'un synopsis.

Préparer sa visibilité

Avant de commencer à démarcher les rédactions, il peut être utile de vous doter de différents outils détaillant votre activité. Ils pourront être envoyés lors de chaque première prise de contact.

• Un CV décrivant votre formation, votre parcours, vos compétences : n'hésitez pas à le rendre plus attractif en adoptant une mise en page originale avec, par exemple, votre cursus et spécialités à gauche et vos stages, passages en rédaction et piges à droite. Vous pourrez également créer votre CV en ligne sur www.doyoubuzz.com/fr, en prenant soin de l'actualiser régulièrement.

• Des cartes de visite (via ooprint.fr ou vistaprint.fr) : comme vous ne pouvez pas indiquer les publications avec lesquelles vous collaborez, n'hésitez pas à y mettre votre photo. Cela permettra à vos contacts de mieux vous identifier. Vous pourrez ajouter au stylo le titre pour lequel vous les avez rencontrés.

• Un press-book composé d'une série d'articles en PDF : ils seront minutieusement choisis en fonction de votre interlocuteur, et relèveront de genres différents (article d'actu court, longue enquête, interview, portrait, reportage, sujet de vulgarisation ou au contraire très pointu). La solution d'archivage Dropbox vous permettra de partager les fichiers désirés. Si vos articles sont publiés en ligne, il est possible d'organiser leur présentation dans un outil de curation comme pearltrees.com.

• Un blog (sous Wordpress ou Tumblr) : pour mettre en avant une de vos spécialités avec la publication en ligne de chroniques ou de billets originaux.

• Un site Internet : plus complexe à créer (sous Wordpress, Joomla, Drupal, Spip, Typo3 et eZ Publish), il vous permettra de vous afficher sur la Toile d'une façon plus complète, avec une rubrique pour les articles, les photos, vos projets. À vous d'en imaginer la forme. Avantage : vous pouvez disposer de votre propre nom de domaine (du type www.monsite.fr) et de la possibilité d'avoir une adresse e-mail personnalisée du type prénom@nom.fr.

Pensez aussi à créer une signature électronique sur votre logiciel de messagerie. Elle permettra de vous distinguer dans la boîte de réception de votre interlocuteur.

PDF et droits d'auteur

Le journaliste reste titulaire des droits moraux de ses textes. Vous pouvez donc librement mettre en ligne sur votre blog ou sur votre site un article déjà paru. Par contre, l'éditeur reste juridiquement propriétaire de la version maquettée de l'article – qui, de plus, inclut des illustrations ou photos dont vous n'êtes peut-être pas l'auteur. Donc, pas de problème pour publier un texte au kilomètre au format Word. Mais mieux vaut demander l'autorisation à l'éditeur pour publier sur votre blog ou site une version PDF ou scannée de votre article.

À la recherche des niches

Tout le monde rêve de travailler pour *Le Monde* ou *Géo*. Malheureusement, les supports connus font déjà appel à de nombreux pigistes. Même si des renouvellements sont parfois envisagés, la rédaction en chef préfère souvent collaborer avec des journalistes qu'elle connaît ou qui leur sont recommandés. De fait, démarcher des titres moins prestigieux s'avère beaucoup plus payant. Moins la publication est connue, moins la concurrence sera rude. Si l'on considère la pige comme un marché concurrentiel, il faut donc se demander dans quelles niches on a le plus de chances de travailler sans avoir à trop jouer des coudes, ni à envoyer des synopsis que dix autres pigistes ont déjà proposés. À titre d'exemple, la presse féminine est harcelée de propositions, alors qu'il peut s'avérer beaucoup plus rentable de proposer le même sujet à un autre type de presse, quand c'est possible.

Spécialisation et multispécialisation

Encore une question fondamentale à se poser avant de se lancer dans le grand bain de la pige. Si vous êtes diplômé d'une matière scientifique (ou d'une autre spécialité) et souhaitez réorienter votre carrière professionnelle vers le journalisme, la question mérite d'être posée : en tant que spécialiste, votre décryptage de l'information sera légitime, notamment dans un objectif de vulgarisation. La même opportunité s'offre aux anciens sportifs de haut niveau ou aux ex-banquiers qui trouveront aisément les arguments pour convaincre un magazine sportif ou une publication financière. Ce ne sont pas les seuls : en y réfléchissant bien, chacun de nous possède une ou plusieurs spécialités, en lien avec son histoire personnelle, ses expériences antérieures et même ses passions et ses hobbies. Comme il y a toutes sortes de publications, il en existe forcément une correspondant à votre expertise – ou presque ! Vous aimez les Vespa, le parachutisme, le jeu de go ou la 2 CV ? Des revues sont spécialisées dans ces domaines. Alors, autant les contacter en premier pour leur proposer vos services. Non seulement votre culture du milieu sera appréciée, mais votre connaissance du secteur vous permettra de proposer des sujets pertinents avec des angles originaux.

Au début, s'appuyer sur une spécialité peut s'avérer avantageux. À condition d'être prudent dans l'utilisation du qualificatif. Avant de vous dire spécialiste, prenez soin de mesurer vos connaissances techniques ainsi que le nombre et la valeur des personnes dans votre réseau dans le domaine considéré. Au fil du temps, les articles déjà parus attesteront de votre expérience.

Devenir multispécialiste en s'aménageant une ou plusieurs autres spécialités est également une stratégie payante. Cela vous évitera de mettre tous vos œufs dans le même panier et de vous retrouver le bec dans l'eau le jour où votre secteur de prédilection (et la presse qui va avec) piquera du nez. Comment ? Tout simplement en creusant petit à petit les sujets qui vous plaisent ou que l'on vous donne. Il faut savoir que la plupart des pigistes spécialisés ont développé des compétences dans un secteur par hasard, à la suite à un remplacement, après la rédaction d'un hors-série ou suite à une collaboration avec une rubrique. Spécialisation qu'ils ont ensuite valorisée avec d'autres titres et cumulée avec d'autres spécialités.

Aujourd'hui, les pigistes qui ont développé une expertise dans un seul domaine – faits divers et justice, collectivités locales, sport, automobile – sont de plus en plus rares. En effet, les piges ont baissé et il faut de fait multiplier les collaborations pour gagner un salaire décent. L'éclectisme est donc de mise et les pigistes touchent de plus en plus à des sujets différents. Sans autre lien que le plaisir de diversifier les rencontres qui sont autant de moyens de rebondir :

il n'est pas rare de rencontrer un interlocuteur dans le cadre d'un reportage pour le média A dont on fera le portrait pour le média B. Tout comme enquêter sur un dossier pour C vous donnera l'idée d'un sujet pour D. CQFD.

Le royaume de la presse professionnelle

Moins valorisée que la presse généraliste, la presse professionnelle est souvent négligée par les journalistes pigistes. À tort, car cette catégorie est sans doute l'une des plus importantes. À la différence de la presse spécialisée (d'un secteur donné comme l'automobile, la décoration, la santé, etc.) destinée au grand public, la presse professionnelle s'adresse, comme son nom l'indique, aux professionnels d'un secteur déterminé (agriculture, transports, finances, etc.). Elle leur apporte par conséquent des informations et des outils d'analyse utiles dans leur travail.

Chaque secteur possède son titre, depuis *Le Sapeur pompier* jusqu'à *Porc Magazine*, en passant par *Environnement Magazine* ou *Assistantes maternelles Magazine*. Cette presse emploie évidemment des professionnels du secteur, mais elle est toujours à la recherche de non-spécialistes capables de lui fournir des enquêtes, des reportages ou des portraits, avec des tarifs corrects. Peu connue, car rarement distribuée en kiosque (hormis l'*Usine Nouvelle* et quelques autres), la presse professionnelle ne traite pas de sujets « nobles » comme la politique ou l'international. Elle est cependant friande d'articles généralistes ou décalés sur l'économie ou les sujets de société que n'importe quel journaliste pigiste pourra réaliser.

Les rédactions de ces publications reçoivent peu de propositions de sujets, alors que le faible effectif qui les caractérise implique qu'elles recourent souvent aux pigistes. Les sujets pointus rebutent souvent les confrères ; si vous êtes prêts à y consacrer un temps de compréhension, vous saurez vous y faire une place. Certes, il faudra être capable de s'intéresser à l'intercommunalité, d'écrire sur l'évolution technique des réseaux d'eau potable ou d'évoquer l'évolution de l'industrie textile. Rébarbatifs de prime abord, ces sujets peuvent se révéler plus intéressants que prévu.

Et parfois ouvrir des pistes vers d'autres idées de thématiques. Sans compter qu'en marge d'articles techniques et d'enquêtes, la presse pro aborde également de nombreux thèmes sous la forme de portraits et de reportages.

Paris ou province ?

Vaut-il mieux être pigiste dans la capitale ou en région ? Réponse de Normand : chaque situation possède ses avantages et ses défauts. À Paris, la concurrence est plus rude. Une moindre solidarité rend la solitude plus pesante. En revanche, il est plus aisé de se rendre régulièrement dans les rédactions (majoritairement situées dans la capitale) pour proposer de visu ses sujets. Comme la proximité se transforme souvent en connivence devant la machine à café, le pigiste parisien est le mieux placé pour récupérer des commandes ou se positionner sur d'éventuels suppléments ou hors-séries. Il existe, on pense à lui.

En région, le pigiste a pour lui une exclusivité territoriale qu'il peut négocier pour devenir le correspondant officiel. Sa proximité avec les sources légitime sa position et l'assure de traiter la totalité de l'actualité de son territoire. Ce qui peut représenter un volume conséquent, selon le média concerné. Même actif sur ce terrain, il restera pourtant peu bénéficiaire des commandes annexes de la rédaction. Loin des yeux, loin du cœur. Pour qu'il existe, il devra nécessairement s'astreindre à rendre régulièrement visite à la rédaction.

Avoir des idées de sujets

Un journaliste pigiste doit être encore plus curieux qu'un journaliste en poste dans une rédaction. Il doit être à l'affût du moindre sujet potentiel dans la vie quotidienne et professionnelle. Ainsi, il n'est pas rare qu'une simple digression lors d'un rendez-vous professionnel vous mette sur la piste d'un autre sujet. De sorte que la réalisation d'un article donne naissance à d'autres synopsis. En marge de vos notes pour l'article, il faut alors inscrire l'idée de l'autre sujet et les références éventuelles. Votre esprit doit être en état d'alerte permanente, y compris lors des soirées ou dîners auxquels vous participez. Ensuite, tout l'art sera de trouver le bon angle et de choisir le bon point de vue pour aborder le sujet en fonction du support visé.

Trouver des piges

C'est LA question essentielle... à laquelle il n'y a pas de réponse ! Ou plutôt plusieurs. Car le temps où l'on frappait à la porte des rédactions en proposant ses services est révolu. Certes, il y a encore des sites Internet spécialisés comme categorynet.com, entre2piges.com ou pigiste.org pour diffuser régulièrement des offres de piges ou afficher votre CV. Mais les annonces et retours sont relativement peu nombreux. De plus, il s'agit souvent de prestations de communication qui émanent d'entreprises ou de collectivités à la recherche de rédacteurs ou de photographes. Rares sont les titres de presse qui recrutent par ce biais.

Certains sites d'annonces d'emploi spécialisés publient parfois des offres de recrutement de pigistes, tels emploisdanslapresse.com, journalistes.enligne-fr.com, profilculture.com ou encore gorkanajobs.co.uk pour la presse anglo-saxonne. Mais les sites d'emploi généralistes se révèlent également très efficaces pour rapatrier les offres de journalistes, comme fr.jobrapido.com. Il ne faut pas se leurrer, il s'agit souvent des mêmes annonces. Chaque offre est reprise par les différents sites, et les opportunités réelles sont bien moindres que le nombre d'annonces publiées.

La lettre d'information et de veille rédactionnelle Direct Pige (96 € l'abonnement annuel) publie chaque mois des informations utiles. En plus d'un petit focus sur un segment particulier de la presse (la presse automobile, immobilière...), elle passe au crible les nouveaux titres et les dossiers rédactionnels à venir de nombreuses publications. Les adresses mails des responsables sont indiquées à chaque fois.

Il faut souligner qu'en matière de gestion des piges, les rédacteurs en chef sont débordés et n'ont pas de temps à consacrer aux inconnus. Sous pression, ils parent au plus pressé. Donc si par miracle ils doivent passer commande, il y a de fortes chances pour qu'ils s'adressent en priorité aux pigistes qui collaborent de longue date avec le titre et en qui ils ont confiance. À leurs yeux, les nouveaux prétendants n'existent pas. Sauf si vous leur apportez un sujet exceptionnel, incontournable, même s'il est décalé. Si c'est le cas, il laissera tout tomber pour vous recevoir et discuter des modalités de parution.

Auparavant, il vous faudra avoir enquêté pour écrire un synopsis alléchant et compatible avec la ligne éditoriale du titre démarché. Et avant cela identifier ce titre susceptible d'être intéressé par votre sujet. À l'ère d'Internet, la recherche de titres est facilitée. On ne connaît qu'un nombre restreint de publications, essentiellement quelque mille titres présents en kiosque. Mais la presse écrite est presque dix fois plus riche ! Seulement, la majorité des titres est diffusée exclusivement sur abonnement et donc inconnue du grand public. De fait, tous les métiers, hobbies, pratiques et secteurs ont leurs médias, voire souvent plusieurs. Y compris les diffuseurs de presse *(Union Presse)*. À titre d'exemple, la presse santé compte plus de 250 titres, il existe près de 150 publications concernant l'agriculture et on dénombre une centaine de titres autour de l'industrie. Rien que dans la moto, il existe une vingtaine de revues spécialisées. Et l'on ne parle pas de toutes les publications en ligne !

Selon votre spécialité et/ou le secteur visé, la recherche passe évidemment aussi par Internet, afin d'étudier le rubricage, les sujets déjà traités et les adresses électroniques de vos futurs interlocuteurs. En plus d'une traditionnelle recherche par mots-clés sur Google et Wikipédia (qui publie une liste assez exhaustive de la presse francophone dans le monde), on pourra multiplier les visites sur différents sites Web qui référencent une liste de publications plus ou moins exhaustives. Citons notamment celui de la presse quotidienne régionale (pqr.fr) qui dresse le portrait des 61 quotidiens régionaux, tandis que celui de la presse quotidienne hebdomadaire (sphr.fr) affiche toutes les informations des 287 titres qui sortent chaque semaine. Le site de la Fédération nationale de la presse spécialisée (fnps.fr) possède un outil de recherche intéressant pour s'y retrouver parmi les 2000 publications professionnelles référencées et donne diverses informations sur chaque publication (périodicité, tirage, site Internet et, parfois, coordonnées des responsables éditoriaux).

Tout comme le site de l'Alliance pour les chiffres de la presse et des médias (acpm.fr) et ceux des messageries de presse (presstalis.fr et mlp.fr), comme press-directory.com, lequel offre de plus la possibilité de trier et de sélectionner par catégorie. À noter aussi que lapressegratuite.com référence les parutions gratuites dans différents secteurs, tandis que portail-media.com liste les sites Internet d'information portant sur un sujet sélectionné.

Signalons également, la rubrique atlas-de-la-presse du site des Relais H (relay.fr), qui recense les sites Internet d'une bonne partie de la presse hexagonale et mondiale, en donnant un accès direct aux sites des titres. Pour faire le point sur les lancements et les nouvelles formules, rien ne vaut presseedition.fr.

Enfin, suivre l'actualité des médias est un moyen efficace de proposer une pige au bon moment – lors d'un mouvement au sein de la rédaction par exemple. Pour s'informer sur l'évolution de la presse et de la vie des médias (arrivées et départs au sein des rédactions), on pourra compulser les numéros des publications spécialisées comme *Les Clés de la presse* ou *La Correspondance de la presse*. Ou alors consulter les sites presseedition.fr et pressenews.fr (payants, mais dont les titres et chapôs sont en libre accès) ou s'inscrire à la newsletter de dwpub.com.

Médiasig : la bible

L'ouvrage *Médiasig* (534 pages et 47 € pour l'édition 2016) est la référence dans le monde de la presse et de la communication. Ce répertoire réunit plus de 8 000 noms et coordonnées de médias nationaux et étrangers en France. Il contient aussi l'essentiel des services de presse et de communication du gouvernement et des services publics. Une version numérique actualisée en permanence et disposant d'un outil de recherche est accessible aux acheteurs du répertoire.

Se rapprocher des services de presse

Les journalistes en région ou spécialisés dans un domaine particulier ont intérêt à prendre contact avec les services de presse des entreprises, organismes ou institutions avec lesquels ils seront amenés à être en contact. Demandez à vous faire inscrire sur leurs listes de contacts. Ils constituent une source d'information parmi d'autres et il est essentiel d'y être identifié. Il sera aussi plus facile de voir votre demande d'interview aboutir s'ils vous connaissent déjà et s'ils savent que vous suivez un peu l'actualité les concernant. Le fait d'être identifié vous permettra aussi d'être invité aux conférences et présentations presse sur les thèmes que vous suivez, mais aussi de rencontrer des confrères de la même spécialité.

Chapitre 9
Rédiger un synopsis

Un bon synopsis vaut mieux qu'un long discours. Même si la pratique orale reste de mise, en particulier pour l'actualité dans les quotidiens, l'usage du synopsis s'est généralisé dans la presse ces dernières années. Et pour cause : la rédaction et l'envoi d'un synopsis offrent une double garantie. Pour le rédacteur en chef, c'est l'occasion de valider la pertinence de l'angle d'un sujet et son adéquation avec la ligne éditoriale du support. Quant au journaliste indépendant, il s'agit pour lui de conserver une trace de sa proposition initiale et de l'acceptation éventuelle d'un futur article.

Pour faire mouche, il n'y a qu'une règle : donner envie à votre interlocuteur d'en savoir plus et donc de vous commander l'article. Pour y parvenir, on soignera particulièrement l'accroche du synopsis dont l'écriture doit allier concision et vivacité. Selon Jean Chabod, journaliste et formateur : « Un synopsis est un échantillon de votre enquête ou de votre reportage, une pépite synthétisant l'angle de l'article ».

Avant d'envoyer son synopsis, il faut veiller à avoir identifié le bon interlocuteur et avoir suffisamment pré-enquêté sur le sujet pour répondre aux éventuelles questions supplémentaires. Surtout s'il s'agit d'une première collaboration et que vous êtes inconnu de la rédaction en chef. Armez-vous de patience en toutes circonstances : les rédactions sont submergées de travail et ont de moins en moins de temps à vous consacrer. Relancez donc, et tâchez de vivre au mieux la frustration. N'hésitez pas à réclamer des raisons d'un éventuel refus et argumentez face aux objections sans être trop insistant... Et profitez de cette conversation téléphonique pour proposer à votre interlocuteur d'autres sujets que vous avez préparés !

Livre

Pour en savoir plus sur cette question, lisez le livre d'Anne Kerloc'h, *Le synopsis, présenter et vendre ses sujets* (Victoire Éditions), truffé de bons conseils et d'exemples pertinents.

Il sera toujours temps de recycler votre premier sujet pour d'autres titres, à condition de revoir le synopsis.

Appréhender les attentes de la rédaction

Les rédactions n'ont besoin de personne. Elles ont besoin de sujets. Et de bons sujets. Inutile de les contacter pour leur rappeler votre seule existence – sauf dans le cas où vous postulez pour un emploi de correspondant pour couvrir l'actualité locale. Pour intéresser un rédacteur en chef ou un chef de service, il faut « l'appâter » avec une carotte. À savoir, proposer des sujets innovants et des angles décalés.

Avec la crise, les effectifs des journaux ont subi une sérieuse cure d'amaigrissement. Résultat : les journalistes en rédaction croulent sous le travail et ont de moins en moins de temps à vous consacrer pour vous expliquer le fonctionnement interne, la ligne éditoriale, leurs attentes, bref tout ce que vous avez envie de connaître ! Ce manque de disponibilité se vérifie d'autant plus que l'on grimpe dans la hiérarchie, précisément au niveau des personnes qui commandent des articles. Dans ces conditions, votre premier interlocuteur sera sans doute l'assistant de rédaction qui pourra vous renseigner sur la politique de la maison en matière de collaboration extérieure, de planning rédactionnel, de date de bouclage, etc. C'est grâce à lui que vous pourrez connaître le pouvoir de décision des chefs de rubrique et chefs de service. Et c'est toujours grâce à lui que vous identifierez le bon interlocuteur pour votre synopsis et disposerez de ses coordonnées directes.

Soumis à une réduction généralisée des budgets consacrés aux piges, les chefs de service sont également soucieux de ne pas faire prendre trop de risques à leur journal. Provenant d'un inconnu, le synopsis servira à les rassurer sur vos sources et votre connaissance du sujet. Il leur servira aussi à défendre votre proposition en conférence de rédaction. À ce stade, le réseau ou le CV ne jouent pas, débutants et confirmés sont sur un pied d'égalité. Seule compte la valeur du synopsis.

Surveiller les nouvelles sorties

Lors de vos passages en kiosque, surveillez la sortie des n° 1. Des milliers de nouveaux supports apparaissent chaque année. Et il y a de fortes chances que les rédactions, souvent réduites, n'aient pas encore constitué leur équipe de pigistes. Malgré les opportunités, restez vigilants : beaucoup de nouveaux titres trépassent souvent après quelques numéros... Ce serait trop bête de ne pas être payé. Tentez de prendre quelques garanties, si possible. Évidemment, le risque est moindre si le nouveau média émane d'un grand groupe que s'il est créé par un groupe d'amis.

Trouver des sujets

Il y a deux stratégies : soit vous avez une idée lumineuse et vous recherchez le journal qui correspond à ce sujet ; soit vous ciblez un titre en particulier et épluchez ses rubriques à la recherche d'inspiration. Dans les deux cas, il y a une condition préalable : bien connaître le secteur de la presse en général, et en particulier le titre auquel vous envisagez d'envoyer un synopsis. Une bonne connaissance des opportunités de publication de vos articles, c'est l'assurance d'un ciblage réussi. C'est aussi l'occasion de trouver de nouveaux formats auxquels vous n'auriez pas pensé (quiz, test, bons plans, etc.). La contrainte du rubricage est parfois stimulante.

Cette compréhension du panorama de la presse suppose de passer du temps en médiathèque ou dans les kiosques pour éplucher les journaux. L'exercice est incontournable pour connaître le rubricage, mesurer la taille des articles, avoir une idée de l'iconographie, étudier le style et le ton des articles, et surtout se faire une idée du traitement des sujets. S'il y a un courrier des lecteurs, lisez-le attentivement : les remarques et suggestions qu'il contient valent bien un brief du rédacteur en chef. Au passage, certaines lettres recèlent peut-être des idées d'articles.

Suivre l'actualité et rebondir sur vos lectures est indispensable, mais ne suffit pas. Il faut sans cesse être à l'affût dans votre vie quotidienne. Sur le terrain professionnel où le traitement d'un article donne l'idée d'un autre article : chaque sujet en appelle d'autres. Mais aussi dans sa vie personnelle où chaque rencontre peut être le prétexte d'un nouvel article. En faisant ses courses ou en dînant chez des amis, il faut sans cesse se demander si ce que vient de dire votre interlocuteur ne ferait pas l'objet d'une belle enquête ou d'un joli reportage. À ce rythme, il est parfois difficile de se considérer en vacances...

La préparation de l'enquête

Pour bien vendre un sujet, il faut bien le connaître, donc passer du temps à se documenter et à se renseigner. Un temps qui n'est pas rémunéré. Il faut donc consacrer une période suffisamment longue à l'étude du sujet pour comprendre ses enjeux et identifier les sources, tout en conservant à l'esprit que ce travail de recherche n'aboutira pas nécessairement à une commande. Mais si vous êtes journaliste spécialisé et que vous enquêtez dans votre domaine de prédilection, il y a de fortes chances que vous puissiez caser un article dans une revue spécialisée ou même grand public. Et si le domaine dans lequel vous enquêtez vous tient particulièrement à cœur (parce que c'est votre hobby ou que vous le suivez), vous saurez valoriser vos recherches dans le cadre de synopsis pour d'autres supports.

On l'aura compris : il ne sert à rien de creuser trop longtemps un sujet qui vous conduira à écrire un article d'un feuillet dans un seul journal. En revanche, il peut s'avérer rentable de passer du temps à fouiller une thématique qui donnera naissance à plusieurs synopsis pour différents supports. D'autant que les contacts noués pour l'occasion vous donneront sûrement de nouvelles idées de sujets pour d'autres journaux.

Ce travail de pré-enquête est indispensable pour s'assurer de la faisabilité du sujet. Malheur aux promesses non tenues ! Vérifier la disponibilité d'une personnalité avant de proposer son interview paraît un minimum. Dans le cas contraire, inutile de proposer le sujet ou vous risquez d'être grillé à jamais. Approfondir un sujet est aussi un moyen pour vous de vérifier qu'il tient bien la route. Les idées préconçues ont parfois la vie dure. Une petite pré-enquête sera l'occasion de confronter votre postulat de départ avec différentes sources pour contrôler le bon choix d'angle. Se contenter d'une simple recherche sur Google se révélera nettement insuffisant pour promouvoir votre idée. Rappelez-vous que votre interlocuteur a aussi Internet ! À l'inverse, sachez couper court aux exigences de précisions trop décalées ou trop spécifiques. C'est comme au poker : à un moment donné, il faut payer pour voir.

Ventes multiples

Rien ne vous empêche de proposer votre synopsis à plusieurs titres. Cela dit, si vous avez une légère préférence pour un titre, mieux vaut le lui envoyer en premier en demandant une réponse rapide. Et le transmettre ensuite à d'autres supports. Vous n'aurez ainsi pas de regret. D'une manière générale, soyez franc avec vos contacts en leur expliquant que vous prospectez et que vous allez proposer le sujet à tel ou tel support. Le fait qu'une rédaction vous ait signifié sa commande ne préjuge pas d'une vente à un autre titre ; mais il faudra alors faire particulièrement attention à modifier l'angle de l'article et veiller à ce que les deux parutions ne soient pas trop rapprochées. Aucun titre de presse n'aime publier un sujet déjà abordé dans un autre support, fût-il d'une presse très éloignée. À l'inverse, pour un sujet de portée internationale, il est possible de vendre le même article à des titres étrangers en faisant simplement traduire son texte.

Trouver le bon angle

Nouveau, surprenant, rare, piquant... Une proposition de sujet intéressera et passionnera un rédacteur en chef par l'angle choisi par le journaliste. Cet angle représente la petite fenêtre par laquelle le journaliste permet à son lecteur d'accéder au sujet : par le singulier, le particulier, le sens, le concept, l'image, l'illustration... qui susciteront l'intérêt et l'achat d'un article.

L'angle est un point de vue particulier sur un sujet qui résulte le plus souvent d'une question sur un sujet donné. Faire une proposition de sujet à un rédacteur en chef consiste à lui dire : quel est le sujet, quelle est la question et quelle forme revêt la réponse. Le sujet, c'est la matière brute de l'article (le terrain, les personnes, les lieux, etc.) ; l'angle est la question posée sur le sujet ; la forme est le genre journalistique choisi pour traiter le sujet (reportage, enquête, portrait, interview...). Attention : il existe certaines rubriques qui sont déjà formatées, y compris au niveau du style (comme le portrait du journal *Libération* en 4e de couverture), dans lesquelles il faudra se fondre. De même, il est indispensable de bien connaître l'ADN du titre pour proposer des angles en adéquation avec ses orientations éditoriales. Le principal écueil est de vouloir être exhaustif, d'avoir l'ambition de tout dire, de faire un papier définitif sur le sujet. Ce qui fait l'intérêt d'un article, c'est l'angle sous lequel le journaliste va le traiter. A fortiori s'il s'agit d'un sujet qui a déjà traité. Or, il y a peu de sujets vraiment nouveaux : n'hésitez donc pas à perdre un peu de temps en amont d'un sujet pour rechercher un angle original. C'est ce qui fera la différence pour un rédacteur en chef, et pas seulement lors d'une première commande.

Il est fréquent de « perdre » du temps, en amont d'un sujet, à chercher un angle original. Il est moins habituel d'utiliser des techniques ludiques et décalées pour trouver de nouvelles façons d'aborder un sujet.

Livre

Pour approfondir ce sujet, se référer au livre de Christian Robin, *L'angle journaliste. Technique de créativité pour des écrits originaux* (CFPJ Éditions, 2009). Un ouvrage pédagogique dans lequel l'auteur développe cette notion d'angle et propose plusieurs méthodologies approfondies de recherche d'angles.

Les « marronniers », ces sujets récurrents qui sont le plus souvent traités sous forme d'enquête ou de dossier (combattre la cellulite, le prix de l'immobilier, etc.), sont d'excellentes occasions de s'exercer à la recherche de nouveaux angles. Il s'agit généralement de sujets prétextes imposés aux rédactions par la publicité et que les journalistes internes rechignent à traiter. Si vous proposez des angles originaux, il y a de fortes chances que la rédaction en chef soit intéressée. D'autant qu'elle verra là l'occasion de vous tester avant de vous confier d'autres sujets.

Les différentes formes du synopsis

En théorie, le synopsis est à la croisée de la plaquette commerciale et du plan détaillé. Il en existe deux sortes : le pitch et le synopsis.

Le pitch résume l'idée de base de l'article dans un style accrocheur : pour séduire et convaincre votre interlocuteur, le surprendre, l'intriguer... Bref lui donner envie de lire l'article. Il se résume le plus souvent par un titre accrocheur et quelques lignes qui s'apparentent à un « chapô ». Il doit répondre aux cinq « w » du journalisme, à savoir *who, what, when, where, why* en anglais (qui, quoi, quand, où, pourquoi). Le pitch est souvent utilisé pour les articles de taille réduite. Pas la peine d'envoyer un synopsis de

1000 signes pour un article d'un feuillet. Il sert aussi parfois de première accroche. On peut l'adreser par e-mail avant d'envoyer un synopsis plus complet, surtout dans le cas d'articles de taille conséquente. Enfin, le pitch est souvent jugé suffisant lorsque la relation entre le pigiste et la rédaction est établie et que la confiance règne.

Le synopsis est la version longue du pitch. Il atteint généralement 10 % de la taille finale de l'article. Dans un style toujours percutant, il détaille l'angle et s'attache à mettre le sujet en perspective. Il doit faire apparaître du pittoresque (au sens de *pittura*, l'image) : tous les éléments qui permettent à votre interlocuteur de se représenter le fond (l'angle retenu, le cadre spatial et temporel, les personnes interrogées, etc.) et la forme (taille de l'article, présence d'encadrés et d'interviews, photos...).

La question du calibrage

Faut-il suggérer un calibrage dans son synopsis ? La question mérite d'être posée. Si vous le proposez pour une rubrique précise, oui. Mais laissez la porte ouverte au cas où, lors de vos échanges, votre interlocuteur évoque la possibilité d'élargir l'angle et donc la taille de l'article ou du reportage.

Outre le soin porté à son écriture, le synopsis doit intégrer certains éléments pour retenir l'attention de votre interlocuteur. Au-delà de la valeur même du sujet et de l'angle, rattacher le sujet à l'actualité, disposer de témoignages de valeur (experts, personnalités connues) et proposer une mise en perspective pertinente (sociale, économique ou historique) sont autant d'atouts à incorporer dans votre synopsis. À l'inverse, évitez de faire un état des lieux du domaine auquel vous vous attaquez : écrire un article n'est pas écrire un livre. Concentrez-vous sur votre angle.

Dans l'audiovisuel, les projets sont plus lourds et mettent en jeu des moyens importants. Les documentaires de télévision et les web-documentaires sont donc souvent présentés par des dossiers plus conséquents. Complet et détaillé, le synopsis s'accompagne le plus souvent d'une note d'intention de l'auteur (qu'est-ce qui l'a conduit à vouloir enquêter sur ce sujet), d'une note de réalisation (avec le découpage et les différentes séquences envisagées), d'une fiche technique et d'un budget prévisionnel

Bannir les interrogations

Un article est censé apporter des réponses. Évitez donc de poser trop de questions dans votre synopsis. Montrez au contraire que vous avez des arguments et que vous êtes en mesure de donner vie à votre sujet avec l'apport de témoignages.

L'envoi et la relance

C'est bon : vous avez rédigé votre synopsis. Même si vous avez identifié au sein de la rédaction la personne à qui l'envoyer, vous pouvez toujours l'appeler pour la prévenir. Pour que votre proposition ne soit pas noyée dans les centaines d'e-mails que les rédactions reçoivent chaque jour, indiquez le titre de votre synopsis dans l'objet de votre message et collez votre synopsis dans le corps de l'e-mail. Cela évitera les soucis de lecture liés aux différents formats de pièces jointes. Lors d'un premier contact, il est conseillé d'envoyer deux ou trois synopsis en même temps. Cela prouvera que vous savez être une force de proposition. Pour l'heure, inutile de joindre un CV. Mais préparez-le au cas où l'on vous le réclamerait. Enfin, n'oubliez pas d'inclure vos coordonnées complètes pour que l'on puisse vous joindre. Il peut être utile d'appeler la personne peu de temps après l'envoi pour s'assurer de la bonne réception du synopsis.

En l'absence de réponse, n'hésitez pas à relancer votre interlocuteur après un délai qui dépend de la fréquence de parution. Pour un hebdomadaire, il semble judicieux d'attendre une quinzaine de jours avant de rappeler.

Faire face aux objections

- « On a déjà traité ce sujet » : oui, mais il y a deux ans ; oui, mais pas sous cet angle ; oui, mais vous n'aviez pas cet intervenant.
- « On a dépassé le budget piges pour le mois » : le mois suivant, mon papier sera encore d'actualité ; et pour votre hors-série/site Web, le budget est aussi dépassé ?
- « Ce n'est pas passionnant » : je vais mieux vous préciser mon angle, pour être bien sûr ; avec les photos, cela prendra tout son sens ; j'ai quand même un témoignage inédit dans ce papier.
- « C'est le bouclage » : renseignez-vous sur les jours de bouclages. Si on vous refait le coup du bouclage, alors que vous n'appelez pas à la même période d'un mois à l'autre, on vous ment. Demandez quelle est la vraie raison du refus.

En cas de refus, demandez à votre interlocuteur de vous expliquer pourquoi votre synopsis n'a pas retenu son attention. Parfois, la réponse n'a rien à voir avec la qualité de votre proposition (sujet déjà traité, plus de budget). Dans le cas d'une vraie « bonne » raison, la discussion vous permettra sans doute de mieux comprendre les attentes de la rédaction et de mieux cibler vos prochaines propositions.

Anticiper les problèmes

Votre synopsis a été accepté ? Bravo ! C'est l'heure de vous mettre au boulot. Il s'agit de ne pas être en retard : pour toutes les rédactions, un bon pigiste rend avant tout ses papiers à l'heure. D'où l'obligation impérative de prévenir en cas de problème. Un angle qui se délite ? Un témoignage qui fait faux bond ? Une interview sans cesse décalée ? Si, au cours de votre enquête ou de votre reportage, vous sentez que le calendrier ne pourra pas être tenu, il faudra absolument prévenir rapidement la rédaction. Inutile de faire l'autruche en croisant les doigts pour dénouer le problème tout seul en ne voulant pas déranger la rédaction. Plus tôt vous la préviendrez, plus facilement elle pourra décaler votre article en le remplaçant par un autre. Tout le monde peut rencontrer des obstacles. Mais ce qui est inacceptable, c'est d'attendre le dernier moment pour en faire part à la rédaction.

Important

Mieux vaut toujours avoir une garantie de publication avant de se lancer. Surtout si cela engendre des frais, comme dans le cas d'un reportage ou d'une enquête à l'étranger. Cependant, il peut être envisageable de partir à l'aveugle si le sujet vous passionne ou si vous êtes spécialisé et sentez qu'il est essentiel de suivre le sujet. Prenez garde à ne pas y consacrer trop de temps : c'est un pari qui peut coûter cher.

Protéger son synopsis

Le sujet que vous avez proposé le mois dernier s'étale sur cinq pages dans le magazine qui n'a pas répondu à l'envoi de votre synopsis ? Comme c'est curieux... Sans devenir parano, il y a parfois des « coïncidences » qui surprennent, même si le « vol » de sujet est assez rare : confier le sujet à des journalistes internes ou (pire !) d'autres pigistes maison ne coûtera pas finalement moins cher que de le confier à l'auteur du synopsis. Pour éviter toute déconvenue, le mieux est de prévenir les risques en restant évasif sur certains détails. Inutile de transmettre le téléphone portable de l'écrivain star dont vous proposez de faire le portrait, ou de donner l'identité ou la région d'origine de cet agriculteur bio à la technique révolutionnaire... Dans le cas de projets d'importance, il est judicieux de déposer son synopsis sous une enveloppe Soleau (15 €) à l'Inpi ou à la Scam-Velasquez (15 € pour deux ans, 30 € pour cinq ans). En datant de façon certaine la création de votre synopsis, ce dépôt peut faire valoir votre antériorité d'auteur d'un projet de création d'article ou de reportage audiovisuel. Évidemment, le recours à de telles preuves ne doit s'envisager que dans le cadre d'une contestation allant jusqu'à une procédure judiciaire. Selon le Code de la propriété intellectuelle, une œuvre (dès lors qu'elle est originale) est protégée du fait même de sa création. En revanche, l'idée d'une œuvre ne l'est pas. C'est pourquoi il est nécessaire d'effectuer quelques modalités pour s'assurer, préventivement, la paternité de créateur d'un projet.

Chapitre 10
Vos premières collaborations

Votre pitch ou synopsis a fait mouche et vous avez réussi à obtenir un entretien téléphonique ou même un rendez-vous. Bravo ! Cependant, le plus dur reste à faire... C'est le moment de fourbir vos armes. D'abord en maîtrisant à la perfection le sujet proposé. Pour une première proposition, il faut presque avoir déjà réalisé l'enquête ou une partie du reportage pour être en mesure de répondre à toute question éventuelle. Mieux vous serez préparé, plus vous serez armé pour faire face à toutes remarques. Il vous faut donc connaître votre sujet sur le bout des doigts (contacts, angle, actualité) et préparer votre argumentaire de vente (en quoi le sujet est-il pertinent ?). Prévoir aussi d'éventuels ajustements en cas d'objections, notamment en ce qui concerne votre angle. Prévoyez aussi d'autres sujets de secours dans le cas où votre proposition initiale tomberait finalement à l'eau ; ce serait trop bête de repartir sans avoir réussi à placer un sujet. En dernier ressort, renseignez-vous sur les futurs besoins. Essayez aussi de connaître les tarifs de pige pratiqués pour ne pas être surpris par les prix proposés, et négocier au mieux en ayant des références à l'esprit.

Cette étape commerciale est assez éprouvante, surtout pour les débutants. Ne tombez jamais dans le registre affectif : vous êtes novice, mais l'enjeu de l'entretien porte sur le sujet et non sur vous. N'insistez pas trop en cas de refus ; passez directement à un autre sujet. Arrangez-vous toujours pour conclure afin que la discussion ne s'achève pas sur une impression de flou ou sur un blanc. À la fin, chacun des interlocuteurs doit savoir à quoi s'en tenir, s'il y aura un prochain contact. Et si oui, quand, comment et pourquoi.

Ne dramatisez pas en cas d'échec : « prendre des râteaux » fait partie du quotidien des pigistes. Au début et même après ! Reste qu'il est important de débriefer pour déceler les raisons de chaque refus pour en tirer les conséquences. En plus d'être proactif, le journaliste pigiste s'autoévalue en permanence.

Très chère assistante de la rédaction

L'assistant(e) de la rédaction est le point d'entrée d'une rédaction. C'est cette personne qui vous renseignera sur les dates de bouclage, le fonctionnement interne de la rédaction, le bon interlocuteur selon le sujet proposé, sa disponibilité et son état d'esprit du jour... Bref, tout ce qu'il faut savoir pour ne jamais devenir un chien dans un jeu de quilles. Il est donc très important de soigner vos relations avec cette personne, pour qu'elle devienne votre alliée dans la place. D'autant que c'est elle que vous solliciterez aussi en cas de problème administratif.

Bien débuter une collaboration

Ça y est, votre synopsis est à deux doigts d'être validé. Une nouvelle collaboration commence. Sachez que les premiers contacts seront décisifs pour la suite. Soignez-les ! Votre attitude, vos questions et la qualité de cette première commande façonneront votre image auprès de vos interlocuteurs.

Lors du premier entretien, glanez un maximum d'informations concernant la publication (cible, ligne éditoriale, style...) pour être en mesure d'écrire au plus près de son lectorat. Puis demandez précisément les éléments essentiels de la commande – angle, forme (reportage, enquête...), calibrage exact, nombre d'encadrés, date de rendu de la copie. Il est également judicieux d'aborder la question de l'iconographie (c'est un moyen de placer ses photos si l'on peut les faire) et d'avoir la date de sortie de l'article (que vous pourrez ainsi éventuellement communiquer à vos interlocuteurs). Certains médias poussent le formalisme jusqu'à vous adresser un bon de commande de pige. L'initiative est louable, mais son usage tendra à se raréfier au fur et à mesure que la relation s'intensifiera. Surtout lorsqu'on traite de sujets d'actualité où la réactivité s'accommode mal de ce type d'échanges. Reste qu'il faut toujours conserver une trace écrite d'une commande. Le plus simple et le plus efficace est d'envoyer un e-mail récapitulatif à votre interlocuteur sous la forme interrogative (« Pour résumer notre entretien téléphonique, je vous fais un reportage de 3 000 signes au tarif de XX € du feuillet sur l'élection municipale de XX pour le 6 mars prochain. On est bien d'accord ? »). Même si le message n'a pas de reconnaissance juridique, la réponse servira de preuve.

Réalisez votre première pige avec un soin particulier. Un redac'chef mécontent est un redac'chef qui ne recommande pas de piges. Alors autant donner satisfaction dès le départ. En cas de problème, ne laissez aucune zone d'ombre s'installer entre vous et votre commanditaire, pour instaurer un véritable rapport de confiance. La question de la date de bouclage est particulièrement sensible. Donc prévenez votre interlocuteur à la moindre alerte. Un interlocuteur qui se dédit ? Un rendez-vous sans cesse reporté ? Un angle qui se délite au fur et à mesure que l'enquête avance ? N'hésitez pas à décrocher votre téléphone pour prévenir le plus tôt possible. Jamais on ne vous en voudra de rencontrer des problèmes de délais. Au pire, on remplacera votre sujet par un autre déjà en stock, et l'on décalera votre pige ; au mieux, on le décalera en vous en commandant un autre, plus rapide à faire. Par contre, personne ne comprendra que vous ayez attendu le dernier moment pour faire faux bond à la rédaction.

Rappelez-vous que moins le secrétariat de rédaction interviendra sur votre texte, moins il y aura de risque qu'il dénature le propos. Veillez donc à rendre la copie dans les délais, à respecter le calibrage et à proposer un titre et un chapô (même en sachant qu'ils seront certainement modifiés). Vérifiez systématiquement les noms propres et dates mentionnés et n'oubliez pas de vous relire pour traquer les fautes d'orthographe et les lourdeurs de style. Commencez par bannir toutes les répétitions, puis remplacez les verbes dits « pauvres » (dire, faire, avoir, être) par des verbes plus imagés (il sourit, s'enthousiasme, s'active, s'apitoie). Chassez vos tics d'écriture et faites attention aux expressions trop en vogue que l'on lit partout. Ne considérez jamais que le secrétaire de rédaction travaillera à votre place : en tant qu'auteur de l'article, vous êtes le mieux placé pour faire les meilleures suggestions.

Les dix règles d'or pour rendre une copie propre

- Respecter l'angle déterminé.
- Rendre sa copie dans les délais.
- Respecter le calibrage.
- Proposer titre et chapô.
- Vérifier l'orthographe des noms propres et les chiffres.
- Adapter son style au support.
- Adopter la charte typographique du support.
- Toujours se relire.
- Alléger son style.
- Accompagner sa copie jusqu'au bouclage.

La relation s'arrête rarement après le rendu de la copie. Très souvent, votre interlocuteur revient à la charge pour vous réclamer des précisions ou des corrections. Ainsi, il est d'usage d'accepter de refaire un papier qui aurait été moyennement apprécié, surtout au début où il faut bichonner son commanditaire. Il faut donc prévoir (financièrement et en termes de charge de travail) qu'il est probable que vous ayez à vous repencher sur votre travail. En général, les précisions ou modifications demandées améliorent le texte final. Si votre interlocuteur réitère sa demande trois fois de suite, c'est qu'il y a un – gros – malentendu (vous n'avez pas compris l'angle, par exemple) que votre commanditaire n'a pas su déceler. À vous de prendre le taureau par les cornes et de lui faire dire ce qu'il a à vous dire. Écoutez les critiques, en demandant toutes les explications que vous jugerez utiles pour éviter de commettre les mêmes erreurs une seconde fois.

Se méfier des premiers lancements

Il est tentant de traquer les nouvelles publications. Par définition, les équipes sont en cours de constitution et il y a sans doute des places de pigistes à prendre. Vérifiez toutefois la solidité de l'entreprise éditrice. S'il s'agit d'un nouveau titre lancé par un grand groupe de presse, foncez ! En revanche, s'il s'agit d'une obscure association ou d'une SARL qui vient de se créer, soyez vigilant. Cela ne veut pas dire qu'il faut renoncer, mais qu'il faut débuter progressivement la collaboration, en s'assurant du versement de la rémunération. On a vu trop de pigistes se consacrer durant des mois à un titre sans jamais percevoir le moindre salaire... jusqu'à liquidation de la publication.

En général, les observations les plus fréquentes des rédactions portent sur le format, l'angle ou le ton du journal. D'où l'importance de bien se comprendre lors du brief et de récapituler les principaux éléments de la commande par e-mail.

Fidéliser ses collaborations

Si la première pige s'est bien passée et que la confiance semble établie, prenez tout de suite de bonnes habitudes en étant force de proposition. Envoyez régulièrement des synopsis et faites savoir que vous êtes disponible. Ne refusez jamais une proposition de sujet dans une phase de construction d'une relation durable, même si le sujet ne vous semble pas très intéressant. Les journalistes en poste sont rarement enclins à réaliser les traditionnels marronniers, qui se retrouvent souvent délégués à des pigistes.

À ce stade, une petite visite à la rédaction s'impose. Les e-mails et le téléphone sont une bonne chose, mais rien ne vaut la convivialité d'une discussion devant un café. Ce sera l'occasion de mieux connaître le média et de faire plus ample connaissance avec votre commanditaire. Vous pourrez ainsi parler plus en détail de vos centres d'intérêt ou d'un sujet qui vous tient à cœur. Ce sera aussi l'occasion d'être présenté à d'autres responsables à qui vous pourrez proposer de nouvelles piges. Un passage régulier dans les rédactions est réellement une garantie de commande. C'est en traînant dans les bureaux que l'on prend connaissance, parfois de manière fortuite, des besoins de tel ou tel chef de rubrique ou de service, de la préparation d'un dossier ou d'un hors-série.

Négocier le juste prix

Votre synopsis a fait mouche et vous sentez votre interlocuteur prêt à passer commande. C'est l'heure de parler d'argent. Problème : il n'y a pas – ou quasiment pas – de grille ou de barèmes des piges. Seuls le Syndicat de la presse quotidienne nationale (SPQN), qui réunit les éditeurs des quotidiens nationaux (*Libération, L'Équipe, Le Figaro,* etc.), et le Syndicat des éditeurs de la presse magazine (SEPM), qui regroupe les principaux groupes de presse magazine (Lagardère, Prisma, Mondadori, Express-Roularta), ont intégré le tarif des piges dans leurs grilles de salaires. En 2014, le feuillet de 1500 signes (espaces compris) est donc rémunéré au tarif de 65,93 € brut dans les quotidiens nationaux, et à hauteur de 53,47 € dans les périodiques – avant congés payés, treizième mois et éventuelle prime d'ancienneté. Cet accord a été étendu par arrêté publié au *Journal officiel* du 22 avril 2016, de sorte que ce barème minimal est applicable à l'ensemble de la presse magazine. Depuis 2014, la Fédération nationale de la presse spécialisée (FNPS) a, elle aussi, fixé un montant minimal de rémunération de 45 € le feuillet (42 € pour les publications dont la diffusion est inférieure à 5 000 exemplaires), rémunération brute avant congés payés, treizième mois et ancienneté éventuelle. Pour les autres formes de presse, il existe des minima pour les journalistes mensualisés, mais pas pour le tarif de la pige.

Au total, le périmètre du SPQN et du SEPM représente plus d'une centaine d'éditeurs et plus de 500 titres. Vérifiez si les titres avec lesquels vous collaborez en dépendent. Malgré l'insistance des syndicats de salariés, les autres syndicats d'éditeurs rechignent toujours à négocier pour fixer leurs propres barèmes. Et pour cause : cela autorise certains titres à proposer des tarifs très bas (moins de 30 €) en toute légalité. Les syndicats de journalistes réclament depuis longtemps une harmonisation progressive des tarifs de pige sur la grille du SEPM. Cela fait trente ans que cela dure, et les discussions n'ont toujours pas abouti.

Il existe également un barème pour les piges radio. Les documents sonores (commandés ou acceptés, diffusés ou non) sont payés de 35,79 € pour les radios locales et régionales à 59,64 € pour les radios nationales, généralement pour une durée de 1 minute 30 secondes. La journée de présentation ou de reportage est payée de 119,29 à 143,14 €, selon le type de radio. Pour les agences audiovisuelles, la pige à la journée est payée 81,70 €, majorée de 20 % pour ceux qui assurent le commentaire.

Les pratiques des rédactions

Les tarifs de pige se font parfois « à la tête du client ». Ainsi, il peut exister différents niveaux de tarifs au sein d'une même rédaction.

Par exemple, il est possible de constater une différence entre les pigistes considérés comme débutants et ceux plus confirmés (indépendamment de l'ancienneté). On peut même noter des tarifs distincts selon les rubriques d'une même publication. Pour le Web, ou dans le cas d'une longue enquête, il peut être intéressant de négocier un forfait indépendant du volume de texte fourni, à évaluer selon le temps passé. Et si vous livrez textes et photos, vous pouvez aussi tenter de négocier un forfait à la page qui se révélera plus rémunérateur.

L'absence de barème ne veut pas dire absence de règles. En pratique, chaque rédaction (y compris dans un même groupe) détermine librement son tarif de piges en fonction de la nature des travaux confiés, des différentes rubriques et du type de sujet abordé. S'il existe un tarif affiché, celui-ci n'est pas forcément appliqué à tous les pigistes sans discrimination : certains pigistes réguliers ou plumes connues bénéficient souvent de tarifs supérieurs. En tout état de cause, des majorations peuvent être réclamées du fait de contraintes particulières comme l'urgence, l'éloignement ou encore la complexité du sujet. La rédaction n'augmente pas le prix du feuillet, mais accorde une rallonge « fictive » d'un ou deux feuillets supplémentaires pour rémunérer l'effort consenti. Un papier de cinq feuillets sur un sujet particulièrement ardu peut ainsi être rémunéré sur la base de sept feuillets.

Un journaliste pigiste est donc libre de négocier (façon de parler !) un tarif, mais il n'y a pas de texte sur lequel il peut s'appuyer pour cela, seulement des usages de tarifs. Comme toujours, comparaison n'est pas raison. Les salaires varient de moins de 30 € le feuillet dans certains titres de la presse régionale à plus de 150 € dans des titres de la presse spécialisée. La fourchette est donc large et les employeurs profitent évidemment du fait que certains pigistes sont prêts (ou contraints) à accepter des tarifs de misère – pratique qui renforce la précarité des journalistes pigistes. Syndicats et associations de journalistes considèrent donc que les pigistes doivent refuser de travailler pour moins de 50 € du feuillet. Parce qu'ils le valent bien. Un tarif légitimé par le fait qu'il est difficile de produire plus de deux feuillets de qualité par jour en moyenne – en plus du suivi de l'actualité, de la recherche de sujets, de l'écriture de synopsis, etc. Ce tarif de

50 € est donc celui qui permet d'atteindre le salaire moyen d'un rédacteur mensualisé (2000 €). De plus, les éditeurs réalisent beaucoup d'économies de loyer en collaborant avec les pigistes à qui ils remboursent rarement les frais de fonctionnement (ordinateurs, abonnement téléphonique et Internet...).

Le tarif des piges

Dans son enquête « De quoi vivent les journalistes ? », à laquelle ont répondu un millier de pigistes de la France entière, la Scam lève le voile sur la rémunération moyenne des pigistes. Selon cette étude qui date de novembre 2013, un rédacteur sur deux perçoit moins de 70 € par feuillet ; plus d'un photographe sur trois perçoit moins de 30 € par photo ; plus d'un journaliste radio sur trois touche moins de 60 € pour une pige (son de moins de 26 minutes) ; et en télévision, plus d'un pigiste sur deux reçoit moins de 1000 € pour un reportage court (moins de 26 minutes).

Quelques usages et repères

Éléments complémentaires du salaire

Lorsqu'ils existent, tous les barèmes de pige s'entendent hors treizième mois (12 % en plus), congés payés (10 % de plus) et primes d'ancienneté (5 % de plus par tranche de cinq années de détention de la carte de presse).

Au prorata du feuillet

L'usage veut que tout feuillet incomplet soit rémunéré au prorata du nombre de lignes (un feuillet correspond à 25 lignes de 60 signes). Certains éditeurs comptabilisent donc les feuillets à la décimale près.

Prime d'appareil photo

Les deux types de presse ayant statué sur un barème de pige (presse quotidienne nationale et hebdomadaire généraliste) ont également fixé une indemnité d'appareil photo (respectivement 75,23 € et 66,76 € mensuels) à verser lorsque le journaliste pigiste utilise son propre matériel.

Revalorisation annuelle des piges

Comme tous les salaires d'une entreprise, le tarif des piges doit bénéficier des éventuelles augmentations collectives obligatoirement négociées chaque année dans toutes les entreprises.

En région, l'association des journalistes de Toulouse et du Midi-Pyrénées et le collectif Lyon Piges ont sondé un petit échantillon de 130 journalistes pigistes début 2012. À cette date, le tarif au feuillet le plus bas était de moins de 50 € pour 45 % des pigistes de Midi-Pyrénées (44 % en Rhône-Alpes) ; inversement, 48 % d'entre eux (38 % en Rhône-Alpes) collaboraient à des titres rémunérant plus de 80 € le feuillet.

Valoriser son travail

Le débat du salaire minimum de la pige fait écho à la question du temps de travail. Même s'il est payé à la tâche, le travail du journaliste ne consiste pas seulement à écrire l'article. Sa production intègre un temps de réflexion et de préparation en amont qui n'est pas comptabilisé : trouver un sujet original, se documenter et pré-enquêter pour proposer un synopsis de reportage intéressant, caler les rendez-vous avec les bons interlocuteurs, prendre le temps de l'échange... Sans oublier les déplacements durant lesquels le pigiste n'est pas rémunéré. Tout cela nécessite un temps incompressible, nécessaire pour recueillir des informations pertinentes, alors que la taille des articles a tendance à se réduire – et un papier court est souvent plus difficile à écrire.

Rapportées au temps passé, certaines piges sont très mal payées par la presse. Les revenus sont d'autant plus ridicules que le pigiste doit se tenir disponible après coup pour éventuellement actualiser son article le cas échéant. Ce dilemme du tarif bas conduit à privilégier les interviews téléphoniques et à s'inspirer grandement des dossiers de presse, alors que les rédactions affichent la qualité des informations au premier rang de leur préoccupation. À vous de leur faire comprendre qu'une pige bien payée est la garantie de la fourniture d'un travail de qualité.

Quelques exemples de salaires bruts de piges au 1er janvier 2014[1].

- *20 Minutes*, CDD journée de remplacement : 100 €.
- *Le Parisien*, feuillet de 1 500 signes : 81 €.

1. Montants recueillis auprès des entreprises ou des pigistes, susceptibles d'avoir changé.

- *Reuters*, les cinq paragraphes : 60 €.
- *Le Petit Quotidien*, *Mon Quotidien*, à la journée : 76 €.
- Radio France, alerte téléphonique : 13,61 € ; papier ou son 40,83 € ; couverture de match : 83,85 € (avec intervention en direct + papiers/sons avant et/ou après match) ; journée de remplacement : 104,76 € (dossier/enquête sur un sujet précis, reportages, permanence) demi-journée de prestation : 62,94 € (dossier/enquête sur un sujet précis, reportages, permanence).
- *La Croix*, feuillet de 1500 signes : 71 €.
- *L'Humanité Dimanche*, feuillet de 1500 signes : 76 €.
- *Terra Eco*, feuillet de 1500 signes : 54 €.
- *Environnement Magazine*, feuillet de 1500 signes : 56,60 €.
- *Science & Vie*, feuillet de 1500 signes : 75 €.
- *Ouest-France*, supplément *Ouest-France*, article (page départementale) : 67 € à 133 € ; article (toutes éditions) : 100 € à 199 € ; photo (Une : 47 €) : 11 €.
- *Dimanche Ouest-France*, article (page départementale) : 61,45 € à 100 € ; photos : 11,27 € à 43,01 € (82,67 € en dernière page).
- AFP, lead rédigé : 50 € ; papier général ou magazine : 75 € ; interview (trois questions à) : 35 € ; journée photo : 168 € ; CDD journée JRI : 200 € (prise de vues, montage, rédaction).

Important

Les remboursements de frais et de transports dans le cadre des déplacements doivent être effectués indépendamment du tarif de la pige. Ils sont normalement payés mensuellement sur présentation des justificatifs.

Photos : les barèmes de l'UPP

L'Union des photographes professionnels (UPP) diffuse des prix indicatifs qu'elle tente de faire respecter. Selon ce barème, le tarif de publication de photos dans la presse varie selon la taille de l'image et la diffusion du support. Pour une publication tirant à moins de 40 000 exemplaires, une photo de couverture se paie 402 €, tandis qu'un quart de page se négocie à 133 €. De 100 000 à 200 000 exemplaires, les tarifs passent respectivement à 648 € et 216 €.

Fixer le prix sous d'autres statuts

Pour les prestations réalisées comme auto-entrepreneur, souvenez-vous d'ajouter les charges (environ 23 %) à la rémunération souhaitée. Si vous adressez une note de droits d'auteur, ces charges sont de seulement 10 %. Si vos prestations sont facturées par l'intermédiaire d'une société de portage, n'oubliez pas que le montant brut du salaire escompté doit être multiplié par deux pour tenir compte des charges (patronales et salariales) que vous aurez à payer. Sachez aussi fixer vos tarifs en fonction du profil du donneur d'ordre. On ne facture par la même prestation à une petite association qu'à un grand groupe du CAC 40.

Pour chaque proposition, le mieux est d'adopter une approche comptable en estimant le temps de travail et en fixant un taux horaire. Tout en ayant à l'esprit les prix pratiqués par les professions analogues (la communication facture plus de 600 € HT la journée de conseil).

Le but de ce calcul est de vous fixer un objectif de rémunération mensuelle qui déterminera votre coût à la journée. Si vous souhaitez gagner 2000 € net par mois, vous devrez gagner 100 € par jour, soit 12,50 € de l'heure pour 8 heures de travail productif. Une pige de deux feuillets payée 50 € devra être faite dans la journée si vous souhaitez suivre votre tableau de marche. Pour rigide qu'il soit, ce mode de calcul permet de se fixer quelques repères qu'il est bon d'avoir à l'esprit lorsqu'on négocie une pige. Sachez rester souple et prendre le temps qu'il faut pour réaliser un reportage qui vous plaît. Au final, l'objectif est de trouver un équilibre entre le tarif et l'intérêt que l'on porte au travail. En tout état de cause, n'oubliez pas de préciser par avance dans votre devis le détail des prestations pour que votre donneur d'ordre prenne bien conscience de toute l'étendue de vos compétences et du temps nécessaire à l'accomplissement de votre travail.

La crédibilité en question

Dès qu'un prix est trop bas, il y a un – légitime – soupçon sur la qualité du produit : une Rolex à 150 €, ça n'existe pas. C'est une copie chinoise de piètre qualité. La logique vaut aussi pour le journaliste indépendant. Proposer un prix trop bas peut rendre perplexe votre interlocuteur qui connaît le temps nécessaire pour réaliser un reportage ou une enquête. Même avec peu d'expérience ou de références, il est néfaste d'afficher des tarifs peu élevés.

Chapitre 11
Travailler en réseau et jouer collectif

Lassés de travailler en solitaire, les journalistes pigistes se regroupent de plus en plus. Ils ne se rassemblent pas uniquement au sein de syndicats, en vue de défendre leurs droits. Ils aspirent aussi à échanger leurs pratiques et leurs expériences dans un souci de monter en compétences professionnelles et de partager des moyens de production. De moins en moins concurrents et de plus en plus solidaires, les pigistes ont appris à se côtoyer et à travailler ensemble. En témoigne la multitude d'espaces de coworking envahis ou créés par la profession, ainsi que l'importance prise par certaines communautés de pigistes.

L'apparition de collectifs de pigistes est la dernière étape de cette tendance. Sous une même appellation se cachent diverses formes et réalités – du simple partage de bureau au fonctionnement de type agence de presse, en passant par le portage de projets communs.

La nécessité de créer du lien s'explique aisément : les journalistes permanents ne comprennent pas (ou trop rarement) les besoins, contraintes et attentes des pigistes, car ils ne partagent pas les mêmes impératifs de diversification et de productivité. Seuls les confrères pigistes peuvent réellement comprendre la réalité du métier et apprendre de leurs pairs les ficelles de la pratique de la pige. Le travail en réseau, qui véhicule des valeurs de partage et d'échange, est donc indispensable pour la pratique de la pige. Voire pour l'exercice du métier. Dans sa thèse, la sociologue Faïza Naït-Bouda estime ainsi que « d'agents "isolés" et vulnérables face aux pressions de leur environnement, les journalistes pigistes pourraient contredire cette représentation par une autre, collective et "militante", qui leur permettrait de participer activement à la reconfiguration du champ journalistique en termes de redistribution des rôles et des positions ».

Les vertus du réseau

« Nos aînés ont été éduqués dans une culture de la compétition, alors que nous vivons dans une culture de réseau collaborative et de participation. Nous devons construire un réseau à plusieurs niveaux et développer des outils collaboratifs », écrivait Yann Kerveno, ancien président de l'association Profession Pigiste. Pourquoi se rapprocher des autres ? Pour briser l'isolement inhérent à l'exercice de la pige, mais pas seulement. Il s'agit de créer des liens pour fédérer et aider les journalistes pigistes de tous les médias, en particulier les débutants, dans leur activité professionnelle ; faire reconnaître et appliquer leurs droits, lutter contre la précarisation, et revaloriser leur image auprès des rédactions. Contribuer à ce réseau, c'est aussi développer des relations d'estime mutuelle, de confiance et de solidarité.

Par réseau, on entend toute structure ou regroupement informel de la communauté de pigistes. C'est en s'impliquant et en prenant part aux activités de ce réseau que l'on tisse des liens et que l'on noue des amitiés professionnelles. Évidemment, l'investissement doit être proportionnel au bénéfice retiré – en expertises, formations, contacts et partages de collaborations.

La plupart des réseaux fonctionnent avec peu de moyens et beaucoup de bonne volonté. Mais d'une manière générale, la satisfaction de voir vivre et évoluer le réseau donne à ses membres l'énergie de participer à sa construction en s'investissant dans la mise en œuvre de divers projets. D'une façon générale, chaque regroupement porte en lui un esprit collaboratif et des ambitions partagées dans une même volonté d'ouverture et d'innovation. La démarche d'adhésion à un réseau de pigistes suppose de ne pas se considérer à la pige de façon temporaire, mais de s'inscrire dans la durée, afin de partager certains points de vue professionnels.

L'exemple de Lyon Piges

Tout a commencé en juin 2006, à la suite d'une session de « speed piges dating » organisée par le Club de la presse de Lyon. Une première rencontre qui a permis aux pigistes lyonnais de se connaître et de formuler leurs besoins. Depuis, une rencontre mensuelle est organisée où un membre du réseau intervient sur un sujet sur lequel il possède une expertise. Un invité peut également intervenir pour aborder une question particulière.

Lyon Piges n'a aucune structure formelle, et ne perçoit aucune cotisation. Un atout selon ses fondateurs, qui permet d'employer « la totalité de l'énergie » au service de l'animation du réseau. Il s'agit d'un réseau totalement informel : chaque membre fait ses choix à son rythme, selon ses besoins et ses possibilités de s'investir, avec cette règle intuitive que plus on s'investit, plus les gains sont profitables. En 2009, Lyon Piges a négocié une mission de rédaction et ainsi apporté du travail à une quinzaine de pigistes. Le réseau est également à l'origine de l'Atelier des médias, également à Lyon, un espace de travail partagé (coworking) accueillant une quarantaine d'indépendants.

Les clubs de la presse

Les clubs de la presse sont des lieux de rencontres des journalistes. Il en existe une trentaine, de diverses tailles, en Métropole et dans les DOM-TOM. La plupart accueillent des communicants, mais certains sont exclusivement réservés aux journalistes, comme à Nantes. L'adhésion pour les journalistes varie de 15 à 50 €.

La vocation première de ces clubs consiste à organiser des débats autour de l'actualité et du journalisme. Parallèlement, tous mettent sur pied des événements mensuels thématiques plus orientés vers la pratique du métier. Certaines rencontres tournent autour de la problématique de la pige. Lieux de vie, beaucoup de clubs de la presse mettent aussi parfois à disposition des pigistes un local, une ligne téléphonique, une connexion wi-fi (voire des ordinateurs connectés), des archives, la presse du jour...

Certains disposent d'une commission qui rassemble les pigistes locaux et qui diffuse des offres d'emploi et de piges. Ces commissions organisent aussi parfois des permanences spécialisées sur la pige pour répondre aux questions pratiques et juridiques (emploi, indemnité chômage, droit du travail, etc.). D'autres sont à l'origine d'ateliers ou de formations autour des thématiques propres aux pigistes. En région, il est indispensable d'investir ces lieux pour se rapprocher des confrères locaux et étoffer son carnet d'adresses. À Paris, le très actif Press Club de France reste assez élitiste et peu tourné vers les pigistes.

Les syndicats

Les syndicats ont longtemps refusé de considérer (et d'aider) les pigistes sous prétexte que cette population ne devait pas exister... puisque les employeurs devaient les embaucher. Depuis le début des années 2000, le Syndicat national des journalistes (SNJ), l'Union syndicale des journalistes CFDT (CFDT-Journalistes) et le Syndicat national des journalistes CGT (SNJ-CGT), le Syndicat général des journalistes FO et le Syndicat des journalistes CFTC ont changé leur fusil d'épaule. Le SNJ et la CGT ont même constitué des commissions exclusivement tournées vers les journalistes pigistes. Ce sont des lieux de choix pour s'informer sur les droits conventionnels des pigistes et faciliter le travail de ceux qui intègrent les instances représentatives du personnel. Le SNJ organise également des permanences juridiques le mercredi matin.

À l'international

Il existe plusieurs associations internationales de journalistes, telles que l'Association des journalistes européens (l'AEJ, qui dispose de 27 sections dans chaque pays) autour des questions européennes, ou encore la Fédération internationale des journalistes (FIJ), qui rassemble 165 syndicats et organisations de journalistes de 125 pays. Cette dernière s'occupe notamment de la question des droits des journalistes pigistes. Si elles peuvent fournir d'importants supports, ces structures ne s'occupent pas exclusivement des pigistes.

Les associations de journalistes spécialisés

Quelle que soit votre spécialisation éditoriale, il y a fort à parier qu'une association de journalistes est consacrée à cette thématique. Il existe ainsi des structures autour de la science (Association des journalistes scientifiques de la presse d'information), du tourisme (Association des journalistes du tourisme), de l'environnement (Association des journalistes de l'environnement), du social (Association des journalistes de l'information sociale), de la politique (Association des journalistes parlementaires), de la culture (Association des journalistes du patrimoine), de l'armée (Association des journalistes de défense), de l'éducation (Association des journalistes éducation-recherche), de l'agriculture (Association française des journalistes agricoles), de la religion (Association des journalistes d'information religieuse), etc.

Plus ou moins structurées, mais souvent très actives, ces associations de bénévoles rassemblent les journalistes autour d'un même sujet en proposant différents services comme des lettres d'information, des réunions thématiques, des débats entre membres, des colloques, des rencontres, des voyages, dans un climat confraternel et convivial. Par ailleurs, il existe aussi des associations professionnelles géographiques (comme Chti'Média), qui réunissent des membres issus d'une même région. Toutes ces structures sont un excellent moyen de rencontrer d'autres journalistes pigistes, ou des journalistes en poste et d'étoffer son carnet d'adresses. En offrant aussi la possibilité d'avoir de nouvelles sources, voire de trouver de nouveaux commanditaires.

Les réseaux sociaux

Certaines communautés comme Profession Pigiste se déploient également sur les réseaux sociaux (Facebook, Viadeo, Twitter, LinkedIn...). Le portail Categorynet s'est lui aussi décliné sur Facebook sous la forme d'un groupe « Journalistes & Pigistes francophones ». Il compte plus de 10 000 membres. Tout ce petit monde discute de l'évolution des métiers de la presse, du journalisme, des nouveaux médias et de la pige.

Pour réseauter à l'échelle internationale, le mieux est de s'inscrire sur JOL-social, un espace d'échange de toutes nationalités et de toutes spécialités. Il propose aux journalistes professionnels des espaces de mise en relation et d'échange, mais surtout des outils de travail collaboratif ou de stockage des données. La plate-forme sera bientôt complétée par d'autres services. Quant à Hostwriter, lancé fin 2014, son objectif est de favoriser la collaboration et l'entraide entre journalistes de différents pays, notamment autour du partage de contacts, d'hébergements ou de la recherche de partenaires ponctuels (photographes, rédacteurs, etc.).

Categorynet : des infos et un forum

Parmi les portails consacrés au journalisme, categorynet.com est sans doute le plus utile aux pigistes. Fondé en 1998, il regroupe actualités, liens, annuaires de la presse et des médias francophones, ainsi qu'une bourse aux emplois et une quinzaine de forums de discussion, dont l'un s'intitule « Piges et pigistes ». D'autres portent sur la carte de presse, les droits d'auteur, etc. Le site propose aussi une CVthèque par compétences et publie des appels d'offres dans le domaine de la communication.

Les communautés de pigistes

Il existe deux principaux lieux de rencontres et d'échanges pour les pigistes. Le premier est la liste Piges. Fondée en 2000 à la suite de rencontres annuelles qui se déroulaient à La Rochelle et rassemblaient des journalistes pigistes du Grand-Ouest, cette liste de diffusion rassemble aujourd'hui plus de 1400 abonnés répartis dans toute la France. Après inscription préalable (www.piges.free.fr), cette liste de discussion par courrier électronique permet à chacun de s'informer et de débattre sur les questions statutaires et juridiques relatives à l'exercice du journalisme à la pige.

Elle est aussi devenue un lieu d'échanges sur les difficultés rencontrées par les pigistes dans leur travail quotidien et dans leurs relations avec les employeurs. Posez une question, il y aura toujours quelqu'un pour vous répondre et partager son expérience. Des modérateurs (bénévoles) recentrent régulièrement les discussions sur l'objet de la liste et apportent de précieux conseils et informations. Certains thèmes sont débattus avec passion et le nombre d'échanges oblige à organiser la réception des e-mails dans une boîte dédiée sous peine de voir sa boîte aux lettres électronique submergée.

L'autre lieu de rassemblement des pigistes est Profession Pigiste. Également fondée en 2000, cette association rassemble aujourd'hui plus de 400 journalistes pigistes de toute la France. Depuis sa création, elle organise tout au long de l'année des «apéros pigistes» à Paris et en région, selon les bonnes volontés locales. Ces rendez-vous prennent la forme d'une simple rencontre autour d'un verre pour discuter à bâtons rompus ou d'ateliers débats plus structurés autour d'une thématique avec un éventuel expert invité. Ils sont parfois organisés avec le concours de groupes de pigistes locaux. L'association développe aussi des relations avec les écoles de journalisme, les organisations professionnelles de journalistes et les institutions publiques et privées.

En 2008, l'association a été auditionnée lors des États généraux de la presse et a participé au lancement du Rassemblement des associations des journalistes (RAJ). Lieu de rencontres, d'information, de formation et de réflexion, Profession Pigiste cherche à valoriser l'image des journalistes pigistes. L'association cultive les liens entre ses adhérents grâce à son site Internet (www.pigiste.org). Cette plate-forme numérique se veut une véritable boîte à outils au service des pigistes et intègre notamment une bourse d'emplois et de piges. Depuis 2011, elle organise chaque année en région les « 48 heures de la pige », un grand rassemblement de 200 journalistes pigistes.

Les espaces de coworking

Pour sortir de chez soi et rencontrer d'autres personnes dans une ambiance de bureau, rien ne vaut le coworking, ce lieu de travail à mi-chemin entre le bureau à domicile, le café wi-fi et le bureau d'affaires. Son principe est d'accueillir les indépendants du secteur des médias – ou de n'importe quel autre secteur. Souvent, ces espaces portent une dimension sociétale, des ambitions partagées, une volonté d'ouverture et d'innovation, bref, un esprit collaboratif pour que les coworkers développent ensemble de nouvelles solidarités professionnelles.

De tels espaces existent à Paris (La Manufacture, La Mutinerie, La Ruche...), à Lyon (L'Atelier des médias), à Lille (Mutualab), à Toulouse (La Serre), à Clermont-Ferrand (Épicentre) à Marseille (The Carosserie), à Montpellier (Cowork'), à Nantes (La Prairie), à Saint-Étienne (Le Comptoir numérique), à Strasbourg (La Plage). Sans oublier le réseau national des Cantines (à Paris, Rennes, Toulon...). La liste n'est pas exhaustive et s'allonge chaque année. Selon les lieux, il est possible de louer une place à l'heure, à la demi-journée ou à la journée, ou un emplacement mensuel en disposant de mobilier pour s'y installer durablement.

L'objectif initial est de partager le loyer, mais il favorise aussi la mutualisation des outils (imprimantes) et du travail en réseau. Il n'est pas rare que des tandems, voire des équipes, de coworkers se forment pour répondre à une commande ou préparer un projet en commun. En plus de travailler ensemble, l'intérêt est aussi de susciter la réflexion sur nos pratiques professionnelles et leur évolution. Certains collectifs de pigistes ont pour seuls buts d'organiser et de gérer cet espace commun. C'est notamment le cas des Incorrigibles et du Terrier d'Hégésippe à Paris.

Les collectifs de pigistes

Outre le désir de mutualiser des bureaux, peut naître l'envie de partager plus en collaborant à plusieurs sur des projets d'envergure ou en se regroupant sous une bannière commune de façon plus ou moins structurée. Apparus au début des années 1980 chez les photographes – pour maîtriser la diffusion de leurs travaux –, les collectifs se sont développés chez les journalistes pigistes depuis une quinzaine d'années. La Rédac nomade, Made in France, Rue bleue, etc., ont tracé la voie. Et le phénomène est loin de s'essouffler, comme en témoigne la création plus récente de C'est l'Est. Normal : en tant qu'outsider, le journaliste pigiste doit faire preuve d'innovation. Pas uniquement au niveau des sujets et des angles de ses articles, mais également dans son mode de fonctionnement. En ce sens, les collectifs apportent beaucoup d'oxygène et d'espoir sur la capacité des journalistes pigistes à faire leur métier. En produisant différemment, les collectifs font exister les journalistes pigistes autrement. Quitte à devenir une marque de fabrique qui met en confiance les rédactions.

L'histoire et l'objectif de chaque collectif sont différents. De la simple volonté de partager des bureaux communs (Objectif Plume, Les Incorrigibles) au fonctionnement très intégré du type agence (Youpress), toutes les formules existent. Argos rassemble des rédacteurs et des photographes sensibles à l'environnement et s'est construit autour d'un projet transmédia sur les réfugiés climatiques à partir de 2004. Pour Sébastien Daycard-Heid, ancien membre du collectif Argos, « les collectifs sont à l'origine de tentatives expérimentales pour trouver d'autres modes de financement et de diffusion. Il faut utiliser les médias comme une vitrine de nos travaux, mais ce n'est plus eux qui donnent l'impulsion. Ceci implique donc d'apprendre à travailler en mode projet pour concevoir des sujets autrement que devant rentrer dans les cases de la presse, mais en menant une réflexion plus large sur les moyens de toucher le public.»

De son côté, Passeport pour l'info rassemble des pigistes basés à l'étranger : «Notre site Internet est un remède contre la distance et nous sert de vitrine vis-à-vis des journaux français. En ce sens, le collectif est un accélérateur de notoriété qui peut faciliter l'accès aux journaux», assure Romain Meynier, membre de ce collectif dématérialisé.

La question de la gouvernance est au cœur des collectifs. Souvent, la gestion au consensus est assez lourde et lente à se mettre en place. Au quotidien, ce n'est pas toujours la panacée. Aventure humaine autant que professionnelle, un collectif est une mayonnaise qui prend ou pas. La difficulté de l'exercice explique pourquoi certains ont disparu et pourquoi il en existe aussi peu. Pour qu'un collectif dure, il faut que chacun s'investisse de la même manière et que chaque individu en retire les mêmes avantages, que la réussite soit collective. Trop de collectifs ont périclité à cause d'une disparité trop importante de revenus entre les membres. Sans aller jusqu'à organiser une redistribution des recettes, certains collectifs tentent de favoriser l'égalité de leurs membres, notamment en partageant équitablement les piges entre rédacteurs et photographes.

Un recrutement par cooptation

Dans les collectifs, l'élargissement de la «famille» est rarement envisagé, et pas toujours facile. Dans un premier temps, les structures consacrent toute leur énergie à apprendre à travailler ensemble en collaborant sur des projets communs. Et lorsque le besoin d'un recrutement est ressenti – pour accroître les compétences du collectif –, l'inquiétude se fait jour quant à la capacité d'intégration du nouvel entrant. Si certains sélectionnent les candidats (avec des entretiens d'embauche !), les recrutements de nouveaux membres se font presque systématiquement par cooptation. Car il est essentiel de maintenir une cohésion au sein du groupe. Les critères de choix diffèrent selon les collectifs, mais tous se rejoignent sur un point : l'ensemble des pigistes d'un même collectif doivent partager une vision commune du journalisme et avoir un peu la même ligne éditoriale, même en travaillant pour des médias différents.

L'exemple de CA Presse, une agence de presse de pigistes

En 2010, une poignée de pigistes du Nord-Pas-de-Calais s'associait pour fonder Channel Agence Presse, sous la forme d'une société coopérative participative (Scop). L'entreprise est devenue un collectif d'une vingtaine de pigistes qui fonctionne comme une agence de presse, avec des salariés rémunérés selon leur production. Tout en créant un pôle de compétences en presse écrite, audiovisuelle et Web, permettant de mutualiser des projets, son objectif est aussi de facturer des prestations au sein d'une structure spécialisée presse, plutôt que de recourir au statut d'auto-entrepreneur souvent exigé par les commanditaires de reportages (presse, agences de communication, collectivités locales, entreprises et institutions, etc.). Comme société de portage, CA Presse édite une facture (avec une TVA à taux réduit de 10 %) et rétribue le pigiste sous forme de salaire, pour environ 50 % net du montant facturé. Sur sa fiche de paie, le journaliste reste affilié à la convention collective des journalistes, un atout pour conserver le bénéfice de la carte de presse. Ce n'est pas le cas s'il passe par une structure classique de portage salarial. Pour conserver son statut d'agence de presse, CA Presse doit réaliser plus de la moitié de son activité dans la presse et sélectionne donc ses collaborateurs en conséquence.

Quelques collectifs de pigistes

Argos (Paris) – www.collectifargos.com

C'est l'Est (Nancy) – www.cestlest.com

Extra-Muros (Paris) – www.extra-muros.info

La Fourmilière (Paris) – www.collectif-lafourmiliere.fr

Le Terrier d'Hégésippe (Paris) – www.leterrier.info

Les Incorrigibles (Paris) – www.lesincorrigibles.fr

Objectif Plume (Rennes) – www.objectif-plume.fr

Passeport pour l'info (Montpelier) – www.passeportpourlinfo.com

Presse-Papier (Aix-en-Provence) – www.presse-papiers.org

We Report (Lyon) – www.wereport.fr

Youpress (Paris) – www.youpress.fr

Chapitre 12
Piger depuis l'étranger

Le mythe du journaliste voyageur est tenace. Partir en reportage ou en correspondance à l'étranger est un peu le rêve de tous. Un rêve qui paraît souvent inaccessible. C'est pourtant possible et beaucoup de pigistes y parviennent. Certes, les finances des rédactions ne leur permettent plus d'entretenir des bureaux disséminés sur toute la planète, mais les médias ont toujours besoin de professionnels pour rapporter les nouvelles du monde. Dans ce contexte, le recours aux pigistes devient de plus en plus courant. Les rédactions sont également toujours intéressées par des propositions d'enquêtes ou de reportages à l'étranger, même si elles rechignent de plus en plus à garantir les parutions et à payer les frais. La solution est alors de mutualiser ces coûts. Une chose est sûre : jamais vous ne traiterez autant de sujets variés et intéressants en France, surtout en début de carrière.

Partir en reportage à l'étranger

Trouver une bonne idée de reportage à l'étranger et la vendre à un média procède du même processus que pour n'importe quel autre papier. À la différence notable que son coût de production sera nettement plus élevé. Et pour que la note soit la moins salée possible, la meilleure solution est encore de mutualiser ces frais entre plusieurs médias (vente d'un même sujet sous plusieurs angles à différents titres) ou de les répartir sur plusieurs sujets (proposés à différents médias). Troisième option : vendre le même article à plusieurs médias de différents pays francophones (Belgique, Suisse, Canada, etc.) et même étrangers en faisant traduire votre texte en anglais. La presse magazine sera sensible à un sujet exotique ou décalé. Sinon, il faudra vraiment un gros sujet d'actualité pour que la presse généraliste s'y intéresse.

En tout état de cause, assurez-vous de la disponibilité d'images, car un sujet se vendra d'autant mieux que l'illustration sera forte. Si vous ne vous sentez pas capable de faire de belles images, partez avec un photographe. L'approche sera différente : voyager seul garantit une grande indépendance et une souplesse d'action ; à deux, les décisions doivent être collégiales, mais il y a plus d'émulation. Mieux vaut bien connaître son binôme avant de partir pour être certain que tout se passe bien.

Deux solutions s'offrent à vous : soit vous partez avec un sujet de reportage défini et vous cherchez à amortir votre voyage avec d'autres articles ; soit vous souhaitez partir dans tel pays, puis cherchez des sujets et où les placer. La contrée où vous comptez vous rendre est déterminante : certaines régions sont plus « vendeuses » que d'autres, surtout si les médias n'ont plus de bureau local ou si la presse n'a plus les moyens d'y envoyer des journalistes.

Dans le cas où vous souhaitez vous rendre dans un pays pour traiter un sujet défini, vous devez surtout vendre celui qui vous tient à cœur. Il sera évidemment plus confortable de partir avec une commande ferme. Paradoxalement, la vente d'articles annexes pourra éventuellement vous autoriser à partir traiter votre sujet sans avoir de commande. Le faible coût de la vie dans certains pays autorise une telle prise de risques. Certains médias avec lesquels vous collaborez déjà peuvent être intéressés et il sera plus facile de les convaincre. Sinon, multipliez les synopsis et ne négligez aucun contact : même les presses professionnelle et technique sont preneuses de portraits ou reportages en provenance de l'étranger. Pour trouver les bons sujets, activez votre réseau pour contacter les personnes vivant dans le pays en question. Questionnez-les sur la pertinence de votre perception, sur l'accessibilité et la faisabilité de certains reportages, sur le coût et la disponibilité de fixeurs (accompagnateurs), traducteurs, etc. Ils connaissent le pays mieux que vous et seront de précieux conseils.

Côté finances, réduisez votre budget en couchant chez l'habitant (www.couchsurfing.com) et en faisant appel à des étudiants comme fixeurs. Des financements parallèles peuvent réduire certains budgets. Compagnies aériennes et agences de voyages, offices du tourisme ou services culturels des ambassades peuvent contribuer à une prise en charge partielle de vos frais de transport. En contrepartie, vous les mentionnerez dans un éventuel encadré. Sur place, gardez toujours un peu de temps devant vous. Les rencontres – prévues et imprévues – que vous ferez sur place vous suggéreront sans doute d'adapter votre angle, voire de traiter d'autres idées de sujets. Quel que soit le travail réalisé en amont, c'est votre activité sur le terrain qui sera la plus pertinente. Restez cependant concentré sur votre objectif et ne soyez pas trop gourmand. Si vous avez un autre bon sujet, rien ne vous empêche de revenir.

Profitez des voyages de presse

La plupart des rédactions fonctionnent avec un effectif réduit. Ce qui rend les absences difficiles. Les journalistes en poste sont donc rarement autorisés à partir plusieurs jours en voyage de presse. Si vous êtes proche d'une rédaction qui se voit régulièrement proposer de telles opportunités, faites connaître votre intérêt et votre disponibilité.

S'installer à l'étranger

S'expatrier pour une longue durée est une autre démarche. Le plus confortable est de remplacer un correspondant quittant son poste. Mais les disponibilités de postes de pigistes ne font pas l'objet d'un affichage officiel. Sans cette garantie, il est indispensable de faire une petite étude de marché locale pour prendre la mesure du degré de couverture de la zone par la presse française et de l'importance de la présence de journalistes français. Cela donnera une idée du volume des piges envisagées.

Dès que possible, prenez aussi contact avec les autres journalistes français sur place. Ils vous confirmeront (ou non) les places de correspondants disponibles. Cela vous évitera de vous trouver en concurrence avec un confrère ! Travailler en bonne intelligence avec les autres correspondants vous permettra éventuellement d'être « parrainé » par l'un d'entre eux pour le seconder ou le remplacer lors de ses périodes d'absence. Encore plus qu'en France, la solidarité et l'entraide sont la règle entre journalistes pigistes. On se conseille mutuellement, on s'échange des contacts et on va même parfois ensemble sur le terrain.

Activités annexes

L'opportunité de réaliser des activités hors presse est réelle à l'étranger. En plus des formations et de la traduction, le plus intéressant est d'être fixeur. Si vous connaissez bien le terrain, les sociétés de production audiovisuelles sont souvent à la recherche de personnes chargées de faire le lien pour trouver des contacts, demander des autorisations diverses et variées, fixer les rendez-vous, traduire les témoignages, etc. On pourra s'inscrire et proposer ses services sur www.lightstalkers.org. Il n'est pas rare de pouvoir réclamer entre 100 et 200 € par jour pour ce travail de guide et d'accompagnateur, dans la mesure où votre connaissance du métier fera gagner un temps précieux à la production en facilitant le travail des journalistes. Sans compter qu'il vous sera éventuellement possible de recycler le même sujet pour d'autres médias.

Avant de partir, documentez-vous au maximum sur le pays. N'hésitez pas à contacter et à rencontrer des journalistes ou chercheurs ayant travaillé dessus. Ensuite, faites le tour des rédactions pour vous présenter au responsable du service étranger avec des propositions de sujets et l'agenda des principaux événements à venir dans le pays. Il attendra sans doute que vous soyez opérationnel pour éventuellement passer commande, mais la future prise de contact sera toujours plus facile si vous êtes déjà identifié. L'esprit caméléon doit vous guider : il est aussi important de contacter la presse généraliste que les magazines spécialisés ; tout comme il est indispensable de démarcher les radios (publiques et privées) et les télés, même si vous êtes d'abord spécialisé en presse écrite.

Ne négligez pas l'aspect logistique de votre séjour. On ne soupçonne pas toujours les difficultés locales, comme le prix des loyers. Un premier voyage de préparation peut se révéler utile pour organiser les aspects pratiques. Selon les pays, il sera nécessaire de réclamer un visa spécifique de journaliste pour espérer travailler (demande qui peut prendre du temps). Certains pays requièrent aussi des accréditations de médias pour obtenir certains rendez-vous ou des laissez-passer. Renseignez-vous auprès du ministère des Affaires étrangères.

Pour tenir, il faut beaucoup d'employeurs au pigiste installé à l'étranger. Si vous avez la chance de devenir le correspondant officiel d'un média, vous aurez au moins la garantie d'être appelé en priorité pour traiter l'actualité ou un sujet commandé par la rédaction en chef. Cela n'empêchera pas vos employeurs de dépêcher leurs envoyés spéciaux dès que l'actualité chauffera ou lors de rendez-vous d'envergure. C'est la dure loi des pigistes !

Quelques conseils

Diversifier les sujets et les pratiques

Être correspondant à l'étranger ne signifie pas signer exclusivement dans la rubrique consacrée aux informations internationales des quotidiens ou les séquences internationales de la presse quotidienne et des news magazines. La PQR, la presse spécialisée et professionnelle, seront également intéressées par vos articles. Les aspects politiques, économiques ou sociaux ne sont pas les seuls à considérer. Selon l'actualité locale, on peut aussi envisager de collaborer pour les rubriques culture, société, science et sport. Encore plus qu'en France, le pigiste à l'étranger est résolument multimédia et ne doit pas hésiter à proposer la couverture d'une information pour la presse écrite (texte et photos), la radio (son), la télévision (vidéo) et le Web.

Se fixer des échéances

Il vaut mieux partir avec un peu d'argent de côté, le démarrage peut être difficile. À l'étranger, les piges n'arrivent pas toutes seules et toutes en même temps, car l'activité dépend énormément de l'actualité. Il vaut mieux partir avec un calendrier prévisionnel et se donner quelques mois pour voir si l'on arrive à vivre de son travail.

Impôts et couverture sociale

La plupart des journalistes qui partent piger pour un temps à l'étranger conservent une adresse en France. Ils peuvent ainsi être considérés comme « en reportage permanent » aux yeux des rédactions et des services administratifs. Leurs salaires sont versés sur leur compte bancaire en France et ils continuent de payer leurs impôts en France. C'est l'option la plus simple, surtout si vous ne savez pas si vous partez définitivement. Car si votre domicile fiscal reste en France, vous êtes passible de l'impôt en France sur l'ensemble de vos revenus, surtout s'ils proviennent d'une activité salariée. Vous devez alors déposer votre déclaration de revenus auprès du service des impôts dont dépend votre résidence principale.

Si vous choisissez de devenir un résident étranger, votre service des impôts habituel transférera votre dossier au service des particuliers non-résidents. Vos revenus d'origine française continueront néanmoins d'être imposables en France. Dès lors, il vous faudra veiller à bien respecter les dates de déclaration – qui varient selon les pays. Dans ce cas, les services en ligne de télédéclaration et télépaiement offrent une souplesse appréciable. Renseignez-vous sur le site des impôts (www.impot.gouv.fr).

La protection sociale est l'autre question clé lorsqu'on part à l'étranger, qu'il s'agisse d'un séjour ponctuel ou de longue durée. Maladie, blessure... en plus des conséquences physiques et psychologiques, les suites financières d'un «pépin» à l'étranger peuvent être très graves. Sauf s'ils ont un ordre de mission clairement établi par un employeur, les pigistes à l'étranger sont mal protégés. Pour les reportages, Audiens, groupe de protection sociale dédiée à la presse, à l'audiovisuel et à la communication, propose une solution d'assistance santé et prévoyance dans le monde entier, allant de 200 à 400 € par an selon les options. À chaque déplacement, la formule inclut les frais médicaux et d'hospitalisation, mais aussi un service d'information et d'assistance téléphonique, d'assistance juridique et d'avance de trésorerie. À noter que votre carte de paiement peut aussi inclure certaines assurances.

En cas d'installation prolongée, le mieux est de se renseigner sur l'étendue de la couverture sociale du pays de destination. Hors Union européenne, et sous réserve des accords bilatéraux conclus entre la France et le pays concerné, la législation locale de sécurité sociale s'applique. Si vous la jugez satisfaisante, vous pourrez être considéré comme un travailleur local. Sinon, vous pouvez opter pour des assurances privées ou demander à continuer de bénéficier de la Sécurité sociale française.

Pour cela, deux options s'offrent à vous : soit vous demandez à un employeur de cotiser pour vous au titre d'un «détachement», soit vous demandez à cotiser à la Caisse des Français à l'étranger (CFE) de la Sécurité sociale. L'avantage de la CFE est double : non seulement elle propose d'une protection sociale similaire à celle dont vous bénéficiez en France, mais elle évite également toute perte de droits, ce qui facilitera les démarches à votre retour. Concrètement, la CFE couvre l'assurance maladie, le congé maternité (sous réserve d'adhérer depuis au moins 10 mois à la date présumée de l'accouchement), les accidents du travail et les maladies professionnelles, et la retraite. Comme en France, il vous sera possible de souscrire à une mutuelle complémentaire valable à l'étranger. Renseignez-vous auprès du Centre de liaisons européennes et internationales de sécurité sociale (Cleiss : www.cleiss.fr).

Partir… et revenir

Tout le monde vous le confirmera : le plus dur dans l'expatriation, c'est le retour ! Revenir s'installer en France comme pigiste est (presque) aussi délicat qu'une installation initiale. Presque, car vous aurez forcément pris un peu de bouteille, connaîtrez encore mieux les rouages du métier et aurez su entretenir des contacts dans plusieurs rédactions. Le redémarrage devrait donc s'en trouver facilité. Malgré tout, se replonger dans un quotidien professionnel forcément moins exotique peut déprimer. Le plus efficace est évidemment de trouver au retour un CDD ou un remplacement, juste pour se mettre rapidement dans le bain. À défaut, il est important de reprendre la pige locale sans tarder : pour cela, une des techniques les plus courantes consiste à continuer à réaliser des sujets en France, lors de vos congés par exemple. Cela permet de conserver quelques sources et de garder certains contacts qui faciliteront la reprise à votre retour.

Chapitre 13
Piger dans la communication

Beaucoup de pigistes complètent leur rémunération en travaillant comme rédacteur pour un bulletin municipal ou un journal d'entreprise, en direct ou via une agence de communication. Les publireportages diffusés dans la presse relèvent également de la communication. Il ne faut pas avoir honte de faire des « ménages » dans la communication, dès lors que l'activité reste compatible avec le statut de journaliste professionnel et que les limites de l'exercice sont clairement fixées. Rappelons que la charte d'éthique professionnelle précise qu'un journaliste digne de ce nom « refuse et combat toute confusion entre journalisme et communication » et « ne reçoit pas d'argent d'un service public ou d'une entreprise privée où sa qualité de journaliste, ses influences, ses relations seraient susceptibles d'être exploitées ».

En clair, pas de problème pour collaborer au magazine du conseil régional si vous êtes spécialiste de la F1 dans la presse automobile. Mais si vous travaillez pour un journal d'entreprise d'un secteur que vous suivez pour la presse, méfiance, car les télescopages peuvent rapidement intervenir. Que ferez-vous le jour où vous devrez enquêter sur une information sensible (l'abus de confiance, par exemple) d'une société par ailleurs cliente ? Le mélange des genres est toujours néfaste.

Faire de la communication peut revêtir d'autres formes que la réalisation d'enquêtes ou de reportages (*print*, Web ou audiovisuels) : il peut aussi s'agir d'animation de débats, de rédaction de rapports d'activité, de réalisation de vidéos, d'élaboration d'un dossier de presse et même de formations. Seule constance : votre employeur n'est pas une entreprise de presse. Généralement mieux payées que dans la presse, ces interventions aident à remplir le frigo et à entretenir son art – voire à enrichir son carnet d'adresses et trouver de nouvelles idées de piges.

Attention à la carte de presse

La Commission de la carte d'identité des journalistes professionnels (CCIJP) ne considère pas les collaborations effectuées dans la communication, même si certains magazines de collectivités territoriales possèdent un numéro de commission paritaire. Autrement dit, assurez-vous de ne pas tirer plus de la moitié de vos revenus de ce secteur, si vous souhaitez demander ou conserver votre carte de presse.

Prestataire d'un commanditaire

Contrairement au journaliste censé rester libre de ses propos, le concepteur rédacteur travaillant dans la communication est un prestataire. Même pour le journaliste pigiste, soumis aux exigences du média auquel il collabore, cette posture change la donne. Vous intervenez dans le cadre d'une stratégie globale de communication qu'il faut comprendre et respecter. Le message à transmettre sera contrôlé et validé par l'émetteur.

Au départ, il vous faudra acquérir une connaissance approfondie de l'entreprise (de l'institution, de la mairie, etc.), de sa problématique, de son environnement et des enjeux qui sont les siens pour vous faire le fidèle relais de cette stratégie de communication. Pas question de « cuisiner » votre interlocuteur pour obtenir des informations exclusives – il connaît vos questions et a préparé ses réponses. L'objectif est de relater du mieux possible ce qui a préalablement été décidé. Dès le départ, on sait ce que l'article devra contenir. Même chose lors d'une animation de débat où l'on vous demandera d'orienter les discours, pas de prendre parti.

Au-delà de vos compétences et de votre savoir-faire, votre client cherche un regard objectif qui légitime son discours. Nul doute qu'un membre du service communication pourrait lui-même interviewer un salarié; mais le rapport hiérarchique fausserait l'échange. Le recueil des propos par une tierce personne indépendante crédibilise le propos. Ce n'est donc pas la spécialisation du journaliste que recherche la communication, mais des intervenants extérieurs : « Quelqu'un qui a les pieds bien chez nous et la tête à l'extérieur », résume le guide spécialisé de Communication

& Entreprise (anciennement Union des journaux et journalistes d'entreprise en France).

Le travail peut se révéler riche et intéressant. La presse des collectivités territoriales, les journaux gratuits culturels locaux ou les magazines d'entreprise s'améliorent sans cesse et n'ont plus grand-chose à envier à la presse traditionnelle. Ces supports proposent désormais des articles variés dans des styles journalistiques différents (portraits, reportages et même enquêtes) dont beaucoup trouveraient leur place dans les médias. Il s'agit de sujets généralistes ayant vocation à raconter la vie locale ou la vie de l'entreprise, ainsi qu'à illustrer son environnement.

Les différentes formes de la communication

On distingue différents types de communications plurimédias.

- La presse institutionnelle regroupe les médias des collectivités territoriales (gazettes municipales, magazines de conseil régional, journal de la Chambre de commerce et d'industrie, etc.).
- La presse d'entreprise concerne les médias qu'une société destine à ses salariés (communication interne) ou à ses clients et partenaires (communication externe).
- La presse événementielle concerne les médias mis en place ponctuellement lors d'une manifestation (festival culturel, compétition sportive, etc.).
- Enfin, le publireportage est un article publicitaire inséré dans un titre de presse. Il en reprend les codes et la forme journalistique pour vanter les mérites d'un produit ou d'une entreprise. Sa nature promotionnelle est normalement clairement indiquée – la mention « publireportage » annonce la couleur. Il s'agit généralement de commandes d'un annonceur à la régie publicitaire du journal. Celle-ci en confie souvent la réalisation à ses pigistes (rodés au style du journal), pour ne pas mettre sa rédaction en porte-à-faux.

Éthique et déontologie

La communication n'est pas de l'information. « Le journalisme consiste à rechercher, vérifier, situer dans son contexte, hiérarchiser, mettre en forme, commenter et publier une information de qualité ; il ne peut se confondre avec la communication », rappelle justement la Charte d'éthique professionnelle des journalistes (apparue dès 1918). Les syndicats réclament d'ailleurs la création d'une instance déontologique pour renforcer cette indépendance de la presse, rappelée dans la Déclaration des droits de l'homme et la Constitution française. En démocratie, cette responsabilité vis-à-vis du citoyen guide le travail du journaliste professionnel. Ce dernier doit se consacrer à livrer de l'information (recherche et diffusion d'une réalité) et non pas à faire de la communication (délivrer un message d'un commanditaire).

Le refus de toute confusion entre journalisme et communication est d'ailleurs rappelé dans la Charte d'éthique professionnelle des journalistes, comme dans la Déclaration européenne des devoirs et des droits des journalistes de Munich (1971). Cette dernière précise que les journalistes ne doivent « jamais confondre le métier de journaliste avec celui de publicitaire ou de propagandiste; n'accepter aucune consigne, directe ou indirecte, des annonceurs ». Certaines rédactions complètent ces règles de conduite par des directives propres.

Quel qu'il soit, votre travail dans la communication ne doit donc en aucun cas avoir de rapport direct ou indirect avec votre travail journalistique, si vous souhaitez jumeler ces deux activités. Quand les sujets et les interlocuteurs se recoupent, il y a conflit d'intérêts. Question de crédibilité. Feriez-vous, dans le journal d'entreprise, le portrait d'un dirigeant d'entreprise dont vous avez fustigé, dans la presse, le comportement lors d'une grève ? De même, un rédacteur en chef évitera de vous confier un sujet sur les élections municipales s'il sait que vous collaborez avec le magazine de la mairie. Si vous pigez à la fois en communication et en presse dans un même domaine, vos contacts et idées d'articles risquent de se recouper. Au détriment de votre liberté. Le respect de la confidentialité et le respect des sources peuvent poser problème. C'est pourquoi il vaut mieux se fixer des limites et garder ses distances : on est toujours redevable vis-à-vis d'un client et on ne pourra jamais enquêter objectivement sur un client.

À noter

La plupart des articles de communication ne sont pas signés. Tant mieux, car cet anonymat est également un moyen de préserver vos relations avec les rédactions de la presse. Votre nom vous engage au seul titre de journaliste.

Débuter dans la communication

Piger dans la communication implique de connaître les deux particularités qui distinguent ce monde de la presse : l'existence des agences de communication et l'importance du brief. La réalisation de beaucoup de journaux d'entreprises et de magazines institutionnels est sous-traitée à des agences. Ce qui fait un intermédiaire supplémentaire, même si vous êtes par la suite souvent en relation directe avec les services de communication ou marketing du client. C'est donc l'agence de communication, qui va recruter les rédacteurs, qu'il faut démarcher.

Il en existe à Paris, mais aussi en région. On peut les identifier grâce à certains guides en ligne (strategies.fr, www.bepub.com, etc.) ou par l'intermédiaire des clubs de la presse, réseaux ou autres associations locales, comme l'Apcom à Nantes. On pourra aussi consulter le site du réseau de la communication publique et territoriale (www.cap-com.org). Au vu des sujets traités en presse d'entreprise, mieux vaut avoir quelques dispositions pour les sujets économiques, financiers, traitant de management ou de ressources humaines. Pour un magazine municipal, une expérience en presse quotidienne régionale sera appréciée.

Un premier contact peut se faire par e-mail (avec l'envoi d'un CV et d'exemples d'articles déjà publiés). L'idéal consiste toutefois à se faire recommander par un confrère. Dans tous les cas, il est important de souligner vos compétences et spécialités. Connaître les problématiques économiques d'un secteur ou avoir travaillé dans la presse locale représente un atout non négligeable. Il est aussi judicieux de vous faire identifier afin que l'agence vous associe lors d'une réponse à un appel d'offres. Enfin, certains sites spécialisés pour pigistes (pigiste.org, categorynet.com, entre2piges.com) diffusent également des propositions.

Une collaboration se profile ? Le brief n'est plus très loin. Plus qu'un angle ou un synopsis, ce terme recouvre tout ce qu'il est important et nécessaire de connaître avant d'envisager de travailler : l'histoire de l'entreprise (de l'institution ou de la collectivité), de ses dirigeants, ses valeurs, son environnement et le contexte économique et social du secteur, ainsi que la stratégie de communication et la cible visée par le support auquel vous allez collaborer.

Généralement, ce long briefing initial est conduit par l'agence de communication en présence du client. Il s'agit d'une étape extrêmement importante destinée à comprendre ce que l'on attend précisément de vous. Au-delà, le brief fixe également le cadre de la prestation (volume, délais, déplacements, prix, etc.). Par la suite, une feuille d'angle viendra détailler chaque commande. Elle viendra fixer l'angle, le calibrage et la composition de l'article en question, ainsi que les éventuelles sources (documents, interlocuteurs, etc.). Les rédacteurs sont parfois invités aux conférences de rédaction des magazines pour s'imprégner de l'approche du commanditaire, proposer des idées et donner leur avis.

Les tarifs de la communication

Tout le monde s'accorde à dire que la communication paie mieux que le journalisme. C'est de moins en moins vrai. Depuis la fin des années 2000, le secteur de la communication est également en crise. La communication figure parmi les premiers budgets supprimés dans les entreprises en difficulté. En conséquence, les tarifs ont baissé.

Jusqu'en 2008, la règle était simple : le prix au feuillet était généralement le double de celui pratiqué par la presse – soit de 70 à 150 € le feuillet en équivalent de salaire (le double facturé si l'on intervient via une société de portage). C'est de moins en moins le cas. Souvent, la rémunération fait abstraction du volume pour faire l'objet d'une évaluation forfaitaire basée sur un prix à la journée qui varie de 750 à 1 000 €. Ce montant inclut les réunions de cadrage, le travail de reportage sur le terrain, l'écriture ou le montage et le rewriting. La particularité de la communication est que votre article ou vidéo doit être validé par le commanditaire. Parfois même par plusieurs services et la direction générale. D'où un certain nombre d'allers et retours du texte avant acceptation de la version finale. Toutes ces relectures sont chronophages. La gestion des corrections et les navettes du texte que cela induit sont fastidieuses. Mais c'est le jeu : dans la communication, c'est le client le rédac'chef !

Devis et bons de commande

Après le briefing, il vous sera souvent réclamé un devis. Il présente l'intérêt de vérifier que l'on a bien compris l'étendue de la prestation. Cette proposition donne suite à un bon de commande du client que l'indépendant valide, et qui servira de base à l'établissement de la facture finale. Tout ce formalisme contractuel offre des garanties juridiques aux deux parties, qui détaillent clairement par écrit leurs engagements réciproques. Un bon de commande ou un contrat doit ainsi préciser tous les détails qui définissent les coûts de la prestation (nombre et taille des articles, nombre de personnes interrogées, nombre de jours de reportage, frais de déplacement, etc.), la date de rendu, le prix et la date de paiement. Pour une mission conséquente (écriture d'un rapport annuel ou d'un guide), il est recommandé de demander un acompte d'environ 30 % du montant total.

Communication & Entreprise

En 2011, Communication & Entreprise (ex-UJEF, Union des journaux et journalistes d'entreprise de France) a publié un guide complet de la relation indépendants-agences-entreprises. Il décrit les pratiques et usages en cours (www.communicationetentreprise.com, rubrique « Communauté des indépendants »). Cette importante association des métiers de la communication (1 700 adhérents) intègre une commission d'indépendants (rédacteurs, photographes, graphistes, etc.) qui travaille depuis 2014 sur les modes de rémunération et les recrutements.

Chapitre 14

Les nouvelles sources de financements

Depuis plusieurs années, les médias traditionnels produisent de moins en moins. Les faibles moyens financiers de la presse ne l'autorisent plus à envoyer des journalistes pour des reportages à l'autre bout de la planète, ni à leur donner le temps de creuser une enquête au long cours. Le reportage d'investigation est devenu un luxe qu'elle n'a plus les moyens de s'offrir. Lorsqu'elle les publie ou les diffuse, ces reportages sont le plus souvent autoproduits par les journalistes. Une solution risquée dans la mesure où il n'y a aucune garantie de publication ou de diffusion, alors que certains sujets sont coûteux en temps et en frais.

Pour limiter cet écueil, il est judicieux de se tourner vers des solutions de financements alternatifs. Certes, le recours à de généreux mécènes n'est pas nouveau. À l'origine destinés à donner un petit coup de pouce en début de vie journalistique ou à distinguer une carrière déjà lancée, bourses et prix font désormais partie intégrante du tableau des financements. Les journalistes pigistes comptent de plus en plus dessus pour boucler leurs budgets. Parallèlement, le principe d'appel à souscription auprès du public *(crowdfunding)* s'est considérablement développé avec l'apparition de plates-formes sur Internet conçues pour faciliter la recherche de donateurs. Y recourir peut être précieux, à condition de soigner sa présentation et de proposer d'ingénieuses contreparties aux donateurs.

Dans un cas comme dans l'autre, il faut cependant garder à l'esprit que ces modes de financement alternatifs réclament des efforts importants, sans aucun gage de réussite. Élaborer sa candidature pour une bourse prend du temps. Et les jurys reçoivent des milliers de dossiers. Pour les prix, le sujet doit déjà avoir été publié. Par ailleurs, faire le buzz sur les réseaux sociaux autour d'un projet de reportage, via une campagne de *crowdfunding*, réclame beaucoup d'énergie : il faut déjà détenir des éléments d'enquête ou de reportage pour avoir de la matière à présenter aux futurs donateurs et manager sa communication digitale.

Ces modes de financement sont néanmoins un formidable souffle de liberté, car ils permettent d'échapper au carcan imposé par certains éditeurs. Mais cette indépendance s'acquiert au prix d'autres contraintes : convaincre un jury, gagner l'intérêt des internautes... Le journaliste devra faire preuve de beaucoup de persuasion et déployer de nombreuses compétences pour arriver à bénéficier de ces financements supplémentaires. Ne nous leurrons pas : bourses, prix et *crowdfunding* ne sont qu'une source de revenus complémentaires parmi d'autres. La clé de la réussite étant de disposer d'un modèle économique fondé sur plusieurs sources de revenus et/ou sur la mutualisation pour réaliser son sujet et en vivre décemment.

Des bourses pour financer

Les bourses sont des aides attribuées par différents organismes (institutions, mécènes, etc.) afin de permettre aux lauréats d'approfondir et de mener à bien un projet ambitieux. Au-delà d'une aide financière, elles représentent de véritables tremplins pour la suite de votre carrière. Comme dans le cas du *crowdfunding*, ce type de soutien intervient en amont du reportage ou de l'enquête. Il est destiné à financer le travail de recherche et la réalisation.

L'inscription à une bourse suppose donc l'écriture d'une note d'intention précise et d'un synopsis détaillé sur lequel se basera le jury. Outre un traditionnel curriculum vitae, le dossier de candidature réclamera aussi des exemples de travaux déjà publiés ou diffusés, en résonance avec le projet présenté. Les bourses peuvent concerner aussi bien l'écriture que la photographie ou l'audiovisuel. Par exemple, la Société civile des auteurs multimédia (Scam) délivre des bourses baptisées « Brouillon d'un rêve », qui aident à la création sur un thème libre d'œuvres journalistiques écrites, photographiques, audiovisuelles et multimédias. Elles varient de 3 000 à 6 000 €.

La Fondation Jean-Luc Lagardère encourage aussi les jeunes talents en attribuant des bourses dans différentes catégories – journaliste de presse écrite (10 000 €), photographe (15 000 €) et auteur de documentaire (25 000 €). Réservées aux moins de 30 ans (35 ans pour la catégorie photographe), ces bourses portent sur des sujets libres – les projets peuvent être liés à l'actualité en France ou à l'étranger, et porter sur des thématiques culturelles, sociales, économiques ou politiques. Seul le caractère original et innovant prime. En plus d'une lettre de motivation et du descriptif du projet, des éléments de pré-enquête et d'organisation du reportage (avec budget prévisionnel) doivent figurer au dossier de candidature.

Enfin, l'Union des Clubs de la presse de France et francophones (UCP2F) a créé deux bourses « jeunes reporters » (de 2 500 à 4 500 €) pour développer chez les jeunes journalistes professionnels (de moins de 30 ans, titulaires de la carte de presse) la conscience d'un métier porteur de missions sociales et vecteur de démocratie et de contre-pouvoir. Ce prix récompense chaque année un article de presse écrite sur le thème imposé de la francophonie, véhicule d'action économique, culturelle ou humanitaire.

À noter

La rubrique « Prix et bourses » du site www.journalisme.com recense plus d'une cinquantaine de prix et bourses destinés aux étudiants en journalisme, aux jeunes journalistes et aux journalistes confirmés.

Des prix pour amortir

À l'inverse des bourses qui financent un projet en amont, il existe une multitude de prix pour récompenser après coup le travail des journalistes – souvent délivrés par « les professionnels de la profession ». Ces concours sont bienvenus pour amortir les frais financiers consentis pour la réalisation d'un sujet. À condition d'avoir été pris par un média ! En effet, tous ces prix ne concernent que les sujets publiés ou diffusés, sur lesquels se basent les jurys. Impossible d'y prétendre si votre reportage est encore à l'état de fichier dans votre ordinateur.

Les plus prestigieux sont sans doute le prix Albert Londres pour la presse écrite et le Visa d'or pour le photojournalisme, qui récompensent un travail au long cours. Mais au-delà de ces Goncourt du journalisme, il existe de nombreux prix généralistes ou portant sur une thématique précise avec, parfois, une dimension géographique. Comme dans le cas des bourses, il est nécessaire de faire acte de candidature et ces concours sont souvent réservés aux journalistes professionnels (la carte de presse est souvent exigée). Les œuvres concernées sont tout à la fois des reportages écrits publiés dans les médias papier ou des travaux réalisés spécifiquement pour des sites Web, ainsi que des émissions diffusées par la radio ou la télévision. En général, ces œuvres doivent avoir été diffusées dans l'année civile précédant le millésime du concours.

Pour les étudiants

Bayard, RTL, Prisma, RFI, RTL, l'AFP, *Paris Match*, Radio France, Canal+ et bien d'autres proposent des concours ou des bourses aux étudiants en journalisme ou jeunes professionnels. Avec à la clé un CDD ou un stage pour les candidats sélectionnés.

Parmi la cinquantaine de prix existants, citons le prix Louise Weiss du journalisme européen destiné à encourager un traitement pédagogique et original de sujets portant sur l'Europe (trois catégories, de 1000 à 1500 €); le prix Françoise Giroud (catégorie portrait et une autre innovation journalistique, 5000 € chacun); le prix Robert Guillain pour favoriser la découverte du Japon (1800 € et billet aller-retour en avion) ou encore le prix Alexandre Varenne, de la fondation du même nom, destiné à promouvoir les jeunes journalistes, allant de 8000 à 15000 € dans plusieurs catégories (presse quotidienne régionale, presse hebdomadaire régionale et départementale, journalistes radio, journalistes reporters d'images, etc.). Mais il y aussi les prix Jacques Moreau (5000 €) et André Gide (3000 €) qui récompensent un travail d'information consacré à l'économie sociale et solidaire; le prix Lucien d'Apo LCL-UJSF du meilleur article sportif et de la meilleure photo de sport; le prix de la presse diplomatique de la meilleure couverture de sujets de politique internationale (2000 €) ou encore le prix international de l'enquête CFJ – Groupe Caisse d'Épargne, pour mettre en valeur un travail d'enquête (dotation de 2500 € pour chaque catégorie, presse écrite, télévision et radio).

Il faut savoir être vigilant pour trouver la catégorie où l'on souhaite concourir, car de nouveaux prix apparaissent chaque année. En 2013, le syndicat national de l'industrie des technologies médicales (Snitem) a ainsi lancé son prix média du dispositif médical pour mieux faire connaître le progrès technique médical. Il distingue, d'une enveloppe de 5000 €, trois catégories (presse écrite et Web, radio, école de journalisme).

Enfin, beaucoup de clubs de la presse organisent leur propre prix. Celui des Hauts-de-France est réservé aux journalistes exerçant dans la région (1000 € pour chaque catégorie : presse écrite, radio, presse institutionnelle, télévision, Web, photographie). Le club de la presse de Savoie récompense la meilleure production journalistique traitant de la montagne sous tous ses aspects (1000 € pour chaque catégorie : article de presse, reportage radio, TV ou documentaire ou film, coup de cœur du jury). Et le prix Éco-reportages du club de la presse Drôme-Ardèche (1000 €) qui distingue un article ou une émission sur le thème du développement durable.

Les livres aussi…

Qu'il s'agisse d'enquêtes ou de reportages, de plus en plus de sujets ne sont plus publiés par la presse, mais sont édités sous forme de livres. Ces derniers peuvent alors concourir dans certaines catégories de prix littéraires. Ou plus particulièrement au prix des assises du journalisme, qui distingue chaque année les meilleurs ouvrages et la meilleure enquête sur le journalisme et sa pratique.

Le crowdfunding : un financement participatif

La souscription à la sauce Web est née aux États-Unis avec le développement de Kickstarter. En 2008, une plate-forme spécialisée dans le financement de reportages journalistiques a vu le jour : Spot.us. Rapidement, plusieurs sujets ont levé plusieurs milliers de dollars. Fin 2009, la publication par le *New York Times*, d'un article sur un amas de déchets flottant dans le Pacifique, financé (6000 $) par des donateurs via le site de *crowdfunding*, a consacré le concept aux yeux des journalistes. Et commencé à faire rêver bon nombre de pigistes !

Depuis, de nombreuses plates-formes ont été créées. Outre Kisskissbankbank, on note, en France, l'apparition d'autres sites généralistes comme Babeldoor ou encore Ulule. D'autres plus spécialisés, comme Emplas.is – dédié au photojournalisme – ont également vu le jour.

À chaque fois, le principe est le même : collecter de l'argent en échange d'un petit quelque chose en plus au bénéfice des généreux mécènes. Il peut s'agir de tirages numérotés, d'une édition signée, d'un cadeau souvenir, d'une soirée avec l'auteur. « Du mécénat 2.0 auquel souscrivent les industries du disque, du cinéma, de la mode », résume Adrien Aumont, de Kisskissbankbank, qui précise alors que « le journalisme est le domaine le plus porteur » de sa plateforme.

Comment ça marche ? D'abord, le *crowdfunding* ne concerne pas l'actualité chaude, mais s'intéresse principalement au journalisme d'investigation. Concrètement, chaque plate-forme sélectionne les candidats sur la base de la qualité ou de la cohérence des projets. Une fois un projet accepté, un synopsis et une note d'intention l'expliquent en détail et précisent l'affectation du budget demandé. Il est possible de participer pour plusieurs montants, qui apportent des contreparties différentes. Généralement, la durée de souscription est limitée dans le temps. Si le montant demandé n'est pas atteint dans l'intervalle imparti, les donateurs ne sont pas débités du montant qu'ils se sont engagés à verser. Dans le cas contraire, le site Web prend une commission de 5 à 10 % et reverse la totalité des dons au porteur du projet.

Le *crowdfunding* permet de lever des financements auprès d'une communauté et du grand public. Cette campagne touche trois cercles autour de l'auteur :

- l'entourage, les amis, la famille ;
- les amis d'amis ;
- le grand public – mobilisé en fonction de son intérêt pour le sujet, des gens que vous ne connaissez pas mais qui vous connaissent.

Le *crowdfunding* n'est pas devenu un passage obligé des journalistes pigistes. D'autant que la plupart des plates-formes ne financent en réalité que des petits projets éditoriaux de quelques milliers d'euros. Mais le fait que les médias soutiennent les plates-formes d'appel aux dons prouve que la formule fonctionne et que le système de souscription est devenu un des leviers de financement de la presse. Au-delà de la récolte de fonds, ce système crée de véritables communautés d'intérêt et de dialogue autour de projets. Il amène les journalistes à penser différemment leur façon de travailler grâce aux liens établis avec les donateurs.

L'art de la contrepartie

Séduire de potentiels donateurs n'a pas grand-chose à voir avec convaincre un rédacteur en chef. Oubliez le traditionnel pitch ou synopsis et adoptez une forme enrichie et multimédia, en mettant en avant le travail déjà réalisé, votre connaissance du sujet et votre capacité à mener à bien le projet. En plus du sujet proprement dit, les contreparties envisagées pour remercier les donateurs doivent achever de convaincre. À vous de faire preuve d'imagination. De l'aveu de tous, ces contreparties sont déterminantes pour la réussite du projet et font entièrement partie du plan de communication de votre projet. Elles doivent donc être particulièrement attrayantes et correspondre à plusieurs niveaux d'investissements pour inciter les personnes à donner plus. Il peut s'agir par exemple de produits dédicacés (livres, photos...) ou même de rendez-vous plus individualisés (rencontre-débat, conférence...).

Le journalisme et KissKissBankBank

Les journalistes sont assez actifs sur Kisskissbankbank, soutenu par les médias traditionnels comme France 2, *Le Monde, Le Parisien, Télérama, Paris Match* et *Technikart*. En majorité (53 %), les projets éditoriaux présentés sur le site réussissent leur collecte. Quatre ans après son lancement en 2010, la première plate-forme de financement participatif en France avait favorisé le financement de 104 projets de reportage, contre 760 dans la catégorie « Films et vidéo ». La requête moyenne pour la réalisation d'un reportage est de 3 900 €. Sur quatre ans, un total de 450 000 € a été apporté par 10 187 donateurs pour financer des reportages journalistiques. La contribution moyenne est de 51 € par donateur.

Témoignage : les webdocumentaires d'Olivier Lambert

Le webdocumentaire est l'une des formes de journalisme qui a le plus recourt au *crowdfunding* en raison de sa proximité avec l'internaute. Déjà auteurs de *Brèves de trottoirs* – « réalisé avec des bouts de ficelles » – Thomas Salva et Olivier Lambert se sont

Financements

tournés vers le *crowdfunding* pour leur second webdocumentaire, *La Nuit oubliée – 17 octobre 1961* : « Au début de l'été 2011, on avait 20 000 €. Assez pour payer les images d'archives, mais il manquait encore 5 000 €. On a commencé à tourner sans diffuseur. Puis lemonde.fr a accepté le projet (payé en piges). Le *crowdfunding*, c'était une manière de boucler le budget. Après 90 jours, 145 personnes ont souscrit : 50 % de personnes proches, 50 % de notre entourage, mais aussi 20 à 30 parfaits inconnus, via les réseaux sociaux, les appels en PQR, les sites spécialisés. Les diffuseurs sont en recherche de ce type de relations : ils nous demandent si nous sommes suivis par un groupe sur Twitter ou Facebook. »

En octobre 2013, les deux journalistes ont réussi une seconde campagne de *crowdfunding* (de 16 000 €) pour la réalisation d'un documentaire et d'une application interactive documentaire sur Bonnie & Clyde et le système judiciaire texan.

Chapitre 15
Être et durer dans la pige

La pige se conçoit idéalement comme une stratégie à long terme : c'est en fidélisant les rédactions que vous vous garantirez un certain volume d'activité. Donc des revenus suffisants. Alors, restez attentif à leurs demandes et sachez faire preuve de diplomatie et de professionnalisme. L'objectif est simple : fidéliser les médias avec lesquels vous collaborez déjà et toujours être à l'affût d'autres collaborations – en complément ou en remplacement.

Le journalisme à la pige est un éternel recommencement. Il faut partir du principe que chaque collaboration peut s'arrêter du jour au lendemain pour une raison ou une autre (moins d'actualité, budget en baisse, changement de rédacteur en chef, dépôt de bilan...). La difficulté est de garder continuellement du temps devant soi pour prospecter sans relâche – tout en continuant à ouvrir l'œil pour produire toujours plus de synopsis à partir d'idées nouvelles et originales. En ce sens, le quotidien du pigiste ressemble fort à celui d'un entrepreneur individuel. D'où la nécessité d'être extrêmement bien organisé pour évaluer son activité et gérer ses revenus pour analyser sa production sous l'angle financier. Et si ça ne suffit pas, il sera toujours temps de penser à se diversifier, et à trouver du plaisir ailleurs. Comme dans l'édition ou la formation, par exemple.

Organiser son activité de pigiste

Le journaliste indépendant qui collabore avec plusieurs médias et/ou clients doit obligatoirement s'outiller pour s'organiser. L'objectif principal est de connaître l'état d'avancement d'un travail pour savoir si l'on va pouvoir rendre le papier à l'heure ; mais il faut aussi veiller à répartir dans le temps la charge de travail pour organiser son planning et être en mesure de répondre aux éventuelles nouvelles commandes. Trop de pigistes disent « oui » sans réfléchir et se retrouvent à devoir rendre trois papiers en même temps. La tentation est forte d'accepter chaque sollicitation. C'est tellement rare, alors autant en profiter ! Et puis, c'est toujours gratifiant. Faut-il pour autant toujours être disponible ? Oui, si vous savez que vous aurez le temps nécessaire à consacrer à la commande. Non, si celle-ci vous met dans le rouge et vous oblige à travailler jour et nuit. C'est pourquoi le recours à un tableau de bord ou un planning de production est indispensable pour mesurer votre charge de travail au quotidien. Mieux vaut refuser un travail que de le faire mal et décevoir le commanditaire. Il ne reviendra pas. Si vous être surchargé de travail, tentez plutôt de négocier un décalage de la commande pour lisser votre charge de travail dans le temps. D'autant que les commanditaires prévoient souvent de larges marges.

L'utilisation d'un tableau de bord est d'autant plus indispensable qu'il s'agit de suivre non seulement les commandes en cours, mais également les idées à soumettre et les synopsis à écrire pour ne pas se retrouver désœuvré le mois suivant. Il faut donc continuer « d'alimenter la machine » en envoyant régulièrement et avec le bon timing – juste avant la conférence de rédaction – de nouveaux synopsis qui feront les commandes de demain. Quand on collabore avec des publications aux rythmes différents, la gestion de planning peut vite tourner au casse-tête : les dates de bouclages se chevauchent et les rendus de papier ont vite tendance à tomber à la même date.

Collaborations multiples

Si vous êtes salarié, n'oubliez pas que l'article 7 de la Convention collective des journalistes professionnels vous oblige normalement à demander l'autorisation à vos employeurs de collaborer avec un autre média. Le mieux est d'envoyer une fois l'an la liste de vos collaborations. On peut s'en dispenser s'il n'y a pas risque de préjudice direct (pas de titres concurrents). Reste que l'accord, ou le refus, de l'employeur peut être remis en question si les conditions qui les ont déterminés viennent à être modifiées, par exemple si vous débutez une collaboration avec un média jugé concurrent.

Gérer son planning de production

Le suivi des différentes collaborations peut prendre des formes diverses. L'auteur préconise la création des feuilles de calcul (type fichier Excel) et une visualisation par code couleur. Chaque feuille correspond à une publication. Chaque ligne correspond à un article ou une commande ; les colonnes reprennent l'essentiel des informations relatives à la commande (nom de la rubrique ou de la personne qui l'a commandé, description sommaire du sujet, nombre de signes, si des photos sont transmises, frais éventuels) et d'autres éléments administratifs (date de rendu de l'article, date et numéro de parution, date de règlement). Évidemment, seule la première partie de la ligne est remplie lors de la commande. Le reste ne le sera qu'à la publication de l'article et à son paiement. Tant que l'article est encore au stade d'idée de sujet, la ligne apparaît en vert ; une fois que le synopsis est écrit et envoyé à la rédaction, la couleur passe au rouge ; et une fois que le synopsis est accepté, la ligne passe à la couleur bleue. Elle ne deviendra noire qu'au moment où l'article sera effectivement envoyé ; en gras tant qu'elle n'a pas été publiée, puis en maigre après parution. Il s'agit évidemment d'exemples : à chacun d'utiliser son propre code.

Le principal avantage de cette gestion du flux de travail est de veiller à conserver une certaine régularité de travail. On voit ainsi la somme de travail en cours, en évaluation et à venir, et on peut équilibrer en renforçant la prospection, ou au contraire en la décalant si on voit que l'on a trop de travail à venir en même temps. Le bleu signifie le volume de travail actuel, le rouge correspond à un travail possible qui risque de tomber, et le vert à un éventuel travail futur. La vérification de votre « bon » timing se fait d'un seul coup d'œil : si vous n'avez pas de lignes de toutes les couleurs pour chaque titre, cela signifie que vous serez à court de commandes à un moment donné. Quant à la colonne « rémunération », elle vous permet de vérifier que le paiement a bien été effectué, au montant prévu. Idem pour la colonne « frais ». L'absence d'information dans l'une ou l'autre de ces cases vous incitera à effectuer une relance.

Pour que cela fonctionne, ce fichier de suivi de piges doit être sans cesse enrichi, et ouvert en permanence sur votre ordinateur. Vous y retranscrirez vos idées d'enquêtes ou projets de reportages notés sur votre carnet. Vous l'ouvrirez dès l'envoi d'un synopsis ou d'un article pour modifier la couleur de la ligne correspondante. Toute comme vous noterez le montant et la date de paiement dès réception de la rémunération. Lourde à première vue, cette gestion administrative (à adapter à votre sauce) va rapidement devenir un réflexe et sera la garante de votre efficacité. Pour être efficace, à chacun d'adapter l'outil qui lui permettra de s'organiser au mieux.

Le tableau de bord d'Émilie Gillet

Émilie Gillet est journaliste scientifique. À la pige depuis douze ans, elle collabore régulièrement avec quatre publications et de façon épisodique avec quatre autres. Elle réalise aussi des missions ponctuelles dans l'édition.

Pour gérer son planning de travail, elle a conçu un outil simple mais efficace. « Il s'agit d'un simple document Word. Je n'ai pas eu besoin de le faire sous Excel, car il n'intègre aucune opération de calcul. Le tableau est divisé en deux parties : les commandes à faire sont placées au-dessus de la barre centrale, celles déjà réalisées en dessous. Donc dès que j'envoie un papier, je déplace la ligne correspondante dans la seconde partie. Les nouvelles commandes sont inscrites par ordre chronologique dans le haut du tableau. L'information la plus importante est la date de rendu (3e colonne), car elle me permet immédiatement de voir si j'ai déjà beaucoup de rendus de copies à faire pour cette période. Les colonnes 4, 5 et 6 font référence au support concerné, un résumé du sujet de l'article et sa longueur. Les colonnes 7, 8 et 9 portent sur le numéro de la publication dans laquelle doit paraître l'article, le tarif brut négocié et la date de paiement escomptée. De cette façon, j'ai une petite idée de combien je vais gagner dans les mois à venir.

J'ai aussi un code couleur pour définir la nature du travail : le noir concerne la presse, le bleu l'édition. J'utilise aussi le rouge lorsqu'il y a des indications d'urgence – par exemple, lorsqu'une interview ou un rendez-vous doivent être pris avant une date précise. Tout ce qui est au-dessus de la barre centrale représente tout ce que j'ai à faire. Ça me donne une idée précise du volume de mon travail à venir. Et donc de ma disponibilité. J'ai ce fichier ouvert en permanence sur mon ordinateur. Je le consulte plusieurs fois par jour pour hiérarchiser mon travail et surtout répondre aux sollicitations. En un coup d'œil, je peux savoir si je suis disponible pour réaliser telle commande à telle date. Par précaution, j'indique aussi en vert les périodes de vacances scolaires pour ne pas me retrouver débordée de travail lorsque je suis avec mes enfants. La deuxième colonne confirme le rendu de papier, tandis que je coche une croix dans la première lorsque je reçois la publication ou le justificatif de parution. C'est très important, car cela permet de voir si l'on a du marbre, c'est-à-dire des textes qui restent dans les tiroirs de la rédaction. Dès que cette première colonne est remplie, je transfère la ligne de l'article correspondant sous la barre centrale et je les regroupe par mois. Le suivi de cette partie inférieure du tableau reste important. À la fin de chaque mois, je calcule le total net que je dois gagner. Lorsque le montant est conséquent, je sais que je peux lever le pied pour faire un peu de prospection et envoyer des synopsis. À la fin de l'année, j'imprime le document pour le mettre en couverture de mon press-book annuel. Il me permet aussi de faire les statistiques par employeur pour remplir ma demande de carte de presse.

Grâce à ce tableau, je sais en permanence où j'en suis. Combien je dois produire, ce que je vais gagner. Même si je travaille sur plusieurs sujets en même temps, j'ai une vision claire de mon activité. Cela me rend plus efficace et me permet de négocier les dates de rendu et de lisser mon activité – même si je sais aussi travailler dans l'urgence s'il le faut ! Et surtout de vérifier que tous mes articles sont bien payés. Je n'intègre pas dans ce tableau les droits d'auteur de l'édition (c'est mon cadeau de Noël !), mais je pense ajouter les frais afin de savoir combien je dépense et si je suis bien remboursée. »

Programme Piges 2008

	OK	Rendu	Support	Sujets	Long.	Parution	Tarif brut	Payé	Total Net
VACANCES – VACANCES - VACANCES – VACANCES - VACANCES – VACANCES - VACANCES – VACANCES - VACANCES – VACANCES - VACANCES –									
		20 déc ITW avant le 10 déc	OncoMag 09#1	Actus Reportage Interview					
		24 nov	Masson *Asso*	Brochure Onco	20 feuillets	?	1200 € D.A	Fin déc ?	
		20 nov	Cheval M.	Fiches éthologues		Juillet n°440 Août n°441	76 € chaque	Fin du mois	
		20 nov *½ avant le 10 nov*	ÉDITIONS L.	15 doubles pages Projet coffret	-	?	1750 € DA	Nov ?	
		5 nov	Cheval S.	Rubrique Savoir	6000 sg	Février n°210	228 €	Fin Fév	
		20 oct	O. Conseil *Institut*	4 brèves de 2000 à 3500 sg, newsletter n°7		Fin oct	100 €/feuillet	Fin nov	
	OK	20 oct	Saclay	- article 1 - article 2 - article 3 - article 4	1800 sg 2000 sg 2000 sg 2000 sg	Nov n°42	570 €	Fin nov	
X	OK	17 oct	Biotech.Info	Brèves & puces techno	4200+3000sg	22 oct n°417	268 €	Fin oct	
X	OK	10 mai	Chx & Poneys	Connaissance	11 500 sg	N°1 juillet	200 €	Fin août	**AOÛT : 157,08 €**
X	OK	6 mai	Cheval S.	Rubrique Savoir	3800 sg	Juillet n°202	145 €	Fin juillet	
X	OK	6 mai	Cheval S.	Rubrique faire	6000 sg	Juillet n°202	228 €	Fin juillet	
X	OK	4 juillet	Biotech.Info	Brèves & puces techno	4200+3000sg	9 juillet (n°407)	268 €	Fin juillet	
X	OK	27 juin	Biotech.Info	Brèves & puces techno	4200+3000sg	2 juillet (n°406)	268 €	Fin juillet	**JUILLET :**
X	OK	26 juin	C. Press	- Lead - 4 fiches pratiques	8000 sg 6000 sg	Octobre n°116	776 €	Fin juillet	**5129,46 € net**
X	OK	20 juin	*OncoMag 08#3*	- actus - interview - reportage	15 000 sg + 7300 sg	OncoMag n°3 mi-août 2008	1786 €	Fin juillet	**(33 647,05 fr.)**
X	OK	18 juin	CEA Saclay	- photosynthèse - Calcul intensif 4 exemples	- 2800 sg - 4x2800 sg	Août n°41	839,70 €	Fin juillet	
X	OK	16 juin	O. Conseil *Institut*	6 brèves de 2000 à 3500 sg	14 feuillets	25 juin	1400 €	Début juillet	

A	B	C	D	E	F	G
Date	Média	Article	Taille	Feuillets	Revenus	
07/09/2010	JDT	dossier terre	10 000	6,5	700,00 €	p
09/09/2010	Mars Magazine	Les terriens	5900	4	100,00 €	p
13/09/2010	Le journal d'Albator	La vitesse de la lumière	3 800	2,5	150,00 €	p
14/09/2010	JDT	brèves	3800	2,5	300,00 €	p
21/09/2010	l'abc du cinéma	la SF	4000	2,5	200,00 €	p
23/09/2010	JDT	le TELKJ	7000	4,5	350,00 €	p
27/09/2010	Le journal d'Albator	Ce fumier de capitaine Flam	4500	3	8,00 €	
01/10/2010	JDT	Portrait de Jean Dupont	2 000	1,3	1,00 €	p
05/10/2010	Mars Magazine	actu mars	1 560	1	2,00 €	p
12/10/2010	JDT	Portrait de Pierre Dupont	3 900	2,5	3,00 €	
13/10/2010	JDT	Portrait de Jacques Dupont	3 800	2,5	5,00 €	
14/10/2010	Le journal d'Albator	Ce cochon d'Ulysse 31	1 700	1	1,00 €	
19/10/2010	Mars Magazine	actu terre	3000	2	4,00 €	p
20/10/2010	JDT	le formidable KJMHB	6500	4,5	3,50 €	p
21/10/2010	JDT	la HJKLGFJR	5000	3	2,00 €	p
22/10/2010	Le journal d'Albator	Ces sagouins de Star Trek	3 800	2,5	3,00 €	
26/10/2010	l'abc du cinéma	la guerre des soleils	3800	2,5	3,00 €	
25/10/2010						
26/10/2010	l'abc du cinéma	la guerre des soleils	3800	2,5	3,00 €	
03/11/2010	Mars Magazine	actu divers	2000	1,3	2,00 €	
04/11/2010	Le journal d'Albator	dossier Albator ce héros	19 500	13	9,00 €	
05/11/2010	JDT	dépêches	1 200	0,8	1,00 €	oct
18/11/2010	Mars Magazine	Où est l'eau ?	4000	2,5	3,00 €	
19/11/2010	JDT	l'incroyable KLJHJMLKH	6 500	4,5	5,00 €	
22/11/2010	Le journal d'Albator	Les planètes	4000	2,5	3,00 €	
26/11/2010	JDT	les LKJMHKJMH	8 500	6	8,00 €	
07/12/2010	JDT	MLJLKJMLJ	3 900	2,5	3,00 €	p
16/12/2010	JDT	la MLKHM	10 000	6,5	6,00 €	
17/12/2010	Le journal d'Albator	Spécial 2011	3 600	2,5	3,00 €	

Le suivi des piges selon Olivier Descamps

Spécialisé dans l'environnement, Olivier Descamps collabore avec une demi-douzaine de supports. Il a cherché en vain un outil pratique pour visualiser les différentes commandes et voir rapidement les articles à faire, ceux qui sont faits, les deadlines, et même gérer ses contacts pour savoir à qui il a envoyé des e-mails et ceux à relancer.

Il s'est donc résolu à concevoir un tableau Excel répondant à ses attentes (voir tableau ci-dessus, réalisé avec des données fantaisistes). Il s'agit d'une seule et unique page qui grandit verticalement au fil des mois. Au fur et à mesure qu'il crée des lignes, il copie-colle les informations de la partie de droite.

Selon Olivier, l'intérêt de la formule est d'avoir une bonne visibilité sur plusieurs mois. Les premières colonnes ne demandent pas d'explications particulières. Le « p » de la colonne G signifie que l'article a été payé. La ligne pleine du milieu sépare ce qui a été payé de ce qui doit l'être. La cellule de la colonne H fait le total du mois. La partie droite traite des commandes en cours et des sujets proposés en attente de réponse. « Les codes couleurs sont là pour m'aider à gérer les priorités. J'utilise les cases colorées lorsque j'ai plein de trucs en même temps et qu'il y a un risque d'oublier un sujet et un autre. »

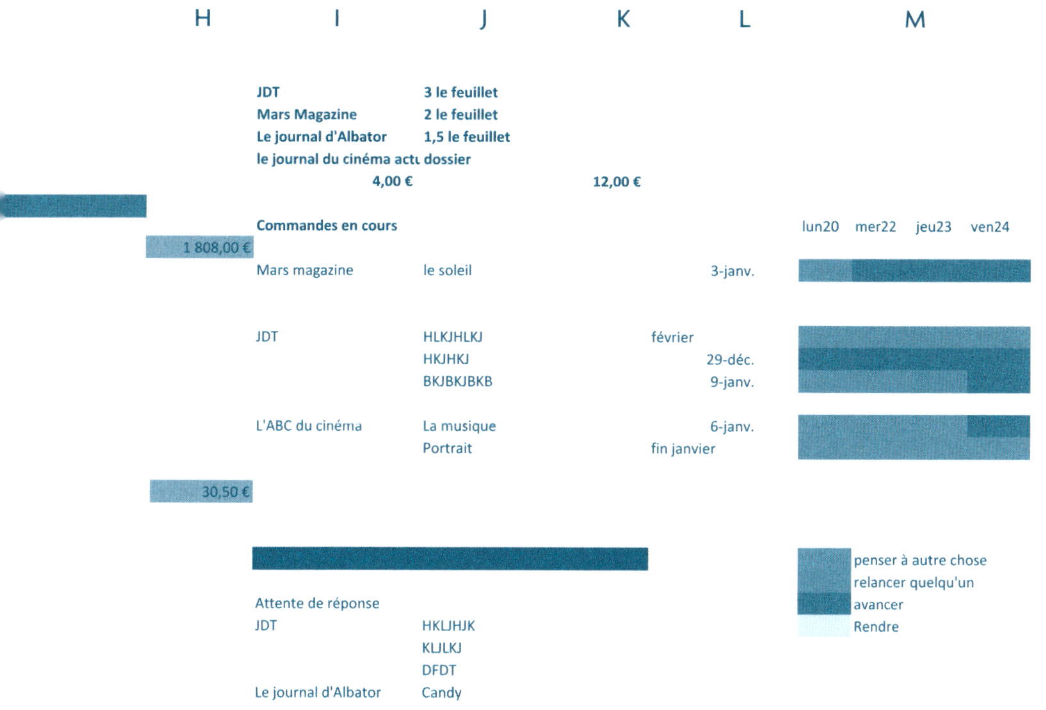

Gérer ses revenus

Les revenus du journaliste indépendant sont par définition variables. Parfois, la prise en charge d'une rubrique ou d'un fil d'actualité offre une certaine stabilité – mais rarement à la hauteur d'un revenu décent. Pour les pigistes réguliers, certains employeurs comme Bayard Presse accordent tout au long de l'année, sous certaines conditions, un salaire mensuel minimal revalorisé en fin d'année selon la production effectivement réalisée. Cette rémunération mensuelle doit donc le plus souvent être complétée par des piges dont la fréquence est aléatoire. Même en étant le correspondant officiel d'un média – et donc désigné d'office dans le secteur considéré –, tout dépendra de l'actualité. Si vous êtes plutôt porté sur les enquêtes ou dossiers d'analyse, votre rémunération dépendra surtout de la fréquence de vos propositions et des commandes qui en découleront.

Même en cas d'intense activité, il est délicat de prévoir précisément vos rentrées d'argent. La plupart des publications commandent des papiers très longtemps à l'avance et règlent les piges le mois suivant la parution ; il est donc fréquent de travailler en janvier sur un article à paraître en mars et donc payé en avril. Et encore, à condition que sa parution ne soit pas décalée ! Comme il existe une distinction entre la situation comptable d'une entreprise et sa trésorerie, la notion de revenus du journaliste indépendant est totalement différente de son niveau d'activité. En clair, on peut paradoxalement crouler sous le boulot et être sans le sou. D'où la nécessité de disposer d'une petite réserve financière correspondant à environ deux mois d'activité pour amortir les fluctuations de son compte en banque et intégrer les éventuels coups durs pouvant survenir (collaboration qui s'arrête du jour au lendemain, retard de paiement, publication reportée, etc.). Éventuellement, la présence d'un conjoint disposant de revenus plus stables déterminera cette avance financière indispensable pour ne pas trop subir les irrégularités de la rémunération à la pige.

Le fichier de suivi des piges évoqué plus haut ne permet pas toujours de faire ses comptes mensuels, ou annuels pour la carte de presse ou les impôts. Pour gérer au mieux vos revenus, nous vous conseillons de créer une autre feuille de calcul de 12 lignes (une par mois) et reprenant, en colonne, les différents employeurs et clients. Alimentée tous les mois à réception de chaque versement de rémunération, cette feuille permet de suivre l'évolution de vos revenus et de faire différentes statistiques. Rien ne vous empêche d'y inclure les rémunérations à venir d'une couleur différente, pour avoir plus de visibilité sur vos revenus futurs. En plus du total par mois, cet outil vous permet de calculer votre paie mensuelle moyenne, donc de savoir si vous tenez votre budget. Il permet aussi de prendre conscience du poids relatif (en pourcentage) de tel ou tel employeur sur l'année. Et ainsi d'observer l'évolution et l'importance de vos collaborations. Une information stratégique lorsque vous aurez envie de mettre un terme à une collaboration ou de renforcer votre activité avec une autre.

Au versement de chaque rémunération, vérifiez que les montants correspondent aux piges réalisées. Le nombre de feuillets est-il exact ? Le montant tel que convenu ? Ne manque-t-il pas le paiement d'une photo ? Tous ces rapprochements sont faciles à faire puisque votre fichier de suivi de piges est à jour et recense toutes ces informations. En cas d'erreur ou d'oubli, prévenez l'assistante de la rédaction (ou le service de paie) pour qu'il rectifie le tir dès le mois suivant. Ne mettez pas trop de temps à réagir sous peine d'entériner une situation désavantageuse pour vous. Parler d'argent n'est pas un tabou ; plus vous serez transparent, meilleure sera votre relation.

Se fixer un budget sur dix mois

Un jeune diplômé qui débute n'a pas les mêmes besoins qu'un père de famille nombreuse. Avant de vous lancer dans la pige, essayez de savoir quel revenu mensuel vous conviendrait. Cet objectif va évoluer et il vous faudra régulièrement le mettre à jour, en compilant loyer, nourriture, sorties, vacances, etc.

Attention : sans être à proprement parler saisonnière, l'activité de journaliste indépendant n'est pas linéaire tout au long de l'année. Souvent, les magazines suspendent leurs publications à Noël et durant l'été. Même si, parfois, les pigistes sont justement missionnés durant l'été pour préparer les numéros de rentrée, il est généralement admis que la rémunération des pigistes court sur dix mois seulement. À prendre en compte dans l'établissement de vos rentrées d'argent.

Diversifier son activité

Pour faire face à une baisse de piges ou par besoin d'élargir son horizon, le journaliste indépendant peut envisager de jongler avec différentes activités. Si vous travaillez en presse écrite, rien ne vous empêche de vous mettre à la photo et à la vidéo, et de proposer des sujets aux sites Web, voire de vous lancer dans la réalisation d'un diaporama sonore ou même d'un documentaire radio. Tout est affaire de techniques, de moyens, de réseau, bref d'énergie et d'opportunités à créer. Élargir son territoire professionnel peut d'abord s'envisager comme le prolongement de son activité d'origine. Un journaliste de presse écrite pourra ainsi creuser une enquête en écrivant un livre et proposer le fruit de son travail à un éditeur. De son côté, un JRI sera plus naturellement porté vers la réalisation d'un documentaire télé.

Au-delà de ces prolongements naturels d'activité, il en existe de nombreuses où les compétences des journalistes indépendants font merveilles : cela va de l'animation de débats ou tables rondes (pour des organismes professionnels ou des institutions) à la formation, en passant par la création d'une agence de presse ou d'une agence de communication. Dans ces derniers cas, vous cessez d'être journaliste indépendant pour vous muer en chef d'entreprise, en devenant vous-même employeur de journalistes indépendants.

Une de perdue...

Paradoxalement, collaborer avec plusieurs médias et/ou avoir plusieurs clients assure une certaine sécurité. Contrairement à un salarié traditionnel qui perdrait son travail, la perte d'une pige n'est pas forcément synonyme d'inactivité. Il vous reste toutes les autres collaborations. Et ce peut être enfin l'occasion de prospecter dans un domaine que vous vouliez défricher. Il faut toujours avoir une vision financière de son activité : en équilibrant vos piges entre plusieurs employeurs, la perte de l'une d'entre elles n'en sera que moins douloureuse.

En plus d'accroître vos revenus et d'asseoir votre activité, chaque nouvelle collaboration amoindrit le pouvoir de négociation des autres. Mais évitez de multiplier les toutes petites collaborations ; elles pèseront peu dans vos revenus, mais risquent de faire voler en éclat votre organisation et votre planning.

Évoluer dans son métier

Le passage par une démarche de bilan de compétences est intéressant pour évoluer dans son métier. Formalisée ou non, cette approche introspective aide à structurer une réflexion sur son avenir professionnel. L'objectif est d'identifier et de valoriser ses compétences pour construire une stratégie personnelle d'évolution dans son métier. Cela passe par une analyse de ses motivations, centres d'intérêt et valeurs, l'identification de ses connaissances et compétences (techniques et fonctionnelles), ainsi que de ses aptitudes personnelles et professionnelles. Quand l'objectif de changement est fixé (évoluer dans un autre type de presse, décrocher une pige dans tel média...), l'examen impartial des potentialités du projet permet de définir le bon positionnement et la stratégie à adopter. L'accompagnement par un professionnel des ressources humaines est conseillé, et peut être pris en charge par l'Afdas (ancien acronyme de l'Assurance formation des activités du spectacle), l'organisme paritaire collecteur agréé par l'État pour les secteurs de la culture, de la communication, des médias et des loisirs.

Aborder une activité de formateur

Organisation de salons, conférences et tables rondes : la diversification fait partie de l'ADN de nombreux médias. À l'instar de Rue 89, d'autres misent sur la formation. Une stratégie que peuvent également suivre les journalistes pigistes pour le compte d'écoles de journalisme, de cursus de communication en université, ou auprès des services de communication d'institutions ou d'entreprises. Il peut s'agir de purs cours de journalisme ou, plus généralement, de sessions consacrées à la communication. Tout dépend de vos compétences.

À vous de bien vous vendre auprès des « clients ». En général, on vous proposera de prendre en charge un module sur un thème spécifique (« L'information économique », « Bien communiquer avec la presse », « Prendre la parole en public »...) sur quelques jours, ou bien d'assurer le suivi d'un cursus de plusieurs dizaines d'heures tout au long de l'année. La plupart des écoles de journalisme organisent également des sessions de formation à la pige, pour lesquelles vous pouvez postuler. Ces formations de quelques jours tentent de faire comprendre aux jeunes étudiants les réalités de la vie de pigiste et la façon d'organiser cette activité. Pour les pigistes plus confirmés, ces mêmes écoles ou d'autres organismes comme Illya (coopérative de journalistes pigistes) dispensent également des formations visant à élargir ses contacts, travailler en réseau ou gagner en efficacité par un meilleur positionnement professionnel.

L'édition

L'édition est toujours en quête d'auteurs, mais aussi d'enquêteurs, de spécialistes, de rewriters... Des missions auxquelles peuvent prétendre les journalistes indépendants. Qu'il s'agisse d'écrire un livre d'actualité, d'enquête, un guide spécialisé – ou même d'être nègre –, les journalistes possèdent la capacité de trouver l'information et de la mettre en forme. À une condition : être capable d'aligner 300 000 signes, volume moyen des livres édités en France. Il faut donc tenir la distance et savoir structurer son écrit.

En général, l'éditeur accompagne son auteur dans ce travail. Écrire un livre est un travail de longue haleine sur plusieurs mois (le mieux est de pouvoir s'y consacrer à plein-temps à certaines périodes creuses), voire sur plusieurs années. Le projet réclame un gros travail de recherche préalable : il vous faudra lire les documents existants, interroger les acteurs, etc. Ce travail au long cours ne sera sans doute pas payé au juste prix (voir le chapitre 2, « Le statut d'auteur », page 17, mais il vous assurera une visibilité et une reconnaissance professionnelle incommensurable : écrire un ouvrage sur un thème est le meilleur moyen de s'affirmer comme spécialiste. En crédibilisant votre savoir, une telle parution vous apportera sans doute de nouvelles piges.

«PRODUIRE ET EXISTER AUTREMENT»

Témoignage de Delphine Bauer, du collectif Youpress

Apparues au début des années 1980 chez les photographes, les collectifs de pigistes se sont développés chez les journalistes pigistes depuis plus de dix ans et le phénomène est loin de s'essouffler (voir page 140). Delphine Bauer, 32 ans, rédactrice spécialisée sur les sujets de société, revient sur la création et le fonctionnement du collectif de pigistes Youpress.

Quel est ton parcours professionnel ?

J'ai été diplômée de l'Institut français de la presse (IFP) en 2007 et j'ai travaillé en PQR durant l'été. Cette expérience en quotidien sur le terrain a été très formatrice. D'ailleurs, j'ai fait d'autres remplacements d'été les années suivantes. J'ai rejoint le collectif fin 2007, trois mois après sa création, après avoir fait le même constat que cinq autres camarades de promo : après notre expérience en rédaction ou en agence, nous étions frustrés de ne pouvoir faire le journalisme que nous souhaitions. Nous avions soif de liberté et pas envie d'avoir à baiser les pieds d'un rédacteur en chef pour réaliser telle enquête ou partir en reportage à tel endroit. S'unir pour développer ensemble une production journalistique découle de ce choix d'indépendance. Grâce à ce dynamisme collectif, j'ai pu avoir une carrière pluridisciplinaire, avec une prédilection pour les sujets de société. Et réaliser de nombreux reportages à l'étranger pour des publications comme *Néon, Marie Claire, Grazia* ou encore *Sud Ouest*.

Parle-nous des débuts de Youpress

C'était vraiment épique au départ ! Surtout, nous étions très novices comme pigistes, donc pas très soucieux de la rentabilité de nos papiers. On est ainsi partis à sept en Serbie, et on a vendu seulement une dizaine de papiers au retour. On a dû gagner 200 € chacun. Financièrement, c'était nul. Humainement, c'était génial. Après, on est parti à quatre en Afrique du Sud. Désormais, je pars en binôme, souvent avec une photographe du collectif. En 2008, nous avons fait le buzz avec le scoop vidéo du «Casse-toi pauv'con» de

Nicolas Sarkozy au salon de l'agriculture. Même si c'est à l'opposé de ce que l'on veut faire, ça a lancé le collectif. Et confirmé le bien-fondé de notre orientation plurimédia.

Huit au départ, combien aujourd'hui ?

Nous avons fonctionné de façon autonome pendant cinq ans. L'idée de départ était d'être ensemble pour être plus fort. Mais à partir de cette grande idée, tout était à construire... Avant d'être une histoire professionnelle, le collectif est une aventure humaine. Chacun a dû apprendre à s'investir (à fond) de la même manière pour que chacun en retire les mêmes avantages. Cet apprentissage d'une vie professionnelle commune ne nous permettait pas d'envisager d'intégrer de nouveaux membres avant que la mayonnaise n'ait pris et qu'il y ait une réussite collective. Au bout de cinq ans, nous avons enfin commencé un projet commun, un webdocumentaire intitulé *Onde(s) de choc* sur les conséquences de la fermeture d'une usine dans une ville moyenne de France. Ça nous a boostés et donné envie d'accueillir de nouveaux membres avec des profils audiovisuels. Depuis l'été 2013, nous sommes donc deux de plus.

Comment fonctionnez-vous au quotidien ?

Chez Youpress, on partage tout ! Le local parisien, nos projets individuels, nos agendas et carnets d'adresses. Nous avons un fonctionnement très démocratique et égalitaire : toutes les décisions sont prises en commun, charge à chacun de convaincre les autres. On débat jusqu'à l'unanimité. Nous sommes un véritable kolkhoze de l'information. La gestion de ce consensus est assez lourde, mais elle est indispensable. Il faut être surmotivé quand on est dans un collectif et surtout ne pas croire que le collectif va vous porter tout seul... Il faut donc que tout le monde adhère. Même si nous sommes tous indépendants les uns des autres, nous avons presque un fonctionnement de type « agence ». Chaque semaine, il y a une conférence de rédaction où l'on décide la répartition des tâches (animation du site Web, de la page Facebook, etc.) et où l'on échange autour des projets des uns et des autres. Deux fois par an, on organise un séminaire pour prendre du recul et analyser notre activité et notre fonctionnement.

Concrètement, ça t'a apporté quoi d'être membre de Youpress ?

En étant pigiste, je sais que je suis précaire. Grâce au collectif, j'ai plus confiance en moi. Je suis d'ailleurs de plus en plus intransigeante avec les rédactions. Quitte à passer pour une em... À partir du moment où j'estime avoir bien fait mon boulot, il y a des attitudes que je ne supporte plus. Le collectif m'a aussi aidée à apprendre à travailler en équipe, à ne plus forcément voir les autres pigistes comme des concurrents, mais comme des collègues avec lesquels on s'entre-aide en s'échangeant des tuyaux et des contacts. Avec le temps, le collectif est aussi devenu une « marque » qui aide à ouvrir des portes et facilite certaines démarches dans les rédactions. En contrepartie, je consacre toute mon énergie au boulot et à Youpress. Je bosse comme une malade. Comme j'ai très peu de commandes, tous mes papiers sont le fruit des synopsis que j'envoie. D'ailleurs, on m'appelle la « machine à synopsis » et la prospection occupe un bon tiers de mon temps.

PARTIE 4

Droits et devoirs du journaliste

Pas facile lorsqu'on est indépendant de connaître ses droits, et surtout de les faire valoir isolément : changements de législation, multiplication des interlocuteurs… Plus encore que le salarié, le journaliste pigiste doit se tenir informé et avoir une idée précise de ce qu'il peut exiger quand et comment engager des démarches ou réclamer son dû.

Des notions de fiscalité sont également nécessaires, surtout pour celui qui cumule des collaborations, des statuts et donc des moyens de paiement de ses travaux différents.

À chacun, après avoir intégré ces grandes lignes, de suivre les changements et mises à jour qui peuvent avoir lieu tous les ans pour certains, par exemple en ce qui concerne des plafonds.

Chapitre 16
Décrypter son bulletin de salaire

Les journalistes pigistes portent peu d'attention à leur fiche de paie : chacun se contente de scruter la dernière ligne – le net à payer, c'est-à-dire le montant du chèque ou du virement bancaire reçu. À tort ! Car le bulletin de salaire est un concentré d'informations très utiles à décortiquer. Entendons-nous bien : il ne s'agit pas de s'amuser à contrôler que l'employeur applique le bon taux pour chacune des cotisations sociales, mais de vérifier que certaines informations figurent en bonne et due forme. Et ainsi s'assurer que l'on vous reconnaît bien en tant que journaliste professionnel et que vos droits sont respectés.

Des exemples ? Votre bulletin de paie doit mentionner votre identité et faire référence à la convention collective nationale des journalistes. Cela facilite vos démarches pour obtenir la carte de presse et l'accès à la formation, et garantit votre fonction et votre statut en cas de litige avec l'employeur. Par ailleurs, contrôlez bien qu'au montant brut négocié s'ajoutent le treizième mois, les congés payés et la prime d'ancienneté (pour ceux qui possèdent la carte de presse depuis plus de cinq ans) ; ces informations doivent figurer sur des lignes distinctes. Enfin, assurez-vous que la cotisation à l'Urssaf porte bien sur 100 % du salaire, et non sur 70 % comme le font souvent d'office les employeurs alors qu'ils doivent avoir votre assentiment. Une cotisation réduite égale une rémunération nette supérieure, certes ; mais cela induit aussi des droits minorés et une indemnité réduite en cas de congés maladie ou maternité.

Conservez vos bulletins de salaire toute votre vie. Ils seront indispensables pour établir votre relevé de carrière lors de l'accès à votre retraite. L'employeur, lui, n'est tenu de les conserver que pendant cinq ans. Et en cas de litige, ne tardez pas trop : vous n'avez donc que trois ans pour contester toute question relative à votre salaire devant le conseil de prud'hommes.

Identité employeur ①

Certaines indications officielles comme le code APE ou le numéro d'Urssaf doivent obligatoirement figurer. Cela vous permettra de vérifier l'existence et la nature juridique de l'entreprise, et éventuellement de vérifier que les cotisations sociales vous concernant sont bel et bien versées.

Période travaillée ②

Les salaires étant mensualisés, chaque bulletin de paie doit mentionner la période travaillée. Le mode de paiement doit également figurer. En revanche, aucune mention n'est faite concernant le nombre d'heures travaillées, les heures supplémentaires ni les congés payés.

Ancienneté

L'ancienneté ou la date d'entrée dans l'entreprise ne figure pas toujours. Depuis 2008, la prime d'ancienneté des journalistes pigistes professionnels est liée aux années de détention de la carte de presse. En cas de besoin, demandez à la DRH de vous communiquer une attestation d'ancienneté.

Convention collective ③

L'emploi et la qualification mentionnés importent peu. En revanche, la référence portant sur la CCNJ est primordiale. Si une autre convention collective est indiquée, vous ne pourrez prétendre aux avantages de la CCNJ et le salaire ne pourra être retenu par la CCIJP pour l'attribution de la carte de presse. Enfin, les services fiscaux pourront contester le droit de pratiquer l'abattement fiscal de 7 650 €.

Rémunération brute ④

C'est le total de vos piges augmenté du treizième mois, des congés payés et de votre éventuelle prime d'ancienneté (attribuée dans la presse écrite après cinq années de détention de la carte de presse).

Cotisations sociales

Difficile de s'y retrouver dans cet amas d'acronymes et de chiffres, d'autant que les taux varient souvent. Par ailleurs, certaines cotisations (comme la taxe d'apprentissage) ne vous concernent pas, seul l'employeur cotise. Autant que possible, vérifiez pourtant que vous cotisez bien à l'assurance maladie (Urssaf ⑤) et au chômage (Pôle emploi ⑥). Le cas échéant, vérifiez que vous et votre employeur cotisez bien à la complémentaire santé pigiste d'Audiens ⑦ (voir page 148).

Abattement

Certaines cotisations sociales de l'Urssaf peuvent faire l'objet d'une assiette de calcul réduite (70 % du salaire brut au lieu de 100 %), si vous avez expressément autorisé l'employeur à le faire (voir chapitre 19, « Bien gérer sa couverture sociale », page 221). Cet abattement diminue le montant de vos cotisations (et augmente donc mathématiquement votre salaire net), mais réduit d'autant vos éventuelles prestations sociales.

Total des retenues ⑧

C'est le montant des charges salariales (environ 22 % du salaire brut) retenu sur votre salaire brut pour établir votre salaire net.

Salaire net ⑨

C'est le montant effectivement versé par l'employeur. La date de règlement doit être mentionnée. En plus du mois considéré, une récapitulation des salaires nets versés depuis le début de l'année est mentionnée. Le bulletin de décembre (ou le bulletin du dernier mois travaillé) récapitule donc le salaire annuel.

BULLETIN DE PAYE

EMPLOYEUR
Adresse ①

[redacted]

Période du 01/11/2015 au 30/11/2015 ②
Paiement le 30/11/2015 par Virement
Matricule : XXX
N° de sécurité sociale : XXXXXXXX

SIRET : 43804984300099
Code APE : 5813Z ①
URSSAF : 968511964975009571
Conv. coll. : Journalistes ③

Cotisations à : URSSAF
22 RUE DE LAGNY
93000 MONTREUIL CEDEX

NOM DU PIGISTE
Adresse

Niveau :
Emploi : PIGISTE
Qualification : Catégorie : Pigiste
Département : 40100 REDACTION
Établissement : XXXX

Date des congés

N°	Libellé	Nombre	Base	Part salariale Taux	Part salariale Gain	Part salariale Retenue	Part patronale Taux	Part patronale Retenue
1225	N°Pige 1 x 07/10/2015	1,00	100,00		100,00			
1226	N°Pige 1 x 14/10/2015	1,00	100,00		100,00			
1227	N°Pige 1 x 19/10/2015	1,00	100,00		100,00			
1228	N°Pige 1 x 26/10/2015	1,00	100,00		100,00			
1229	N°Pige 1 x 15/10/2015	1,00	486,20		486,20			
9005	13ème mois Pigiste				73,85			
8132	Prime CP pigiste	1,00	960,05	10,0000	96,01			
9013	Prime ancienneté carte de presse pigiste		1056,06	20,0000	211,21			
	Total brut				1267.27 ④			
19435	URSSAF Mal.Vieil.Veuv.A.F. ⑤		887,09	1,0500		9,31	17,0000	150,80
19600	Contribution organisations syndicales		887,09	0,0000		0,00	0,0160	0,14
21435	URSSAF Vieil. plafonnée Taux réduit		887,09	5,4800		48,61	6,8000	60,32
21446	URSSAF FNAL non plafonnée journaliste		887,09	0,0000		0,00	0,5000	4,44
23835	URSSAF Accident du Travail Journalistes		887,09	0,0000		0,00	0,8000	7,10
23905	URSSAF contrib. solidarité autonomie journaliste		887,09	0,0000		0,00	0,3000	2,66
34420	Pôle emploi chômage TA (AC) ⑥		1267,27	2,4000		30,41	4,0000	50,69
35820	Pôle emploi AGS		1267,27	0,0000		0,00	0,3000	3,80
36635	Ret. AUDIENS pigiste ⑦		1267,27	5,2000		65,90	7,8000	98,85
37635	AGFF pigiste		1267,27	0,8000		10,14	1,2000	15,21
39835	Prév. AUDIENS pigiste ⑦		1267,27	0,2100		2,66	0,4130	5,23
43631	Participation construction (exo. auto)		887,09	0,0000		0,00	0,4500	3,99
43800	Taxe d'apprentissage		887,09	0,0000		0,00	0,6800	6,03
44241	Formation profes. (auto)		887,09	0,0000		0,00	1,0000	8,87
45620	Contribution au forfait social - Patronal		5,23	0,0000		0,00	8,0000	0,42
45646	Allégement Fillon 01/10/2007							-49,60
46615	C.S.G non déductible - montants salariaux		1245,09	2,9000		36,11	0,0000	0,00
46616	C.S.G non déductible - montants patronaux		5,23	2,9000		0,15	0,0000	0,00
47015	C.S.G déductible - montants salariaux		1245,09	5,1000		63,50	0,0000	0,00
47016	C.S.G déductible - montants patronaux		5,23	5,1000		0,27	0,0000	0,00
	Total Cotisations				267,06 ⑧			368,95

Absences Octobre	
J	1
V	2
S	3
D	4
L	5
M	6
M	7
J	8
V	9
S	10
D	11
L	12
M	13
M	14
J	15
V	16
S	17
D	18
L	19
M	20
M	21
J	22
V	23
S	24
D	25
L	26
M	27
M	28
J	29
V	30
S	31

	H. trav.	H. sup.	Sal. brut	Tranche A	Cot. sal.	Cot. pat.	Av. nat.	Net imp.	Net à payer
Période	64.55	0.00	1267,27	887,09	267,06	368,95	0,00	1036.46	1000.20 ⑨
Année	473.32	0.00	8792,78	887,09	1852,99	2372,93	0,00	7191.37	6939.79

Pour faire valoir vos droits, conservez ce bulletin sans limitation de durée.

Les vérifications de base

La première chose à vérifier sur un bulletin de salaire, surtout lorsqu'il s'agit d'une première collaboration, concerne votre identité (nom, adresse, numéro de sécurité sociale, etc.). En cas d'erreur, vous risquez de ne jamais profiter des prestations sociales le jour où vous en aurez besoin. Pour éviter les escroqueries, il peut aussi s'avérer utile de vérifier que le numéro de Siret est bien celui de la raison sociale de l'employeur, ainsi que l'organisme Urssaf auquel l'employeur est censé verser les cotisations. Surtout, il est impératif de s'assurer que le code APE/NAF de l'entreprise correspond à l'édition de revues et périodiques (221E, anciennement 5814Z). C'est une assurance supplémentaire d'être certain de l'application de la convention collective nationale des journalistes. Celle-ci doit néanmoins être expressément mentionnée sur le bulletin de salaire. Attention, même si la publication éditée possède un numéro de commission paritaire, l'employeur n'est pas forcément une entreprise de presse. C'est le cas des associations ou de certaines institutions. La convention collective mentionnée peut alors être celle de l'activité principale de l'employeur. Si une autre mention que celle de la convention collective des journalistes figure sur un bulletin de paie, ce salaire ne sera pas retenu pour l'obtention de la carte de presse (voir chapitre 20 « Faire rémunérer la ré-exploitation de son travail », page 237).

Quatre lignes à vérifier

La partie supérieure du bulletin de salaire (avant cotisation) doit obligatoirement faire apparaître au moins quatre lignes précisant le montant du salaire brut de la pige, le treizième mois, les congés payés et la prime d'ancienneté (à partir de cinq années de détention de la carte de presse). Malheureusement, rares sont les employeurs qui s'y conforment... N'hésitez pas à le faire remarquer à la DRH en réclamant des rappels de salaires le cas échéant. En cas de refus, demandez aux instances représentatives du personnel (délégués du personnel ou comité d'entreprise) d'insister ou d'alerter un syndicat de journaliste.

Comme les journalistes pigistes ne sont pas soumis à des horaires fixes, les rubriques du bulletin de salaire concernant les heures travaillées et supplémentaires, les congés et repos compensateurs sont vides. En revanche, la fiche de paie doit obligatoirement mentionner votre qualification – rédacteur, reporter, photographe ou autre – qui est parfois suivie du qualificatif « pigiste ». Souvent, les employeurs inscrivent le même terme de pigiste pour les rubriques « Emploi », « Qualification », « Département » ou « Catégorie », alors que la mention normale est « journaliste ». Cela n'a pas d'importance dès lors que la référence à la convention collective stipule bien qu'il s'agit de celle des journalistes.

Attention aussi à bien vérifier l'exactitude de la date d'entrée dans l'entreprise, ou à défaut l'ancienneté mentionnée : même dans le cadre d'une collaboration régulière, il est fréquent de ne pas recevoir de fiche de paie tous les mois. Mais un journaliste pigiste régulier qui commence à piger en janvier aura obligatoirement une année d'ancienneté supplémentaire à la fin de l'année, quel que soit le nombre de bulletins de paie qu'il aura reçu.

Important

En bas du bulletin figure le salaire mensuel net ainsi que le salaire net total perçu depuis le début de l'année. La fiche de paie du mois de décembre totalise donc la rémunération annuelle.

Intéressement et participation aux bénéfices

Toutes les entreprises de plus de 50 salariés dégageant des profits doivent négocier un accord de participation et répartir une (petite) partie des bénéfices entre les salariés. Tous les salariés y ont droit, y compris les journalistes pigistes. L'accord d'entreprise peut prévoir un minimum d'ancienneté, celui-ci ne pouvant excéder trois mois. Des entreprises trichent en n'incluant pas les salaires des pigistes dans la masse salariale servant à calculer la réserve de participation. D'autres ou les mêmes « oublient » les journalistes pigistes dans la liste des bénéficiaires. À vous de rappeler aux délégués SNJ qu'aucun salarié ne peut être écarté sous peine d'un risque de redressement par l'Urssaf.

La difficile traçabilité des piges

Dans la presse, il est d'usage de payer le mois suivant la parution. Autrement dit, votre salaire du mois « n » correspond aux piges publiées le mois « n-1 ». Seulement, rien n'oblige l'employeur à faire figurer sur le bulletin de paie les numéros de la (ou des) publication(s) des piges concernées. Certains le font, mais avec des indications nébuleuses qui ne permettent pas de vérifier que la rémunération brute affichée correspond bien aux piges publiées. Dans ces conditions, impossible de traquer des erreurs ou oublis éventuels...

Le mieux est alors de demander que l'on vous envoie parallèlement un relevé de piges que la rédaction remplit forcément à l'intention du service du personnel pour l'établissement du bulletin de paie. Un document où figure le titre de l'article, le nombre de feuillets et, éventuellement, le nombre de photos – ou le montant forfaitaire négocié, ainsi que le numéro de la publication dans laquelle est paru votre papier. Il sera alors facile d'effectuer un pointage entre les piges mentionnées dans ce document et celles qui figurent dans votre fichier de suivi de piges (voir chapitre 15, « Être et durer dans la pige », page 167). Seul un tel relevé permet de vérifier que le salaire qui vous est versé correspond bien à votre travail.

La prime d'appareil photo

Certaines grilles de salaires prévoient une indemnité mensuelle d'appareil photo pour les journalistes pigistes utilisant leur propre matériel pour les besoins des rédactions. Cette indemnité est de 52 € dans les revues relevant de la Fédération nationale de la presse spécialisée (FNPS) et de 69,33 € dans les entreprises de la presse quotidienne nationale (PQN).

Attention aux avantages et primes intégrées

Les tarifs de pige affichés incluent parfois le treizième mois, les congés payés et même la prime d'ancienneté dus aux journalistes professionnels. Normalement, ce n'est pas le cas, mais mieux vaut vous faire préciser la chose par votre interlocuteur – surtout lors d'une première collaboration. Une pige qui semblait correcte devient alors nettement moins intéressante... Vous pensiez négocier une rémunération à laquelle s'ajouteraient les trois éléments de salaires complémentaires (treizième mois, congés payés et prime d'ancienneté), tandis que les DRH de ces publications raisonnaient en salaire « brut tout compris ».

Dans ce cas de figure, la première ligne correspondant au salaire de votre pige se trouve donc amputée. En gros, vous pensiez avoir vendu un article pour la somme de 100 € brut et vous vous attendiez à toucher à peu près l'équivalent en net. Mais vous découvrez en fait que c'est l'inverse : ces 100 € intègrent déjà le treizième mois, les congés payés et la prime d'ancienneté, ce qui représente tout de même près d'un quart (24,5 %) de rémunération supplémentaire après cinq ans d'ancienneté : 8,3 % au titre du treizième mois, 10,8 % pour les congés payés (calculés sur la base du salaire brut et du treizième mois) et 5,4 % pour cinq ans d'ancienneté. Après quinze ans de carrière, cela fait grimper le salaire brut de plus d'un tiers (voir plus loin) ! Pour ne pas être surpris en bout de course, il est impératif d'aborder cette question financière sans tabou avec le rédacteur en chef, en vous faisant préciser le tarif de base... Vous pourrez lever toute ambiguïté en réclamant une commande écrite précisant la composition du tarif négocié.

Treizième mois, congés payés et primes d'ancienneté

Le treizième mois est calculé sur la base du douzième des rémunérations de l'année. Il n'est dû qu'aux journalistes pigistes ayant collaboré à trois reprises, consécutivement ou non, ou dont le montant du salaire a atteint au cours de l'année civile au moins trois fois le montant minimum fixé par les barèmes de la forme de presse considérée. Ce treizième mois devrait être versé avec le salaire de janvier pour l'année précédente. Pour des raisons pratiques, la plupart des entreprises choisissent de le verser chaque mois, en sus de la rémunération mensuelle. Si ce n'est pas le cas, demander quand l'entreprise a l'habitude de le verser (généralement en une fois, avec le salaire du mois de décembre ; ou en deux fois, en juin et en décembre).

Même usage concernant l'indemnité de congés payés, habituellement versée en juin de chaque année. Celle-ci correspond à un dixième des salaires perçus au cours des douze derniers mois. Souvent, les employeurs préfèrent la verser à la fin de chaque mois. Mais dans ce cas, l'indemnité de congés payés doit être calculée sur la base de la rémunération mensuelle augmentée de un douzième au titre du treizième mois.

Enfin, la prime d'ancienneté a été remaniée fin 2008 par le Protocole d'étape. Ce nouvel accord a fondu les deux anciennes primes (l'ancienneté dans l'entreprise et celle de la carte de presse) en une nouvelle prime d'ancienneté reposant exclusivement sur la durée de détention effective de la carte de presse. D'où l'utilité de réclamer cette dernière. Cette prime d'ancienneté est de 5 % par tranche de cinq années de détention effective de la carte de presse, soit 5 % pour cinq ans, 10 % pour dix ans, etc. jusqu'à vingt ans. Étendu par le ministère du Travail fin 2010, ce Protocole d'étape s'impose à toutes les entreprises de presse. Attention : ce barème ne s'applique pas à la totalité du montant des piges. La prime est plafonnée en fonction du salaire minimum de la presse considérée. Sans rentrer dans le détail, sachez que depuis 2008, la prime d'ancienneté est calculée sur une base déterminée par un « coefficient de référence » défini comme le rapport entre la rémunération du pigiste des douze derniers mois et le salaire mensuel du rédacteur en poste. En clair, la prime d'ancienneté ne s'applique alors pas à l'intégralité de votre salaire, mais uniquement à la tranche correspondant au salaire de rédacteur. Par exemple, pour un salaire de rédacteur fixé à 1 300 €, le pigiste touchant 920 € verra bien sa prime d'ancienneté calculée sur 920 € (coefficient de 920/1000 ‹ 1) ; mais si la pige mensuelle atteint 2 000 €, la prime ne sera calculée que sur 1 300 € par application du plafond (coefficient de 1300/1000 › 1).

Le treizième mois des journalistes stagiaires

Après leur demande de carte de presse, les journalistes sont considérés comme « stagiaires » au regard de la CCIJP pendant deux ans, ou une seule année pour ceux ayant suivi un cursus de formation au journalisme reconnu par la profession. Pour autant, ces « stagiaires » ont droit au paiement d'un treizième mois (jugement de la chambre sociale de la Cour de cassation du 12 juin 2014, n°12-29751).

Cotisation sociale : pas d'abattement sans consentement

Après la ligne mentionnant le salaire brut total vient toute une série d'écritures. Elles correspondent aux cotisations sociales payées pour les assurances maladie, vieillesse, chômage ou encore la prévoyance. Des cotisations qui amputent d'environ 25 % votre salaire brut. Le bulletin de salaire indique aussi les montants versés par l'employeur. Les taux évoluent régulièrement et il serait illusoire de prétendre les contrôler. En revanche, il faut être attentif au fait que l'on cotise bien sur l'intégralité de son salaire brut et non sur une assiette réduite. Comme d'autres professions (les compagnons du BTP, par exemple), les journalistes ont la possibilité de ne cotiser à certaines assurances sociales que sur une partie de leur salaire. Ainsi, on peut cotiser sur la base de 70 % de son salaire brut aux allocations familiales et aux assurances maladies, vieillesse, accidents du travail. Ce dispositif semble avantageux à première vue : moins de cotisations équivalent à un salaire net plus élevé en fin de mois. Ce choix est pourtant lourd de conséquence, car des cotisations minorées impliquent aussi des droits réduits : diminution du montant des indemnités journalières en cas de maladie, congé maternité, accident du travail... ainsi qu'une diminution de la retraite. C'est-à-dire qu'en cas de congés maladie ou d'accident du travail, vous ne toucherez pas des indemnités à taux plein sur l'intégralité de votre salaire, mais seulement sur l'assiette de votre cotisation (soit 70 % de votre salaire). Par exemple, une femme en congé maternité ne touchera que 35 % de son salaire au lieu de 50 %.

À noter

La notion de cadre n'est pas clairement définie par le droit. Elle s'établit selon le niveau de responsabilités ou les usages de la profession. Sans « délégation de commandement » qui confère des fonctions d'encadrement, le journaliste pigiste ne saurait revendiquer ce statut. D'autant que sa fiche de paie n'indique aucune cotisation en qualité de cadre.

Le droit d'option concernant l'abattement

L'arrêté relatif aux frais professionnels indique que l'entreprise peut appliquer l'abattement si un accord d'entreprise en ce sens a été signé par les syndicats. En absence de tels accords, cette option doit faire l'objet d'une consultation individuelle. Concrètement, l'employeur doit envoyer à chaque salarié un courrier lui demandant s'il souhaite bénéficier de l'abattement. L'absence de réponse vaut accord définitif. À tout moment, il est possible de changer d'option. Il suffit de le réclamer à son l'employeur par lettre recommandée.

Textes de référence

- Arrêté du 20 décembre 2002 relatif aux frais professionnels déductibles pour le calcul des cotisations de sécurité sociale.
- Article 36 de la convention collective nationale de travail des journalistes.
- Circulaire du 19 août 2005 relative à la mise en œuvre de l'arrêté du 20 décembre 2002.

Cette disposition est la principale raison pour laquelle les employeurs réclament chaque année aux journalistes pigistes une copie de leur carte de presse. Cette carte professionnelle est un moyen de justifier auprès de l'Urssaf la réduction de la base de cotisation. Avec d'importantes économies à la clé : en réduisant de 100 à 70 % du salaire la base de ses cotisations patronales (dont le taux atteint 50 % du salaire), l'employeur réduit de 15 % ses charges. Mais, pour procéder ainsi, l'employeur doit obligatoirement recueillir votre accord individuel par écrit. Procéder autrement est abusif. Une simple lettre recommandée suffira à exiger un retour à une cotisation sur l'intégralité du salaire.

Important

Les frais nécessaires à la réalisation des articles (frais kilométriques, billets de train, restaurants, hôtels...) sont à la charge de l'employeur et font l'objet d'un remboursement à part. Ces frais de mission sont indépendants du salaire et n'apparaissent donc pas sur le bulletin de paie. Seule la mise à disposition d'avantages en nature, comme un véhicule de fonction, fait l'objet d'une réintégration.

Les cotisations concernées par l'abattement

La possibilité d'abattement permise par l'arrêté du 20 décembre 2002, relatif aux frais professionnels déductibles pour le calcul des cotisations de la sécurité sociale, spécifie que cet abattement s'applique sur les cotisations maladie et retraite de base, la contribution de solidarité autonomie, le versement de transport et la contribution au Fonds national d'aide au logement (Fnal). En revanche, les cotisations de l'assurance chômage, de retraite complémentaire et de prévoyance ne sont pas concernées et font toujours l'objet de cotisations sur 100 % du salaire brut.

Simplification annoncée

Depuis janvier 2016 et l'introduction d'une mutuelle santé pour les pigistes, le bulletin de salaire s'est enrichi d'une ligne « Garantie santé ». Ce sera sans doute la dernière. À l'horizon de 2018, voire 2017 pour les entreprises de plus de 300 salariés, un nouveau modèle de fiche de paie est prévu. Fixé par décret et arrêté paru au *Journal officiel* du 26 février 2016, le futur bulletin de paie se veut plus simple et plus compréhensible. Il ne comportera qu'une dizaine de lignes, soit deux fois moins qu'actuellement, avec de nouveaux libellés et une structuration par postes de charges. Certains libellés fusionneront entre eux tandis que d'autres disparaîtront, et les cotisations seront regroupées par thèmes sur quelques lignes. Ainsi, la référence de l'organisme auquel l'employeur verse les cotisations de sécurité sociale sera supprimée, les lignes de cotisation de protection sociale sont regroupées par risque couvert, et toutes les autres contributions relevant de l'employeur seront regroupées en une seule ligne. À l'inverse, de nouvelles mentions apparaîtront, comme le montant total des exonérations et exemptions de cotisations et contributions sociales octroyées par l'État.

Au-delà du changement d'aspect, ce gain apparent de clarté dissimule mal la disparition d'éléments d'information essentiels (noms des organismes sociaux, taux de cotisations patronaux) qui ne permettront plus de « tracer » les cotisations pour vérifier que votre employeur cotise bien au bon organisme. À terme, il est également prévu de dématérialiser le bulletin de salaire.

Chapitre 17
Obtenir la carte de presse

Le journalisme est une profession ouverte. Il n'y a pas de numerus clausus. N'importe qui peut se lancer dans l'écriture d'une enquête ou d'un reportage et proposer son article à une publication. En revanche, le législateur a défini depuis 1935 un statut de journaliste professionnel, auquel sont rattachés les journalistes pigistes depuis la loi Cressard de 1974. La reconnaissance de ce statut revient à la CCIJP, qui vérifie chaque année que le prétendant exerce bien une activité de journaliste et qu'il en tire l'essentiel de ses revenus. Concrètement, la Commission cherche à savoir s'il s'agit bien, pour le postulant, d'une activité principale et régulière (trois mois consécutifs pour une première demande). Et si elle lui procure bien plus de la moitié de ses revenus, soit au moins la moitié du Smic.

Ce qui conduit la Commission à se pencher sur la nature des activités du demandeur et le statut des entreprises qui l'emploient. Sans oublier la nature de cette rémunération (salaires). Si un journaliste pigiste peut exercer d'autres activités annexes (boulanger, pompiste, etc.), les fonctions de chargée de relations publiques et d'attaché de presse sont incompatibles avec le statut de journaliste professionnel, même à titre accessoire. Tout comme le statut de fonctionnaire ou d'agent public contractuel, car ce statut est exclusif du bénéfice de tout autre statut professionnel.

Contrairement à ce que prétend la rumeur, la carte de presse ne permet pas de ne pas payer ses places de cinéma. Mais il est exact qu'elle permet d'accéder gratuitement aux salons et expositions. Elle facilite aussi l'accès à de nombreuses manifestations officielles – il n'est pas rare que les services de l'État l'exigent.

Par coquetterie, certains journalistes ne réclament pas cette carte professionnelle, alors qu'ils y ont droit. Certes, elle n'est pas un sésame pour l'emploi. Elle reste pourtant le moyen le plus efficace d'affirmer son statut professionnel vis-à-vis des employeurs et d'obtenir la reconnaissance de ses pairs. Par ailleurs, elle facilite l'accès à de nombreuses institutions (préfectures, etc.). La carte de presse sert aussi de base au calcul de la prime d'ancienneté conventionnelle et donne accès à la formation professionnelle. Alors pourquoi s'en priver ?

À noter

Depuis 1935, la CCIJP a délivré plus de 126 500 cartes de journalistes professionnels, dites « cartes de presse ». Depuis quelques années, le nombre d'environ 1 500 à 1 600 premières demandes est stable.

Une « activité régulière, principale et rétribuée »

Aux yeux de la loi, les journalistes pigistes sont des journalistes comme les autres. Pour l'attribution de la carte de presse, la CCIJP leur applique exactement les mêmes critères que les permanents. Des critères simples, qui s'appuient sur l'article L. 7111-3 du Code du travail, qui stipule qu'« est journaliste professionnel toute personne qui a pour activité principale, régulière et rétribuée, l'exercice de sa profession dans une ou plusieurs entreprises de presse, publications quotidiennes et périodiques ou agences de presse et qui en tire le principal de ses ressources ». En vertu de l'article R. 7111-1 de ce même code, il est précisé que la carte d'identité professionnelle des journalistes « ne peut être délivrée qu'aux personnes qui, conformément aux dispositions des articles L. 7111-3 à L. 7111-5, sont journalistes ou assimilées à des journalistes professionnels ». « Il faut et il suffit de justifier d'une activité de journaliste régulière et principale, et rétribuée, résume Richard Lavigne du SPQD, ancien président de la CCIJP. Nous ne disons pas qu'en dehors de ces critères la personne ne fait pas de journalisme. Nous disons juste que, pour prétendre à la délivrance d'une carte "professionnelle", au-delà des critères, c'est l'esprit de la loi que se doit d'appliquer la CCIJP. »

Composée pour moitié de représentants des syndicats patronaux et de salariés, la Commission n'a cessé d'être confrontée à des cas particuliers : dès sa création, en 1935, elle a dû statuer sur les cameramen d'actualité de Pathé Cinéma qui n'étaient pas employés par une entreprise de presse. Après trois ans de débats passionnés, le travail de ces derniers a finalement été considéré comme un travail de nature journalistique. Dès lors, la Commission de la carte n'a cessé d'utiliser la marge d'appréciation que lui avait conférée la loi dans sa définition du journalisme pour coller au plus près de l'évolution d'une profession en perpétuelle mutation. « L'apparition des nouveaux médias en ligne et de nouveaux métiers, comme celui de modérateur ou de webmaster, nous oblige à nous pencher sur la nature réelle des tâches exercées par le demandeur », indique Éric Marquis, ancien vice-président et toujours membre de la CCIJP.

Pour les journalistes pigistes, la Commission a fait évoluer ses critères au regard de l'évolution des journalistes permanents. Jusqu'en 1990, le pigiste devait justifier d'une activité exclusive de journaliste pour prétendre à la carte, alors qu'un journaliste en poste à mi-temps dans une rédaction pouvait l'obtenir. Il y a dix ans, la CCIJP a pris la décision d'uniformiser le critère en attribuant la carte aux pigistes tirant plus de 50 % de leurs revenus de leur activité de pigiste. Et les difficultés du secteur l'ont ainsi conduite à faire preuve d'une certaine souplesse vis-à-vis des journalistes pigistes. Depuis des années, les réévaluations du Smic ne sont pas prises en compte pour établir le critère de revenu minimum. En 2015, il fallait donc justifier d'un salaire mensuel de 627 € issu du journalisme pour prétendre à la carte de presse – à condition que ce salaire représente plus de la moitié de ses revenus.

Même compréhension du côté des modes de revenus. En théorie, seuls les salaires sont pris en compte par la CCIJP. En pratique, la Commission accepte de tenir compte des droits d'auteur lors des premières demandes. Mais les revenus issus d'une activité d'auto-entrepreneur ne sont jamais considérés. Dans tous les cas, la Commission recherchera s'il s'agit d'une activité d'auteur ou de journaliste en fonction de la description des activités exercées et de la nature des entreprises. La perte d'un employeur et les périodes de maladie ou de maternité sont également prises en compte par la Commission.

Le correspondant régional de la CCIJP

Dans certains cas, la Commission procède à certaines vérifications pour établir que le candidat à la carte de presse effectue bien un travail de journaliste. En région, ces recherches sont menées par les deux correspondants régionaux de la CCIJP (un représentant des syndicats de salariés et un autre des syndicats patronaux). Ces 19 correspondants titulaires et 19 suppléants pour chacune des deux catégories (employeurs et journalistes) sont notamment chargés de s'assurer de l'exactitude des renseignements fournis et de rendre un avis motivé sur le dossier. Se rapprocher d'eux peut s'avérer utile pour constituer son dossier. Si leur avis est défavorable ou même réservé, le dossier sera directement examiné en séance plénière. En général, celle-ci suit l'avis émis par les correspondants régionaux.

Trois recours possibles

La Commission rejette moins de 10 % des dossiers en première instance. Il existe trois recours en cas de refus d'attribution de la carte de presse. Dans un premier temps, il faut demander le réexamen de votre dossier. Profitez-en pour ajouter de nouvelles pièces ou des éléments supplémentaires qui ne figuraient pas dans votre dossier initial. À l'issu de cette procédure, seulement 2 % des dossiers sont finalement rejetés.

En cas de nouveau refus, il est possible de saisir la Commission supérieure de la carte d'identité des journalistes professionnels. Composée majoritairement de magistrats, elle se réunit une à deux fois par mois pour statuer sur environ 200 réclamations annuelles. Le demandeur est invité à venir défendre son cas, éventuellement accompagné d'un avocat. Évidemment, la majorité des recours concerne les journalistes pigistes qui cherchent à démontrer leur qualité de journaliste et/ou la nature d'entreprise de presse de leur employeur. Au-delà, c'est surtout le manque d'activité et la variété des modes de rémunération dont souffrent les pigistes (voir l'encadré suivant). Recours compris, il n'y a eu au final que 700 refus d'attribution en 2015 sur 36 000 cartes de presse.

La jurisprudence du Conseil d'État

La jurisprudence du Conseil d'État présente l'intérêt de préciser la définition de la fonction de journaliste. On y découvre par exemple qu'un illustrateur peut réclamer sa carte de presse à partir du moment où ses dessins présentent un caractère suffisamment en rapport avec l'actualité (et donc que leur auteur peut être qualifié de journaliste). Autres exemples, sur la nature de l'entreprise et de la publication éditée : une entreprise audiovisuelle n'est pas forcément une agence de presse ; une société de sous-traitance d'une entreprise de presse n'est pas forcément une agence de presse. Et ce n'est pas parce que l'on travaille dans une entreprise de presse que l'on est forcément journaliste : ainsi en est-il d'un iconographe ou même d'un directeur de la publication cumulant cette fonction, avec celle de rédacteur en chef (ou toute autre fonction journalistique).

À savoir

Les membres de la Commission, comme le personnel administratif, sont tenus au secret professionnel concernant les informations individuelles qu'ils sont amenés à connaître dans l'exercice de leur fonction. Concernant les renseignements à communiquer au fisc, la Commission est seulement tenue d'indiquer si un individu est titulaire, ou non, de la carte.

Si vous contestez la décision de la Commission supérieure, vous devez faire appel au Conseil d'État, le juge suprême en matière administrative, et dont les décisions s'imposent donc à la Commission de la carte. Mais sa jurisprudence en matière d'attribution de la carte de presse est assez restreinte.

En clair, les décisions de la Commission supérieure de la carte d'identité de journaliste professionnel sont rarement mises en cause. Cela ne veut pas dire qu'il ne faut pas faire appel, mais qu'il faut avoir de bons arguments à faire valoir. Ce fut le cas de M. A., reporter-photographe : en 1995, le Conseil d'État a estimé que son travail pour le compte de publications périodiques devait être considéré comme une activité de journaliste à partir du moment où il l'exerçait de manière principale et régulière, et qu'il en tirait l'essentiel de ses ressources. Fin 1992, la Commission supérieure lui avait pourtant refusé de lui attribuer une carte de presse. Le Conseil d'État estime d'une manière constante qu'il n'est pas nécessaire d'être employé par une entreprise de presse pour être journaliste, et que l'inscription de la publication à la CPPAP ne doit pas peser dans la décision d'attribution de la carte de presse. Ce qui importe, selon lui, c'est seulement l'article L. 7111-3 du Code du travail, à savoir que le journalisme soit l'activité « principale, régulière et rétribuée » du demandeur.

Exemple d'un jugement de la Commission supérieure

Attendu que M. K. s'est vu refuser l'attribution de la carte d'identité de journaliste professionnel au motif que les éléments fournis et la médiocrité de ses revenus ne permettent pas d'établir le caractère principal et régulier de l'exercice de la profession de journaliste ;

Attendu qu'à l'appui de son recours, M. K. fait valoir qu'il a été contraint d'accepter des revenus modestes « par passion et humilité » en attendant que les métiers de la presse se développement mieux, que la qualité de ses articles n'est pas prise en compte, qu'elle a travaillé à plein-temps au sein des rédactions et que ses articles qui ont paru sans cesse entre septembre 20XX et janvier 20XX ont été l'unique source de ses revenus, qu'elle a été présente dans l'ours, qu'elle fait l'objet d'une double peine (accepter une modique somme et être sanctionnée pour la « pingrerie » de son employeur), qu'elle a besoin de sa carte de presse pour poursuivre son cursus professionnel ;

Attendu que M. K. a produit trois bulletins de salaire pour un montant de 300 € brut, soit au total 900 € au titre de l'année 20XX ; qu'elle a indiqué verbalement que depuis le mois de novembre de la même année, elle travaille pour le journal hebdomadaire XX, mais n'a justifié d'aucun contrat ni d'aucune rémunération ;

Attendu qu'en l'état, M. K. ne justifie pas d'un travail régulier, constituant sa principale source de revenu, que c'est donc à bon droit que la Commission du premier degré a statué comme elle l'a fait ;

Qu'il y a lieu de confirmer la décision déférée.

Quelques chiffres

Vous pouvez vivre sans connaître ces chiffres, mais il est toujours intéressant d'avoir une vision globale de son secteur d'activité, et utile d'avoir des repères en termes de salaire, par exemple.

Un cinquième des journalistes sont pigistes

La Commission de la carte d'identité professionnelle des journalistes (CCIJP) a attribué 35 928 cartes de presse en 2015, dont 34 256 renouvellements et 1 672 premières demandes. Dans ses statistiques, la Commission de la carte ne fait pas de distinction entre les journalistes pigistes et les journalistes en CDD. 7 600 des demandes de renouvellements émanent des pigistes et CDD, et 1 118 des premières demandes. Les deux tiers des premières demandes proviennent de journalistes pigistes. Cette catégorie progresse considérablement depuis quelques années : entre 1995 et 2015, le nombre de journalistes pigistes titulaires de la carte de presse est ainsi passé de 4 786 à 8 718 (+82 %). Selon les syndicats, l'augmentation du renouvellement des cartes de presse pigistes laisse apparaître une précarisation grandissante de la profession. En vingt ans, la part du nombre des pigistes dans la population des journalistes professionnels a grimpé de 14,5 % en 1995 à 24,2 % en 2015. En tenant compte des seuls pigistes (et non plus des CDD), l'Observatoire de la presse calcule que 18,9 % des journalistes sont des pigistes (chiffre de 2013), mais qu'ils représentent 37,3 % des premières demandes de cartes de presse, contre 30,2 % en 2003.

Plus de la moitié (51,3 %) des étudiants ayant suivi une école de formation reconnue par la profession demandent une carte de presse comme pigistes à l'issu de leur cursus, contre un peu plus d'un tiers (34,6 %) de ceux ayant fréquenté une école non reconnue. En 2013, les journalistes pigistes représentaient plus d'un quart des 36 907 journalistes encartés. En Île-de-France – où sont installés près des deux tiers des pigistes – les pigistes représentent un quart (24,8 %) des journalistes. Mais tous les journalistes pigistes ne réclament pas la carte de presse.

Les 13 écoles reconnues

Il s'agit du Centre de formation des journalistes (CFJ) de Paris, de l'École supérieure de journalisme (ESJ) de Lille, du Master de l'Institut de journalisme de Bordeaux, du Master du Centre universitaire d'enseignement du journalisme de Strasbourg, de la licence professionnelle de l'IUT de Tours, du Master du Celas de Paris, du Master de l'École de journalisme et de communication de la Méditerranée de Marseille, de l'Institut pratique du journalisme de Paris, de l'École de journalisme de Toulouse, du DUT option journalisme de l'IUT de Lannion, du Master de l'École de journalisme de Grenoble-Echirolles, du Master de l'Institut français de presse (IFP) de Paris et du Master de l'École de journalisme de Sciences-Po Paris.

D'autres sources permettent d'avoir une vision plus globale de cette population. En particulier les chiffres d'Audiens, qui reçoit donc les cotisations des employeurs. Selon cet organisme, les entreprises de presse ont versé des rémunérations à plus de 21 000 journalistes pigistes en 2011, année où la CCIJP n'a délivré que 7 603 cartes de presse pigistes. Même si ce chiffre inclut les piges occasionnelles faites par les journalistes en CDI, il laisse supposer que la population de pigistes est trois fois plus importante que le nombre de pigistes officiellement encartés. À noter que selon la CCIJP, l'âge moyen des pigistes atteint 40 ans quand celui des journalistes en CDD est de 31 ans.

Les plus gros employeurs de pigistes

Sans surprise, la presse magazine et la presse spécialisée sont les principaux « consommateurs » de pigistes. En 2014, selon les chiffres d'Audiens, le groupe Hachette Filipacchi était le plus gros employeur de pigistes, avec environ 2 000 pigistes rémunérés sur l'année. Suivaient ensuite le groupe Prisma Presse (1 245), L'Express-Roularta (995), le groupe Mondadori (924), *le Figaro* (814) et *l'Équipe*.

La progression du nombre de cartes

Après deux années de (petite) baisse (37 007 en 2010 et 36 815 en 2011), le nombre de cartes d'identité de journalistes professionnels est reparti (très légèrement) à la hausse en 2012 avant de redescendre lentement. Depuis trois ans, le plafond de 36 000 journalistes encartés apparaît de plus en plus comme un nombre maximal. De fait, l'évolution du nombre de cartes de presse a considérablement progressé au cours des années 1990 (+ 25 % entre 1991 et 2001), mais beaucoup plus faiblement lors de la décennie suivante (moins de 5 % entre 2002 et 2012). Cette progression asymptotique illustre les difficultés économiques de la presse et le durcissement du marché de l'emploi qui en découle.

La féminisation du secteur

On note à travers l'évolution des délivrances de la carte de presse que la profession de journalisme se féminise. De moins de 35 % en 1991, le pourcentage de cartes de presse détenues par des femmes est passé à 40 % en 2001 et 46,5 % en 2015. En 1965, seulement 15 % des cartes de presse étaient féminines.

Les salaires moyens

Du point de vue statistique, la détention de la carte de presse est l'assurance de gagner plus pour les journalistes pigistes. En moyenne, les pigistes encartés gagnaient 2 280 € brut/mois en 2011, et même 2 334 € pour les plus anciens (demandes de renouvellement). Les données de la CCIJP révèlent que 30 % des journalistes pigistes encartés gagnent plus de 2 500 € par mois. C'est dans les secteurs de la production et en télévision que les rémunérations sont les plus élevées, avec respectivement 3 279 € et 2 537 €. La presse écrite et la radio se suivent avec 2 179 € et 2 068 €. La médiane de 1 973 € rappelle que la moitié des journalistes pigistes encartés gagnent moins de 2 000 € par mois. Ils sont même 18,5 % à gagner moins de 1 500 € brut/mois, et 12,9 % d'entre eux touchent moins de 500 €.

Comment demander sa carte de presse ?

Il est possible de faire sa demande de carte de presse dès l'obtention de trois bulletins de salaire consécutifs, en utilisant les formulaires disponibles en ligne sur le site de la CCIJP. En plus de l'imprimé concernant le postulant, il faut faire remplir l'attestation employeur où doivent figurer la qualification précise et le montant total des piges sur la période considérée.

Outre les bulletins de paie, le postulant doit compléter ce premier dossier par tous les éléments permettant à la Commission d'apprécier la nature journalistique de son travail ou celle de la publication qui l'édite. En outre, l'intéressé doit joindre une copie de sa carte d'identité ou de son passeport, un extrait de casier judiciaire (datant de moins de trois mois), deux photos d'identité, un CV et des justificatifs de production (articles parus). Les frais de dossiers s'élèvent à 48,80 €, mais il est possible de ne régler que la moitié de cette somme en demandant à la Commission de se charger de recouvrir la contribution patronale auprès de vos deux principaux employeurs. Le formulaire est alors à renvoyer avec la demande. Si vos employeurs rechignent à remplir et à vous renvoyer vos attestations, il est possible de passer outre et de faire votre demande de carte avec seulement la copie de vos bulletins de paie. Dans ce

Important

Toute déclaration inexacte en vue d'attribution abusive d'une carte de presse et toute utilisation ou fabrication frauduleuse d'une carte de presse sont punies de deux ans d'emprisonnement et de 3 700 € d'amende.

cas, le dossier est obligatoirement traité en Commission plénière. Si toutes les conditions sont réunies, la carte sera normalement délivrée.

Si le dossier est simple, les deux commissaires de la CCIJP (un représentant des salariés et un autre des employeurs) peuvent accorder la carte au terme d'une simple vérification administrative. Le délai d'obtention peut alors être réduit à moins de deux mois. Souvent, les commissaires réclament des pièces complémentaires ou l'avis des délégués régionaux, et les délais peuvent être sensiblement rallongés. En cas de doute, de désaccord ou d'avis négatif des délégués régionaux, le dossier en suspens part en commission plénière pour être examiné en détail. À ce stade, la plupart des dossiers font l'objet d'un consensus, mais quelques-uns sont soumis au vote. Moins de 10 % des demandes sont refusées.

Pendant deux ans, le journaliste professionnel se voit attribuer une carte de stagiaire. Les diplômes des 13 écoles de journalisme dispensant un cursus de formation reconnu par la Convention collective des journalistes voient cette période de stage réduite à un an (il faut alors joindre la copie de son diplôme à la première demande).

La procédure de renouvellement est naturellement simplifiée. Les conditions à remplir sont les mêmes, mais la régularité de l'activité s'apprécie sur les 12 mois précédant la demande. Le journaliste pigiste doit alors remplir le formulaire de demande de renouvellement et l'adresser à la Commission, accompagné d'un certificat délivré par son employeur et des derniers bulletins de salaire reçus portant le cumul annuel, avec la liste des employeurs.

À noter

La CCIJP devrait proposer à partir de 2018 aux rédacteurs de réaliser leurs demandes d'inscription et de renouvellement en ligne.

FAQ SUR LA CARTE DE PRESSE

La collaboration à un journal gratuit est-elle reconnue comme activité journalistique ouvrant droit à la carte ?

Les tribunaux saisis de cette question ont rendu des jugements contradictoires. En conséquence, la Commission examine les demandes au cas par cas, et prend en compte, notamment, la proportion de rédactionnel et de publicité dans l'ensemble de la publication pour arrêter sa décision. Cela étant dit, les journaux gratuits d'information générale *(20 Minutes, Direct Matin...)* permettent d'obtenir la carte de presse. À l'inverse, les magazines gratuits publiés par des sociétés d'assurance, des chaînes de télévision ou distribués dans certains lieux (hôtels, trains, etc.) ne sont pas considérés comme des titres de presse. Dans tous les cas, la possession par la publication d'un numéro délivré par la Commission paritaire des publications et des agences de presse (CPPAP) est une présomption forte mais pas suffisante.

Un journaliste au chômage peut-il avoir la carte de presse ?

Si le journaliste privé d'emploi a détenu la carte professionnelle pendant deux ans au moins, sa carte peut être renouvelée durant deux années à condition qu'il soit indemnisé par Pôle emploi (avis de situation à fournir). Au-delà, la prorogation éventuelle de la carte est soumise à l'appréciation de la CCIJP.

Quand demander la carte ?

Sitôt passés les trois mois consécutifs de travail. La première demande peut être déposée à n'importe quel moment de l'année. Pour éviter l'encombrement des dossiers de fin d'année, il peut être judicieux de faire votre demande de renouvellement de carte de presse avant la fin de l'année, dès le mois de novembre ou même d'octobre. Il suffit alors de fournir les justificatifs relatifs aux 12 derniers mois et non sur l'année calendaire. En faisant sa demande en fin d'année, on obtient la carte de l'année suivante.

Un journaliste dans une radio ou une télévision locale privée peut-il obtenir la carte ?

En plus des justifications habituelles exigées, le demandeur devra produire l'autorisation d'émettre reçue par la radio (photocopie de la page du *Journal officiel*) ou une copie de convention passée avec le CSA pour la télévision.

Et les journalistes des sites Web ?

Bien avant la création du syndicat de la presse indépendante d'information en ligne (SPIL), la CCIJP avait décidé que, pour obtenir la carte de presse, le demandeur devrait remplir les mêmes conditions que ses confrères de la presse traditionnelle. À savoir, exercer une réelle activité journalistique. Des copies d'écran en nombre significatif doivent donc être fournies.

Qu'en est-il des publications émanant de collectivités territoriales ?

La situation des collaborateurs de ce type de publications est examinée au cas par cas. Une seule constante : si le demandeur bénéficie soit du statut de fonctionnaire, soit de celui d'agent public contractuel, et même s'il exerce exclusivement une activité journalistique, la carte ne peut être délivrée. Un fonctionnaire, ou un agent public contractuel, ne peut en effet invoquer la clause de conscience.

Et des journalistes à l'étranger et collaborant avec des titres étrangers ?

Le journaliste français résidant en France, mais collaborant exclusivement avec la presse étrangère, tout comme le journaliste étranger basé en France et correspondant de la presse étrangère relèvent tous deux des services de la presse étrangère du ministère des Affaires étrangères, qui délivrent une carte spécifique. En revanche, un journaliste étranger détenant une carte de résident en cours de validité et collaborant avec un titre de presse français peut tout à fait obtenir une carte de presse.

Chapitre 18
Accéder à la formation

Rappeler que la formation est essentielle dans la vie d'un journaliste indépendant devrait sembler superflu. Et pourtant ! Il est utile de le dire et le redire : la formation continue permet d'acquérir de nouveaux savoir-faire, d'actualiser ses compétences, notamment en matière de nouvelles technologies et nouvelles pratiques, de revisiter les fondamentaux de son métier, de rencontrer d'autres journalistes... Depuis quelques années, la presse est entrée dans une profonde restructuration de ses modes de travail, avec l'apparition des nouveaux moyens de diffusion de l'information. Cette mutation exige une forte capacité d'adaptation. Pour répondre à ce défi, le journaliste indépendant doit développer ses compétences professionnelles.

Même si son financement représente une lourde charge administrative, la formation doit figurer en bonne place dans l'agenda d'un journaliste indépendant toujours soucieux d'élargir son horizon. Celle-ci se révèle indispensable pour qui souhaite progresser dans sa carrière. Les formations courtes (modules de quelques jours) qui ciblent l'acquisition de connaissances particulières pourront d'autant plus facilement s'intégrer dans le planning du journaliste indépendant que la nature discontinue de l'activité génère des périodes d'inactivité, quel que soit le statut considéré. Les formations longues, elles, doivent permettre de se spécialiser dans un domaine particulier. Dans tous les cas, il faudra veiller à bien construire son projet de formation en analysant ses atouts et ses manques à l'aune de l'évolution du marché.

La formation des pigistes

Le droit à la formation des journalistes pigistes a longtemps été bafoué. Au pire, leurs salaires n'étaient pas intégrés à la masse salariale des entreprises. Ils venaient gonfler les cotisations des entreprises, alors que seuls les journalistes staffés bénéficiaient des formations. L'accès à la formation restait soumis au bon vouloir des employeurs, peu enclins à satisfaire les besoins de collaborateurs extérieurs. Pour la presse écrite, cet état de fait a volé en éclats début 2009 avec la signature d'un avenant relatif aux journalistes rémunérés à la pige de l'Accord collectif national sur la formation professionnelle dans la presse, conclu entre les syndicats et les fédérations de presse. La réforme de la formation professionnelle de 2015 a rendu caduque cet avenant. Il a été remplacé par un nouvel avenant, signé début 2016, qui garantit l'accès à la formation des pigistes titulaires de la carte de presse de la presse écrite et en ligne, et des agences de presse.

Depuis 2012, les montants consacrés à la formation des journalistes pigistes sont collectés par l'Afdas. Cet organisme est l'interlocuteur des journalistes pigistes qui lui adressent directement leurs demandes de prise en charge, que l'Afdas finance après acceptation.

N'importe quel journaliste pigiste peut, même sans en avertir ses employeurs, demander le financement d'une formation. Les pigistes qui ne sont pas titulaires de la carte de presse peuvent, comme n'importe quel salarié, bénéficier des heures de formation acquise par le biais de leur compte personnel de formation (CPF). Mais seuls les journalistes titulaires de la carte de presse pourront solliciter les fonds conventionnels pour financer d'autres dispositifs de formation professionnelle en dehors du CPF – à condition d'avoir travaillé au moins un an dans une entreprise de presse cotisant à l'Afdas. En plus des coûts pédagogiques, certains frais peuvent être pris en charge par l'Afdas : déplacement, hébergement, restauration. Le versement d'une allocation de formation est même prévu pour compenser la perte de salaire – difficile de piger lorsqu'on est en formation. Cette indemnité prend la forme d'un forfait horaire.

Depuis peu, des dispositions identiques existent pour les auteurs, toujours via l'Afdas, mais pas les correspondants locaux de presse

(CLP). Les auto-entrepreneurs peuvent aussi bénéficier de la formation via un autre dispositif du fonds d'assurance formation (FAF) auquel ils cotisent. Enfin, si vous travaillez par l'intermédiaire d'une société de portage, vos droits à la formation varient selon la branche professionnelle dont dépend votre employeur (ce ne sera sans doute pas l'Afdas qui se chargera du financement). Ce sera également le cas si votre employeur n'est pas une entreprise de presse et ne cotise pas à l'Afdas.

Le droit à la formation

La formation professionnelle est un droit prévu par le Code du travail ; son livre IX indique que la formation professionnelle a pour objet « de favoriser l'insertion ou la réinsertion professionnelle des travailleurs, de permettre leur maintien dans l'emploi, de favoriser le développement de leurs compétences et l'accès aux différents niveaux de la qualification professionnelle, de contribuer au développement économique et culturel et à leur promotion sociale ».

La loi n° 2014-288 du 5 mars 2014, appliquée depuis début 2016, a mis en place de nouveaux dispositifs. Depuis cette réforme, toutes les entreprises doivent consacrer une partie de leur masse salariale (0,55 % pour les entreprises de moins de 9 salariés, 1 % au-delà) à des actions de formation. Sur ce montant, 0,2 % est reversé à l'organisme paritaire collecteur agrée (OPCA) de leur branche (l'Afdas pour la presse) au titre du compte personnel de formation (CPF) pour financer des formations de courte durée (moins de 150 heures), et 0,7 % est reversé au titre du congé individuel de formation (CIF) pour financer des cursus qui ne sont pas forcément en lien avec l'activité professionnelle du demandeur, comme dans le cas d'une reconversion. En ce qui concerne le CPF, seules les formations certifiantes ou diplômantes peuvent être financées. Par ailleurs, les entreprises doivent consacrer une partie de la masse salariale (jusqu'à 0,4 % selon le nombre de salariés) à leur plan de formation.

Par un avenant relatif aux journalistes pigistes du 8 mars 2016 qui complète l'Accord collectif sur la formation professionnelle dans la presse, les entreprises de presse doivent verser une contribution conventionnelle supplémentaire de 0,3 % sur le montant des piges brutes pour financer des actions de formation collectives définies comme prioritaires par la commission « journaliste pigistes » de l'Afdas, ou pour abonder le financement d'un CPF ou d'un CIF. Cet avenant concerne la presse écrite imprimée et/ou en ligne et les agences de presse.

Les demandes de prise en charge des coûts pédagogiques sont étudiées puis validés (ou non) par la Commission « journalistes pigistes », de l'Afdas où siègent 12 membres (6 représentants des organisations syndicales de journalistes et 6 des organisations d'employeurs).

Le calcul des droits par l'Afdas

L'ensemble de vos droits à la formation est calculé en fonction du nombre d'années de détention de la carte de presse et de vos rémunérations cumulées dans des entreprises de presse cotisant à l'Afdas. Comme pour les salariés à temps partiel, les droits à la formation acquis par les pigistes sont calculés au prorata de leur durée de travail. Les congés maladie, maternité ou parental sont pris en compte. En l'absence de référence à un temps de travail, l'Afdas utilise un coefficient de référence (montant des salaires du pigiste perçus au cours des 12 derniers mois/minimum du barème salarial dans la presse considérée) pour déterminer le nombre d'heures acquises par le pigiste au cours d'une année. Ce nombre est majoré par la fréquence de la collaboration du pigiste avec l'employeur (2 heures de CPF supplémentaires pour 6 bulletins de salaires dans l'année, 3 heures pour 8 bulletins, 4 heures pour 10). Ce mode de calcul permet de compenser les années de faible activité par les années plus chargées.

Les formations éligibles aux financements de l'Afdas au titre du CPF sont celles qui préparent à un titre ou un diplôme reconnu par le répertoire national des certifications professionnelles (RNCP), une certification figurant à l'inventaire établi par la Commission nationale de la certification (CNCP) ou une certification acquise par la voie de la validation des acquis de l'expérience (VAE).

Le financement des actions de formation, de bilan de compétences et de validation des acquis de l'expérience s'effectue selon des règles établies par catégorie professionnelle. Sur le site Internet de l'Afdas, à partir de la rubrique « Particulier » vous serez dirigé vers les conditions d'accès et modalités de demande de financement de formation pour les journalistes rémunérés à la pige.

Les journalistes pigistes non titulaires de la carte de presse peuvent bénéficier d'un financement de l'Afdas pour accéder à des formations non certifiantes relevant d'un socle interprofessionnel de connaissance et de compétences. Dans le cadre d'un CIF, la formation doit durer au moins 105 heures sur 12 mois. Compte tenu de l'évolution numérique et multimédia de la presse, la commission pigiste de l'Afdas indique qu'elle accordera sa priorité aux formations opérationnelles permettant l'adaptation des journalistes pigistes à ces mutations.

L'Afdas collecte les contributions formation de dix branches d'activité (l'audiovisuel, le spectacle vivant, la presse, l'édition de livres et l'édition musicale, le cinéma, la publicité et les loisirs) pour un total de 224,6 millions d'euros en 2014. En 2013, la collecte pour les journalistes pigistes représentait 760 000 €, contre 19 millions d'euros pour les journalistes en CDD et 21,1 millions d'euros pour les journalistes en CDI, soit un total de 40,9 millions d'euros. Les principaux organismes de formation spécialisés dans le journalisme bénéficiant des fonds de l'Afdas sont le CFPJ, l'ESJ Pro (Lille et Montpellier), le CPJ et l'EMI-CFD.

Il est parfois possible de combiner plusieurs sources pour financer une formation, en associant les aides de l'Afdas à celles de Pôle emploi, des Régions, etc., en particulier lorsque la durée du cursus est supérieure au plafond de 150 heures du CPF. Quel que soit votre projet, il est impératif de vous tourner vers l'Afdas en lui demandant d'étudier toutes les options permises.

Une nouveauté : le conseil en évolution professionnelle

Le Conseil en évolution professionnelle (CEP) est une nouvelle prestation gratuite d'accompagnement aux projets d'évolution introduite par la réforme de 2015. Encore en rodage, le CEP de l'Afdas peut être demandé par tout journaliste pigiste. Le bénéficiaire peut disposer d'un accueil individualisé par un conseiller pour élaborer une stratégie d'évolution de ses compétences et d'un accompagnement dans la mise en œuvre du projet de formation (identification des organismes et possibilités de financement).

Le plan de formation des entreprises

Le plan de formation de l'entreprise est établi par l'employeur après consultation des représentants du personnel. Ces formations concernent essentiellement des actions d'adaptation ou d'évolution des compétences visant à accompagner la stratégie de l'entreprise. Pour les rédactions, il s'agit le plus souvent d'apprendre l'utilisation de nouveaux outils multimédias (vidéo...) ou de nouvelles écritures sur Web (dont data-journalisme, réseaux sociaux...). Les salariés ne peuvent pas refuser de suivre ces formations, mais les journalistes pigistes sont rarement invités à les suivre.

Avant la réforme, les contributions légales et fiscales du financement de la formation professionnelle représentaient de 0,55 à 1,6 % de la masse salariale, selon la taille de l'entreprise, dont 0,9 % devait être consacré au plan de formation. Depuis 2015 est apparue une contribution unique obligatoire de 1 % de la masse salariale (0,5 % pour les entreprises de moins de 10 salariés). Sur ce 1 %, la part consacrée au plan de formation a considérablement baissé : elle n'est plus que de 0,2 % pour les entreprises de 10 à 50 salariés et de 0,1 % pour les entreprises de 50 à 300 salariés. Et elle est nulle pour celles de plus de 300 salariés. En contrepartie, d'autres contributions ont vu le jour pour financer les CIF (0,15 % pour les entreprises de 10-50 salariés, 0,20 % au-delà) et le CPF (0,20 %). Résultat, les entreprises recourent de moins en moins au plan de formation et demandent de plus en plus aux salariés d'utiliser leur compte personnel de formation (CPF), même si l'utilisation des heures acquises au titre du CPF doit normalement rester une action volontaire du salarié.

En contrepartie, les entreprises sont maintenant obligées de mener, tous les deux ans, un « entretien professionnel » (distinct de l'entretien d'évaluation) sur les possibilités d'évolution professionnelle de chaque salarié. Si, au bout de six ans, soit trois entretiens professionnels, le salarié n'a reçu ni formation, ni promotion, ni augmentation de salaire, l'employeur sera sanctionné sous la forme d'un financement supplémentaire de 100 heures de CPF (pour les sociétés de plus de 50 salariés). Malheureusement, les journalistes pigistes n'auront pas droit à l'octroi d'un crédit d'heures de formation supplémentaires : à la place de ces rendez-vous, l'avenant du 8 mars 2016 stipule la création d'un dispositif conventionnel spécifique de « suivi de parcours professionnel personnalisé » géré par l'Afdas et qui pourra être dématérialisé. Ce « suivi » aura pour objectif d'établir un bilan de la situation professionnelle du pigiste et de ses besoins en matière de formation.

Le compte personnel de formation (CPF)

La réforme de la formation de 2015 a instauré la création d'un compte personnel de formation (CPF) qui suivra le salarié durant toute sa carrière, y compris durant ses périodes de chômage, et qui ne concernera que les formations qualifiantes. Ce CPF prend la forme d'un compte d'heures de formation que le salarié crédite par son activité (salaires) et dont il décide lui-même de l'utilisation. Les droits à la formation restent acquis même en période de chômage. Avec ce nouveau dispositif, chaque salarié bénéficie, en fonction de son activité, d'un crédit annuel maximal de 24 heures de formation sur les cinq premières années (palier de 120 heures), puis de 12 heures les trois années suivantes, le tout étant cumulable sur huit ans (soit 150 heures au total) au titre du droit individuel à la formation. Nul besoin de demander l'autorisation à l'employeur pour suivre une formation ; il suffit de vérifier que la formation choisie est bien éligible et d'en faire la demande auprès de l'Afdas.

La première chose à faire est de créer son compte sur le site Internet dédié www.moncompteformation.gouv.fr. Ceux qui travaillaient avant 2016 doivent éventuellement y transférer les heures de formation acquises et non consommées en 2014 et 2015 au titre du droit individuel à la formation (DIF) – le précédent dispositif de formation, ces heures de DIF restent acquises jusqu'en 2020. Le report dans le compte CPF s'opère au prorata d'un montant annuel de référence selon le calcul suivant :

- pour 2015 : salaire annuel brut × 21 /19 988,80 = X heures de CPF (dans la limite de 20 heures) ;
- pour 2014 : salaire annuel brut × 21 /19 822,40 = X heures de CPF (dans la limite de 20 heures).

Inutile de tricher, car il vous sera toujours réclamé une copie de vos bulletins de salaire lors d'une demande de financement... Avec ou sans report des heures DIF, votre CPF est automatiquement mis à jour au fil du traitement des déclarations faites par vos employeurs, avec une régularisation du compteur au mois de mars.

Le lancement du CPF a été très chaotique. La plupart des formations existantes n'avaient pas été agréées en temps et en heure, alors que seules les formations certifiantes pouvaient être financées. Cela a bloqué de nombreuses demandes. Depuis, l'Afdas a recensé plus de 12 000 formations débouchant sur un titre ou diplôme répertorié.

Si vos droits au CPF ne couvrent pas la totalité de la durée de la formation envisagée, une prise en charge complémentaire peut se faire dans le cadre d'autres dispositifs, notamment du « plan de formation » de l'Afdas. Son accès dépend cependant de vos droits au CPF et n'est possible qu'une année sur deux.

Quid des frais d'hébergement et de transport ?

Les frais d'hébergement, restauration et transport peuvent être totalement ou partiellement pris en charge par l'Afdas dans le cadre d'une formation. Le taux de prise en charge de l'Afdas est fonction de la durée du stage et du salaire qui vous est versé pendant votre formation. La prise en charge est totale pour tout demandeur dont le salaire est inférieur ou égal à 150 % du Smic. Sinon, le remboursement des frais de transport se fait sur la base de deux allers-retours mensuels, au forfait kilométrique de 0,12 €/km si vous utilisez votre véhicule personnel, ou aux frais de train ou d'avion, dans la limite d'un plafond de 300 € par mois.

Dans tous les cas, il vous faudra fournir tous vos justificatifs de dépense. Par ailleurs, la participation de l'Afdas aux frais de transport et d'hébergement n'est pas systématique. Un stage se déroulant à moins de 50 km de votre domicile ne sera pas défrayé. Et aucun remboursement ne sera effectué pour des déplacements au sein de la région Île-de-France. Par ailleurs, si l'Afdas considère qu'il existe dans votre région une formation équivalente à celle demandée, le remboursement des frais peut être refusé. Prenez soin de bien conserver tous les justificatifs et de les envoyer en temps et en heure. L'Afdas refuse de rembourser les frais au-delà d'un mois après la fin de la formation.

Important

Les pigistes qui suivent une formation au titre de leur CPF financé par l'Afdas ont droit à une indemnisation directement versée par celle-ci pour compenser la perte de salaire durant la période de formation. Le montant de cette allocation est variable. N'oubliez jamais d'émarger la feuille de présence qui atteste de votre assiduité et déclenchera le versement de cette allocation.

Trouver une formation (CPF)

Avant de préparer votre dossier de demande de prise en charge par l'Afdas, assurez-vous que la formation choisie est éligible au CPF et vérifiez que vous disposez du nombre d'heures suffisant pour la suivre.

Première possibilité : vous avez déjà identifié une formation qui vous plaît. Il faut alors vérifier que celle-ci est bien éligible au financement du CPF. Le plus simple est de demander à l'établissement de formation le numéro de CPF de la formation, numéro que vous reporterez dans votre demande de prise en charge.

Autre solution : vous recherchez une formation dans un domaine particulier. Dans ce cas, le catalogueur du site Internet de l'Afdas (www.recherche-cpf.afdas.com) peut vous aider à trouver un organisme avec une formation agréée. Y figurent toutes sortes de formations en journalisme, en langues étrangères, pour l'apprentissage de logiciels professionnels... Cette base de données comporte tous les organismes de formation ayant fait l'objet d'au moins un financement de l'Afdas au cours des trois dernières années. Vérifiez néanmoins que la formation concernée respecte bien les règles et conditions de financement par l'Afdas. Notez également que, si votre projet de formation n'est pas très bien défini, vous pouvez mobiliser un conseil en évolution professionnelle (CEP).

Il existe une multitude d'organismes de formation professionnelle dans le domaine du journalisme. Les écoles de formation initiale au journalisme reconnues par la Commission nationale paritaire pour l'emploi des journalistes (ESJ, CFJ, IPJ...), ainsi que d'autres établissements, proposent souvent un catalogue de formations continues. D'autres organismes spécialisés (EMI-CFD, Wan-Ifra...), dispensent des formations. La base de l'Afdas accessible sur Internet recense plusieurs dizaines d'établissements formant au journalisme. Mais, pour accéder aux programmes détaillés des stages, il est souvent nécessaire de consulter le site Internet de l'organisme en question. Selon les thématiques (prise de son, photographie de presse...), d'autres structures auxquelles on ne pense pas forcément (INA, Nikon School...) proposent également des stages pertinents. De son côté, Illya a développé des outils de formation adaptés à la situation des pigistes, avec des formations spécifiques (« Travailler mieux pour gagner plus ») et adaptées, sur 2 ou 3 jours.

À savoir

La plupart des organismes de formation sont à Paris.

Le choix doit s'effectuer en fonction du programme détaillé et de l'intervenant, s'il est identifié. En plus de ses qualités pédagogiques, son parcours autant que sa situation professionnelle actuelle doivent être pris en compte. Car il pourra être une bonne source d'information sur la pratique des rédactions qu'il fréquente, notamment en matière de collaboration avec les pigistes.

N'oubliez pas qu'une formation est souvent l'occasion de nouer des contacts avec de nouveaux collègues et de partager les expériences. Ce maillage des réseaux professionnels de partage et de solidarité est aussi important que le développement des compétences

À noter

L'Afdas propose six modules e-learning de 20 à 45 minutes en accès libre. Élaborés par des professionnels de la presse, ils portent sur les modèles économiques de la presse en ligne, animation de communauté, référencement Web, écriture Web, animation de blog, veille et investigation sur le Web.

pour relever les défis de changement et d'adaptation imposés aux pigistes par l'évolution de la presse.

Le congé individuel de formation (CIF)

Le congé individuel de formation (CIF) a pour objet de permettre au salarié de suivre, à son initiative, une formation longue sans l'autorisation de son employeur. Pour bénéficier d'un CIF, les journalistes pigistes doivent justifier d'au moins deux ans d'ancienneté professionnelle et d'au moins une pige dans une entreprise de presse cotisant à l'Afdas au cours des 12 mois précédents. Le dossier à constituer est assez lourd : en effet, il faut insérer les bulletins de décembre des quatre dernières années (ou le dernier de l'année considérée, où figure le cumul annuel de votre salaire) de tous vos employeurs, ainsi que tous vos bulletins de salaires de l'année en cours. L'Afdas peut ainsi calculer vos droits et prendre sa décision.

Les formations accessibles au titre du CIF sont très diverses. Pour les journalistes, il peut s'agir de formation en vue d'acquisition, d'entretien ou de perfectionnement des connaissances (notamment pour s'adapter à l'évolution du métier), de formation visant à acquérir une qualification plus élevée, voire de formation dans le but de se reconvertir pour faciliter l'accès à un nouvel emploi. La formation demandée n'a donc pas besoin d'être en rapport avec l'activité professionnelle exercée. Les cours particuliers ne sont pas pris en charge par le CIF, tout comme les stages de développement personnel ou de comportement. La formation peut se dérouler à temps plein ou à temps partiel (par exemple, 2 heures par jour) et de manière continue ou discontinue (par exemple, 1 semaine par mois). Un CIF doit néanmoins durer moins d'un an à temps plein (avec un minimum de 120 heures) ou 1 200 heures à temps partiel.

Les demandes de CIF des journalistes pigistes ne sont pas étudiées par la Commission des journalistes pigistes de l'Afdas mais par la Commission CIF de la presse et seront financées sur l'enveloppe CIF de la presse. Chaque dossier est étudié de façon anonyme. La décision de l'Afdas dépend du profil des candidats (âge, ancienneté, qualification), ainsi que de la cohérence et du bien-fondé de la formation vis-à-vis de la personnalité du candidat et du marché du travail. L'adéquation formation emploi est très importante. C'est pourquoi la lettre de motivation doit être particulièrement éclairante sur vos objectifs professionnels. Les CIF visant une formation diplômante et certifiante sont privilégiés et la priorité est donnée aux personnes de plus de 45 ans, ayant une grande ancienneté professionnelle, et à celles d'un faible niveau de formation initiale.

La prise en charge des coûts pédagogiques d'un CIF est fonction de la durée de formation et du salaire de référence du journaliste pigiste ; elle peut être totale ou partielle. Le taux de prise en charge de l'Afdas dépend de la durée de la formation et du salaire de référence. La prise en charge est totale pour tout demandeur dont le salaire est inférieur ou égal à 200 % du Smic. Les éventuels frais de dossier ne sont pas pris en charge par l'Afdas, hormis les frais d'inscription universitaire. Si votre demande peut être refusée faute de ressources, vous pouvez faire une demande de recours gracieux. Mais chacun ne peut présenter qu'une seule demande de financement CIF par année.

À savoir

Il est possible de trouver des financements complémentaires pour une formation CIF auprès de vos employeurs (*via* leurs plans de formation), mais aussi de Pôle emploi, de l'État et des conseils régionaux. Renseignez-vous auprès de l'Afdas.

La rémunération des pigistes en formation (CIF)

Comme avec le CPF, le journaliste pigiste en formation (CIF) reçoit une rémunération directement versée par l'Afdas. Celle-ci est définie en fonction du salaire moyen du journaliste pigistes sur les 12 ou 24 mois précédents (prendre le calcul le plus avantageux). Lorsque ce salaire moyen est inférieur à deux fois le Smic (2 993 €/mois en 2016), l'Afdas verse l'intégralité du salaire de référence ; au-delà, le taux de prise en charge varie de 80 à 90 %. Il existe un plafond de 4 fois le Smic suivant la qualification de la formation. Attention : la rémunération de l'Afdas n'est pas maintenue pendant les périodes de fermeture de l'organisme de formation (une indemnité forfaitaire de congés payés est incluse chaque mois dans la rémunération), de maladie ou d'absence injustifiée. Par ailleurs, l'Afdas ne rémunère pas le temps de préparation de mémoires et les stages pratiques en entreprise non obligatoires. Une prise en charge peut toutefois être envisagée pour les stages pratiques en entreprise obligatoires, dans la limite de 30 % de la durée totale de l'enseignement.

Les frais de transport et d'hébergement pendant un CIF

Si vous résidez en Île-de-France et suivez un CIF dans cette région, l'Afdas rembourse 50 % du passe Navigo. Hors Île-de-France, le remboursement est de 100 % du billet SNCF au tarif normal (ou 50 % du billet à prix réduit) ou 0,12 € du km si vous utilisez votre véhicule personnel. Les frais d'hébergement sont remboursés dès que le lieu du stage est distant de plus de 100 km de votre domicile, sur la base de 56,32 € la nuit pour les stages de moins de 3 mois et dans la limite de 458 € pour les stages de plus de 3 mois (610 € pour les stages se déroulant en Île-de-France). Attention : lorsque la période de stage pratique en entreprise est acceptée, la prise en charge des frais annexes ne la couvre pas.

À savoir

S'il est possible de demander à bénéficier de plusieurs CIF au cours de sa vie professionnelle, il est nécessaire de respecter un délai de carence de 6 mois entre deux CIF, délai calculé à partir du dernier jour du premier CIF de formation et du premier jour du second CIF.

Les conditions de dépôt du dossier

Pour certaines formations de reconversion portant sur des stages de type artisanat (hors métiers de bouche et bâtiment), le dépôt du dossier de demande de financement de CIF auprès de l'Afdas est conditionné à un bilan de compétences ou à un conseil en évolution professionnelle validant le projet, après enquête métier. Attention : les dossiers doivent souvent être déposés entre 3 et 6 mois avant le début de la formation, c'est-à-dire souvent avant les résultats des concours ou sélections.

Faire un bilan de compétence

L'Afdas peut également financer un bilan de compétences de ceux qui souhaitent analyser leur situation professionnelle et faire le point sur son évolution avec l'aide de l'un des prestataires spécialisés labellisés par l'Afdas. Il faut dans ce cas justifier de cinq années d'ancienneté professionnelle et de deux ans d'activité de pigiste avec carte de presse, et avoir gagné au moins 50 % du Smic au cours des 12 mois précédents. Le dossier de demande doit inclure le devis du prestataire et le calendrier des rencontres prévues en plus des copies des bulletins de salaire. Il doit parvenir à l'Afdas au moins 1 mois avant le début du bilan de compétences. Les demandes sont satisfaites dans l'ordre de leur réception et dans la limite des budgets qui leur sont réservés. Les demandes de journalistes pigistes avec beaucoup d'ancienneté professionnelle sont prioritaires.

La validation des acquis de l'expérience (VAE)

La VAE peut vous permettre de voir reconnaître officiellement vos compétences professionnelles pour l'obtention de tout ou partie d'un diplôme ou d'un titre à finalité professionnelle, ou d'un certificat de qualification, dès lors qu'ils sont inscrits dans le répertoire des certifications professionnelles (RNCP). Il faut avoir au moins trois ans d'expérience professionnelle dans le domaine du diplôme ou du titre visé pour entamer cette démarche. C'est un droit individuel, mais il existe des projets collectifs de VAE qui permettent de soutenir la motivation des candidats tout au long de leur démarche.

La VAE est une solution pour ceux qui n'ont pas suivi de formation initiale de journalisme et qui souhaitent faire valoir leurs savoir-faire sans devoir nécessairement reprendre le chemin de l'école. La démarche, assez longue, valorise les acquis professionnels par une formalisation précise de toutes les compétences mises en œuvre au cours du parcours professionnel. Elle est authentifiée par l'obtention d'un diplôme. L'Afdas propose un accompagnement à la préparation dite « congé VAE » (étude de faisabilité, assistance à la collecte des preuves de compétences...) qui peut être financé dans le cadre du CPF. Les frais de passage devant un jury (déplacement...) ou d'inscription universitaire peuvent aussi être pris en charge. Selon les règles définies par le Conseil paritaire de l'Afdas, les demandes sont satisfaites dans l'ordre de leur réception et dans la limite des crédits qui leur sont réservés. Ensuite, si la préparation d'une VAE nécessite des temps de formations complémentaires, d'autres financements peuvent être sollicités sur le CPF et CIF, le plan de formation de l'entreprise, la région ou Pôle emploi.

À l'issue de la VAE, le candidat peut cibler les savoir-faire qui lui manquent, les acquérir pour sécuriser son parcours professionnel dans les médias ou faciliter une éventuelle reconversion dans un autre secteur d'activité.

La formation des auteurs

Depuis 2013, les auteurs ont également accès à la formation à condition d'être affilié à l'Agessa (voir chapitre 2, «Le statut d'auteur», page 17). Ils sont plus de 2000 à en avoir bénéficié en 2014. Les auteurs simplement assujettis mais justifiant d'un montant de recettes cumulées d'au moins 8 649 € minimum sur les trois années précédentes ont aussi droit à la formation. Dans tous les cas, l'Afdas ne finance les formations que dans la limite de 7 200 € par an et par personne, avec des plafonds particuliers selon les thématiques considérées. Comme pour les salariés, toutes les actions de formation peuvent être financées par l'Afdas, mais les conditions de financement et de constitution du dossier varient selon les catégories : formations transversales, stages conventionnés et demandes particulières.

Ainsi, les coûts pédagogiques des cursus portant sur l'apprentissage des langues étrangères (dans la limite de 70 heures par demande) ne doivent pas dépasser 40 €/h, tandis que les formations aux logiciels de PAO, de graphisme sont limitées à 235 €/jour, et 336 €/h pour la création de sites Web. L'éventuel dépassement est à la charge du demandeur. Par ailleurs, l'Afdas propose aux auteurs toute une liste de stages conventionnés intégralement financés (l'équivalent de l'«offre collective» pour les pigistes salariés), portant notamment sur la photographie et l'audiovisuel. Ces listes sont régulièrement mises à jour sur le site de l'Afdas.

Le dossier de demande de financement doit parvenir au plus tard 2 semaines avant le début prévu de la formation à l'une des antennes régionales de l'Afdas. Il est constitué d'une attestation d'affi-

Journaliste pigiste, auteur : le cumul des cotisations formation

Comme l'Afdas gère les budgets de formation des journalistes pigistes et ceux des auteurs, il est désormais possible de cumuler les droits à la formation provenant de ces deux statuts. Mais si les droits s'additionnent, il faut également cumuler les conditions d'accès à la formation dans les deux statuts, à savoir : être affilié à l'Agessa ou être assujetti et justifier d'un montant de recettes cumulées de 8 649 € minimum sur les trois années précédentes (auteur) ; être titulaire de la carte de presse et justifier d'au moins une année de piges en salaires pour alimenter son CPF.

liation à l'Agessa (pour les affiliés), ou d'un certificat de précompte ou d'attestation fiscale de diffuseurs (pour les assujettis), avec les dernières déclarations fiscales. Les frais indirects peuvent être pris en charge (sur justificatifs) si le stage se déroule loin du lieu de résidence, mais le remboursement n'est pas systématique.

La formation des auto-entrepreneurs

Depuis 2011 et l'obligation de verser 0,2 % du chiffre d'affaires annuel au titre de la contribution à la formation professionnelle (CFP), les auto-entrepreneurs ont accès à la formation professionnelle – sauf s'ils n'ont pas eu d'activité au cours des 12 mois précédents. Pour développer leurs compétences, ils peuvent solliciter un financement auprès du fonds d'assurance formation des non-salariés, auquel ils cotisent. Pour les activités de prestation de service ou professions libérales, il s'agit du Fonds interprofessionnel de la formation des professionnels libéraux (FIFPL). Avant d'entamer les démarches, ils doivent vérifier qu'ils ont bien reçu l'attestation de versement de la CFP, envoyée par l'Urssaf au début de chaque année.

Munis de ce précieux sésame, ils peuvent contacter le FIFPL pour solliciter la prise en charge de la formation choisie. Le fonds définit tous les ans des fourchettes de financements pour la formation de ses adhérents, dont les auto-entrepreneurs font partie. Les critères de prise en charge peuvent évoluer d'une année à l'autre, voire en cours d'année, en fonction des enveloppes encore disponibles ou des orientations politiques. Les montants de remboursement sont consultables sur les sites Internet des fonds d'assurance formation. Pour monter un dossier, il est utile de regarder quels sont les thèmes des formations financées en priorité ainsi que la durée minimale et maximale des formations. En général, le montant de la prise en charge est plafonné à quelques centaines d'euros (de 600 à 1 000 € en 2016), selon le code NAF.

Chapitre 19

Bien gérer sa couverture sociale

Assurance maladie, complémentaire santé, prévoyance, retraite... : ces termes ne sont pas vos pires ennemis ! Quand on est en bonne santé et plein d'entrain pour se lancer dans la vie de journaliste indépendant, on hésite un peu à se plonger dans les méandres de la couverture sociale. Et pourtant, quoi de plus important que de connaître comment on protège sa santé et savoir comment agir en cas de pépin ? Les coups durs n'arrivent pas qu'aux autres. Même dans la vie courante – en cas de maladie ou de grossesse, par exemple – l'obtention d'indemnités pendant un arrêt de travail prend souvent l'allure d'un chemin de croix. Ne parlons pas du congé de paternité...

Dans ce domaine, le statut de journaliste pigiste salarié procure un avantage certain. Présumé équivalent à un CDI, il permet de bénéficier de toute l'étendue de la convention collective nationale de travail des journalistes, laquelle stipule en particulier le maintien de salaire en cas de maladie, d'accident du travail et de maternité (article 26). En plus des indemnités versées par la Sécurité sociale, le journaliste pigiste doit donc recevoir de son (ou de ses) employeur(s) un complément de salaire, de manière à conserver l'intégralité de sa rémunération de référence établie sur la moyenne mensuelle des 12 mois précédant son arrêt. Encore une fois, il faudra fournir de nombreuses photocopies des bulletins de salaire des 12 mois précédents (voire une attestation de salaire fournie par chaque employeur), afin que la Sécurité sociale établisse un salaire moyen comme base de calcul des indemnités journalières.

Depuis 2016, les journalistes pigistes salariés peuvent également bénéficier d'une complémentaire santé financée pour moitié de la cotisation de base par leurs employeurs.

Le statut d'auteur affilié à l'Agessa ouvre droit aux prestations du régime général de la Sécurité sociale. L'indemnité journalière qui en découle en cas de maladie représente seulement la moitié des revenus.

Pour les activités libérales, le statut de micro-entrepreneur dépend de la Caisse interprofessionnelle de prévoyance et d'assurance des professions libérales (CIPAV), laquelle prévoit également le versement de la moitié du revenu moyen. Le journaliste pigiste exerçant sous d'autres statuts annexes (auteur, auto-entrepreneur) aura donc toujours intérêt à se prévaloir du statut principal de salarié.

Le principe de l'abattement

Le Code général des impôts accorde à certaines professions – dont la presse – le droit à un abattement forfaitaire sur les charges sociales spécifiques pour frais professionnels. Concrètement, cet abattement de 30 % prend la forme d'une possibilité de cotiser à l'assurance maladie, vieillesse et retraite de base sur une assiette réduite à 70 % du salaire brut au lieu de 100 %. Les taux de cotisation ne changent pas, mais la base de calcul est réduite de 30 %. Cette réduction de l'assiette vaut aussi bien pour les cotisations salariales que patronales. L'abattement ne s'applique pas aux cotisations d'assurance chômage ni à celle du régime de garantie des salaires (AGS).

Cette faveur trouve son origine dans la difficulté de pouvoir justifier certains frais professionnels. Cette déduction est liée à l'activité du salarié et ne dépend pas de l'activité générale de l'entreprise. Autrement dit, vous pouvez vous en prévaloir même si vous exercez la fonction de journaliste dans une structure qui n'est pas une entreprise de presse – une association éditant un titre de presse par exemple. Cet abattement qui réduit le montant des charges sociales augmente mécaniquement le salaire net. Mais il n'est pas applicable de plein droit : à défaut d'un accord d'entreprise, l'employeur doit impérativement obtenir l'accord individuel du salarié pour pouvoir l'appliquer. Un formulaire devrait vous proposer d'accepter ou de refuser l'option dès la première collaboration. Le cas échéant, scrutez votre bulletin de salaire et manifestez-vous si l'option ne vous convient pas. En général, l'employeur propose de changer d'option à la date anniversaire de la première collaboration ou en début d'année.

Cette déduction n'est pas anecdotique : elle augmente certes votre chèque de fin de mois, mais elle diminue de 30 % les indemnités journalières que vous pourriez obtenir de la Sécurité sociale en cas d'arrêt maladie ou de maternité. Comme vous et vos employeurs avez moins cotisé, vous touchez moins ! Par ailleurs, l'abattement diminuera également le montant de votre retraite de base – et aussi la retraite complémentaire si l'abattement s'est appliqué sur vos cotisations de retraite et prévoyance (voir aussi chapitre 16, « Décrypter son bulletin de salaire », page 183).

Prévoyance d'Audiens : 21 000 journalistes pigistes !

Organisme paritaire, Audiens est chargé de la protection sociale des métiers de la presse, de la communication, de l'audiovisuel et du spectacle. Dans le secteur de la presse, Audiens comptabilise les cotisations des employeurs de 21 000 journalistes pigistes, soit bien plus que les quelque 7 000 journalistes pigistes encartés par la Commission de la carte des journalistes professionnels.

L'indemnité journalière légale : 50 % des revenus

Le régime général de la Sécurité sociale duquel relèvent les journalistes pigistes et les auteurs prévoit une indemnisation en cas d'absence pour maladie ou d'accident (article R. 313-3 du Code de la sécurité sociale). Ceux qui exercent une activité de micro-entrepreneur à titre principal n'y ont pas droit. Versée après 3 jours de carence, cette indemnité journalière (IJ) est égale à la moitié du salaire. Elle correspond à une moyenne quotidienne établie à partir de vos salaires bruts soumis à cotisation des 12 mois précédant l'arrêt de travail, dans la limite de 1,8 fois le Smic mensuel en vigueur, soit 2 640 € en 2016. En cas d'accident du travail, ce taux grimpe à 60 % (et même 80 % à partir du deuxième mois d'arrêt).

Si vous avez au moins trois enfants à charge, votre indemnité journalière est majorée à partir du 31e jour d'arrêt de travail continu. Elle est alors égale à 66,66 % du revenu de référence. Et si votre arrêt de travail se prolonge au-delà de 3 mois, cette indemnité peut être

Indemnités nettes

Les indemnités journalières de la Sécurité sociale sont soumises à prélèvements sociaux au titre de la contribution sociale généralisée (6,2 %) et de la contribution au remboursement de la dette sociale (0,5 %).

revalorisée. Quelle que soit votre situation, l'indemnité journalière de la Sécurité sociale sera toujours plafonnée à 43,40 € (au 1er janvier 2016) pour l'IJ maladie normale, et à 57,86 € pour l'IJ majorée.

Pour faire valoir vos droits, la Sécurité sociale va réclamer les copies de tous vos bulletins de salaire des 12 mois précédents, ainsi que les attestations employeur correspondantes. Elle en déterminera un salaire de référence qui servira à l'établissement des indemnités journalières. Ces indemnités de la Sécurité sociale seront versées tous les 14 jours.

Pour les auteurs, les indemnités journalières ne sont versées que s'ils sont à jour de leurs cotisations auprès de l'Agessa. Pour les journalistes pigistes salariés, la Sécurité sociale ne tient compte que du salaire soumis à cotisation, pas du salaire brut. Si vous avez accepté de cotiser sur un salaire abattu de 30 %, vos indemnités seront calculées à partir de ce montant inférieur.

Par ailleurs, la Sécurité sociale ne prend pas en compte les salaires au-delà du plafond mensuel de 1,8 fois le Smic. Si vous avez des revenus en dents de scie, dont certains montants dépassent le plafond mensuel, il faut demander l'application du plafond trimestriel (9 654 € pour 2016) ou même annuel (38 616 €). Argumentez votre réclamation en expliquant le caractère irrégulier de vos revenus et en précisant qu'aucune unité de temps n'est retenue pour l'application du plafonnement mensuel.

En cas d'arrêt de travail

- Envoyez votre certificat médical et arrêt de travail (Cerfa n°10170*02) à la Sécurité sociale dans les 48 heures.
- Faites une copie du volet n° 3 de l'arrêt de travail délivré par le médecin pour chacun de vos employeurs (et pour Pôle emploi si vous y êtes inscrit), en demandant de vous établir une attestation de salaire pour le paiement des indemnités journalières (Cerfa n°11135*02), pour les 12 ou 3 derniers mois (selon la moyenne la plus avantageuse). Ces attestations peuvent également être établies et envoyées par vos employeurs via le site net. entreprises. fr.
- Envoyez ces attestations et tous vos bulletins de paie correspondant à votre CPAM. Celle-ci va ensuite établir les droits à indemnités journalières par rapport à chacun des employeurs (vous devez toucher pour chacun 50 % de votre salaire moyen, moins les trois premiers jours de carence). Si vous avez plusieurs employeurs, interrogez la Sécurité sociale pour savoir quel montant correspond à quel employeur.
- Si vous avez plus de 6 mois d'ancienneté, renvoyez ce que vous a transmis la Sécurité sociale en réclamant le versement du complément de salaire à tous vos employeurs comme prévu par la convention collective des journalistes.

Les conditions d'ouverture des droits varient selon la durée de l'arrêt de travail et la situation de l'assuré. Les journalistes pigistes rémunérés à la tâche sans aucune référence horaire seront couverts pour un arrêt de travail de moins de 6 mois s'ils ont cotisé sur un salaire au moins égal à 1 015 fois le Smic horaire au cours des 6 mois civils précédant l'arrêt de travail (soit 9 815,05 € au 1er janvier 2016). Dans le cas d'un arrêt de travail supérieur à 6 mois, l'indemnisation sera versée à condition d'avoir cotisé sur un salaire au moins égal à 2 030 fois le montant du Smic horaire au cours des 12 mois civils précédant l'arrêt de travail (soit 19 630,10 €).

Important

La plupart des montants et plafonds sociaux changent chaque année. Le site Internet de la Sécurité sociale (ameli. fr) tient à jour l'ensemble des chiffres utiles.

L'indemnité journalière conventionnelle : 100 % du salaire

La Convention collective nationale des journalistes améliore considérablement la couverture sociale des journalistes. Ses articles 36 et 42 stipulent expressément le maintien de salaires dès lors que le journaliste justifie d'une certaine ancienneté. Ce maintien du salaire est prévu pour les durées suivantes :

- 2 mois à plein tarif et 2 mois à demi-tarif, si le journaliste compte 6 mois à 1 an de présence dans l'entreprise ;
- 3 mois à plein tarif et 3 mois à demi-tarif après 1 an de présence ;
- 4 mois à plein tarif et 4 mois à demi-tarif après 5 ans de présence ;
- 5 mois à plein tarif et 5 mois à demi-tarif après 10 ans de présence ;
- 6 mois à plein tarif et 6 mois à demi-tarif au-delà de 15 ans.

Pour leurs salariés mensualisés, les employeurs pratiquent généralement la subrogation, c'est-à-dire qu'ils maintiennent leur salaire intégral, et touchent à leur place les indemnités journalières de Sécurité sociale. Pour les pigistes, les employeurs ne pratiquent pas cette subrogation et il faut faire soi-même les démarches pour obtenir les indemnités journalières de la Sécurité sociale et, ensuite, réclamer à chaque employeur le versement du complément de salaire qui correspond à la différence entre les indemnités journalières et le salaire moyen.

Dans ce cas, les absences pour maladie sont intégralement compensées à taux plein, puis à 50 % pour des durées variables selon l'ancienneté dans l'entreprise (2 mois à taux plein et 2 mois à demi-tarif après 6 mois d'ancienneté, 3 mois à taux plein et 3 mois à demi-tarif après un an de présence, etc.).

Dans les faits, peu d'employeurs respectent d'emblée cette disposition à réception du certificat médial précisant l'arrêt de travail. Il faut souvent en réclamer l'application pour bénéficier d'un versement complémentaire, a fortiori si vous collaborez avec plusieurs entreprises. Le plus simple est de demander une attestation de la Sécurité sociale avec le tableau récapitulant les salaires versés par chacun de vos employeurs. Ce document vous permettra d'établir le « poids » respectif de chacun de vos employeurs pour le calcul proportionnel de votre complément de salaire. Par exemple, si l'entreprise X représentait 20 % de vos revenus, vous êtes en droit de la solliciter pour qu'elle vous verse 20 % de la moitié de votre complément de salaire. En cas de refus, n'hésitez pas à faire intervenir les délégués du personnel pour réclamer l'application de l'article 36 de la convention collective. Notez que l'employeur doit normalement payer l'intégralité des trois premiers jours d'arrêt de travail pour lesquels la Sécurité sociale ne verse rien au titre d'un délai de carence applicable à tous les salariés.

Cas des micro-entrepreneurs

En général, l'activité d'auto-entrepreneur est exercée à titre secondaire, souvent en complément d'une activité salariée. Dans ce cas, vous restez affilié au régime général d'assurance maladie.

Si au contraire vous exercez en auto-entrepreneur à titre principal, vous relevez du régime social des indépendants (RSI), comme les professions libérales. Il faut alors justifier d'au moins une année d'affiliation à ce régime pour bénéficier des indemnités journalières en cas d'arrêt maladie et être à jour de vos cotisations. L'indemnité journalière est alors versée à partir du 8e jour de maladie ou accident, après un délai de carence de 7 jours (dès le 4e jour et après 3 jours de carence en cas d'hospitalisation). Elle est égale à la moitié du revenu professionnel moyen des 3 années précédentes, dans la limite du plafond annuel de la Sécurité sociale. Cotiser au RSI en tant qu'auto-entrepreneur ne vous empêche pas de rester ayant droit de votre conjoint au titre d'une mutuelle pour votre couverture sociale complémentaire. C'est sans doute la meilleure solution et la plus simple.

Les congés maternité

Le congé maternité varie selon le nombre d'enfants à charge. Il comprend un congé prénatal et un congé postnatal, tous deux calculés à partir de la date présumée d'accouchement (DPA). Sa durée est respectivement de 6 semaines avant la naissance et de 10 semaines après pour un premier et unique enfant. Si votre état de santé le justifie, votre médecin peut vous prescrire deux semaines de plus. Ce congé n'est pas assimilé à un prolongement du congé maternité : considéré comme « pathologique », il est indemnisé comme un arrêt maladie. À partir du troisième enfant, le congé maternité s'allonge à 26 semaines. Si vous attendez des jumeaux, il est porté à 34 semaines.

La maternité ouvre droit aux indemnités journalières de la Sécurité sociale. Cette dernière tient compte de l'ensemble de vos revenus (salaires, droits d'auteurs, chiffre d'affaires d'auto-entrepreneur. Mais seule la Convention des journalistes professionnels prévoit le maintien de salaire ; donc, c'est seulement si vous dépendez du statut de salarié que vous conserverez l'intégralité de vos revenus durant la grossesse – avec un plafond fixé à 82,32 € par jour au 1er janvier 2016.

Les conditions d'accès sont réservées à celles qui sont assurées sociales depuis au moins 10 mois (à la date de présumée de l'accouchement) et qui ont travaillé au moins 600 heures, ou qui ont cotisé sur la base d'un salaire au moins égal à 2 030 fois le Smic horaire au cours de l'année précédant la date du début du congé maternité.

Le premier examen médical, appelé premier examen prénatal, donne lieu à la délivrance d'un document en trois volets dont l'un doit être envoyé à l'Assurance maladie (pour la prise en charge des frais médicaux et de l'accouchement) et l'autre à la Caisse d'allocations familiales, avant la 15e semaine de grossesse. Le troisième volet reste en votre possession.

Pour les futures mères auto-entrepreneurs, il est prévu le versement d'une indemnité journalière forfaitaire d'interruption d'activité à condition de s'arrêter au moins 44 jours consécutifs. Son montant varie de 2 231,68 € pour 44 jours d'arrêt de travail à 2 753,28 € pour 74 jours d'arrêt.

Et les congés paternité ?

Les pères ont droit à 11 jours de congé paternité et d'accueil de l'enfant (18 lors d'une naissance multiple), à prendre dans les 4 mois qui suivent la naissance. Vous devez prévenir votre employeur au moins 1 mois avant. Ce congé paternité n'est pas fractionnable mais peut être raccourci. Il ouvre droit aux indemnités journalières de la Sécurité sociale. Pour en bénéficier, il faut avoir cotisé sur un salaire au moins égal à 2 030 fois le montant du Smic horaire au cours des 12 mois précédents (soit 19 630 € en 2016). Les indemnités journalières se calculent sur les salaires des 12 mois précédant le congé, dans la limite du plafond de la Sécurité sociale (177 € par jour en 2016). La Sécurité sociale vous demandera des attestations de salaire et les copies de vos bulletins de paie pour établir vos indemnités.

Le calcul des indemnités journalières

Normalement, le versement des d'indemnités journalières liées à un arrêt de travail (pour maladie ou grossesse) se calcule sur les 3 mois précédant l'arrêt. Se baser sur les 12 mois qui précèdent peut s'avérer plus avantageux. Cette possibilité particulière offerte à quelques professions (VRP, travailleurs saisonniers et journalistes à la pige) est expressément indiquée au verso de l'attestation de salaire pour le paiement des indemnités journalières (du document Cerfa 11135*02) réclamée par la Sécurité sociale.

Si vos revenus sont irréguliers et que certains de vos salaires dépassent le plafond mensuel de la sécurité sociale (3 218 € en 2016), il peut être judicieux de réclamer l'application du plafond annuel de la sécurité (38 616 €). Si vous n'atteignez pas ce dernier, cela vous permettra d'augmenter vos indemnités malgré quelques versements importants. Donc, n'hésitez pas à faire vous-même le calcul des indemnités journalières auxquelles vous avez droit pour éventuellement contester celui de votre caisse d'assurance maladie. Quitte à recourir ensuite à la commission de recours amiable et au tribunal des affaires sociales si votre requête est toujours refusée.

Compte tenu de l'irrégularité de leurs revenus, les journalistes pigistes ont tout intérêt à procéder préventivement au calcul du montant des indemnités journalières, afin de s'assurer que la Sécurité sociale prend en compte les 12 mois d'activité précédant le congé et de vérifier quel plafond (mensuel ou annuel) est appliqué. La méthode de calcul est la suivante : total des sommes brutes sur 12 mois (ou total du brut abattu si vous avez accepté l'abattement) – 21 % (taux forfaitaire appliqué par la sécurité sociale) / 365 jours.

Comme pour l'arrêt maladie, le maintien de salaire est prévu par la Convention collective lors du congé maternité. Les mêmes démarches sont à faire pour les réclamer à vos employeurs.

La complémentaire santé

Les remboursements de la sécurité Sociale sont assez faibles. Selon le type de soins et de médicaments, le taux de remboursement varie de 60 à 100 % d'une base fixée par la Sécurité sociale, et assez éloignée des frais réels, surtout si le médecin n'est pas conventionné ou n'a pas signé un contrat d'accès aux soins avec la Sécurité sociale. Pour une consultation spécialisée de 60 € par exemple, cette base de remboursement est de 28 € et le remboursement n'atteint donc que 18,60 € – moins d'un tiers de la dépense.

Pour bénéficier d'un meilleur taux de remboursement, il est conseillé de souscrire à une complémentaire santé – plus communément appelée « mutuelle » – pour couvrir la partie des frais médicaux (honoraires de médecin, hospitalisation, médicaments, etc.) restant à la charge de l'assuré après les remboursements de la Sécurité sociale, en particulier pour ceux liés aux soins dentaires et ophtalmologiques, très mal couverts. Mais les complémentaires ne remboursent pas les franchises mises en place par la Sécurité sociale, comme celle de 1 € qui doit rester à votre charge lors de chaque consultation.

Le maintien des garanties santé en cas de rupture du contrat de travail

La loi ANI de 2013 généralise également un dispositif de « portabilité des droits » temporaire relatif aux garanties santé en cas de rupture du contrat de travail, y compris lors d'un licenciement (sauf pour faute lourde), rupture conventionnelle ou fin de CDD ou même démission. Concrètement, votre couverture santé est maintenue par votre employeur pour une durée égale à celle de votre indemnisation chômage, dans la limite de la durée du dernier contrat de travail, et jusqu'à 12 mois maximum. Si vos ayants droit sont couverts par votre contrat collectif au moment de votre départ de l'entreprise, ils pourront également bénéficier du maintien des garanties.

Avant 2016, lorsqu'une complémentaire santé existait chez l'un de ses employeurs (avec prise en charge partielle de l'entreprise) le journaliste pigiste était exclu de son bénéfice en raison de son statut de « multi-salarié ». L'accord de prévoyance d'Audiens concernant les journalistes rémunérés à la pige du 24 septembre 2015 change la donne. Depuis début 2016, ce dispositif créé un fonds collectif pour les journalistes pigistes abondé par les employeurs à hauteur de 0,4 % du salaire brut. Cette nouvelle cotisation doit apparaître dans la colonne des charges employeurs de votre bulletin de salaire – et aucune cotisation salariale ne doit correspondre.

La création de ce fonds collectif pour la santé des pigistes donne accès à une complémentaire santé d'Audiens pour 19,31 € par mois en 2016, soit moitié moins que la cotisation normale (38,62 €). Nul besoin de disposer de la carte de presse pour en bénéficier, mais il faut que vos employeurs cotisent bien à Audiens (ce qui est généralement le cas de toutes les entreprises de presse). Pour le lancement du dispositif, le bénéfice du fonds profite aux journalistes pigistes justifiant de 7 368 € de piges brutes en 2015. Si vous atteignez ce seuil, vous profiterez de la cotisation à la complémentaire santé à taux réduite pour 2016 et 2017. En 2016, le montant est de 7 723 € pour 2017 et 2018. Après 2018, il faudra chaque année que la cotisation employeur au régime prévoyance de tous vos employeurs atteigne 0,08 % du plafond annuel de la Sécurité sociale (fixé à 38 616 € en 2016), soit 3 089 €, pour bénéficier du dispositif pendant deux ans. Pour savoir si vos cotisations employeurs atteignent ce montant, il suffit de diviser le total de vos salaires de piges brutes par 0,4 %.

À savoir

La complémentaire santé d'Audiens prend en charge un bilan de santé tous les cinq ans. Selon l'âge, le sexe ou les antécédents médicaux, la consultation peut être suivie d'examens complémentaires.

Le bénéfice du fonds est aussi ouvert à tous ceux qui justifient au moins d'une pige dans l'année. Dans ce cas, l'accès à la complémentaire santé à prix réduit de moitié est acquis pour trois mois – le mois de la pige et les deux mois suivants.

La complémentaire santé d'Audiens pour les pigistes (à 19,31 € avec la participation du fonds et 38,62 € sans participation du fonds) accepte évidemment les conjoints et les enfants – sans le bénéfice du fonds, c'est-à-dire au tarif unique de 38,62 €. En 2016, la souscription est de 38,62 € pour le conjoint et de 19,31 € pour les deux premiers enfants (gratuit à partir du 3e enfant). Si vous souhaitez bénéficier d'une couverture sociale plus importante que celle proposée par le contrat de base d'Audiens, vous pouvez souscrire à l'une des deux options de «surcouverture» supérieures, portées par l'association Pigistes ensemble pour la santé (Peps) et toujours assurées par Audiens. En 2016, son niveau 1 coûte 41,51 € par personne et par mois (60,82 € sans la participation du fonds) et le niveau 2, qui offre le meilleur remboursement, coûte 78,20 € (97,51 € sans la participation du fonds).

Association PEPS : Pigistes ensemble pour la santé

Fondée en 2005, cette association regroupait à l'origine les journalistes pigistes salariés pour qu'ils bénéficient d'une mutuelle santé à un tarif de groupe, toujours moins cher que le tarif individuel. En 2013, Peps comptait 912 adhérents (la cotisation est de 5 € tous les deux ans) couvrant environ 1 000 bénéficiaires, avec les conjoints et les enfants. Dès le début, l'association a négocié avec le groupe Audiens une garantie santé pigistes qui prend en compte les besoins spécifiques de cette activité. Cette mutuelle complémentaire propose deux niveaux de garanties supérieurs au socle conventionnel d'Audiens.

Toutes les informations utiles sont sur le site www.peps-santepigistes.org

Le bénéfice du fonds de la complémentaire santé, qui permet de payer sa complémentaire santé moitié moins cher, est réservé aux pigistes de la presse écrite, de la presse en ligne et des agences de presse. En attendant son extension, France Télévisions et Radio France l'alimentent également. Les pigistes qui travaillent pour ces deux employeurs ont donc aussi accès au fonds. Au-delà du bénéfice de ce fonds, la mutuelle d'Audiens (appelée «Garantie santé pigiste») présente l'avantage de pouvoir y souscrire au même coût tout au long de sa vie, alors qu'en général le coût des complémentaires tend à s'alourdir avec l'âge. Seule la cotisation relative aux contrats niveau 1 et niveau 2 augmente après 65 ans puis 69 ans.

La complémentaire santé Audiens n'est absolument pas obligatoire. Libre à vous d'en choisir une autre, mais la comparaison des différentes mutuelles est un exercice difficile ; souvent les options proposées ne couvrent pas les mêmes prestations médicales. Selon nous, le niveau 1 offre un bon rapport qualité/prix. N'hésitez pas à faire un tableau comparatif des diverses offres présélectionnées en prenant soin de bien étudier vos besoins spécifiques, notamment en matière de soins dentaires et ophtalmologiques, ainsi que votre souhait de couverture en cas d'hospitalisation, par exemple.

Important

La complémentaire d'Audiens prévoit le remboursement de dépenses non prises en charge par la Sécurité sociale à hauteur de 50 % des dépenses et dans la limite de 150 € par an et par bénéficiaire.

Visite médicale obligatoire

Au même titre que tous les salariés, les journalistes pigistes salariés sont soumis à la visite médicale obligatoire d'embauche, ainsi qu'à une visite médicale tous les deux ans. Depuis début 2014, le CMB (service interentreprises de santé au travail, partenaire d'Audiens) a signé une convention avec les organismes professionnels de la presse écrite et des agences de presse pour prendre en charge le suivi de la santé au travail des pigistes. Chaque employeur transmet la liste de ses pigistes, à qui CMB transmet une convocation (en Île-de-France) ou un bon de prise en charge en région. Consultez www.cmb-sante.fr pour en savoir plus. La loi travail El Khomri prévoit de modifier la fréquence de ces visites à partir de 2017.

La prévoyance santé

Les journalistes pigistes payés en salaires bénéficient conventionnellement d'un régime de prévoyance, assurance couvrant les « gros risques » (en cas de décès, d'invalidité ou d'incapacité de travail), définie par l'annexe III de l'accord national paritaire du 9 décembre 1975, accord amélioré par celui du 24 septembre 2015. En contrepartie, salariés et employeurs cotisent obligatoirement à ce régime géré par l'Institution de retraite complémentaire du groupe Audiens (vérifiez que tel est bien le cas sur votre bulletin de salaire).

Cette prévoyance est particulièrement intéressante en cas d'arrêt pour cause de longue maladie, puisqu'elle prévoit le versement d'une indemnité journalière complémentaire à partir du 46e jour d'arrêt de travail continu. Et à partir du 9e jour lorsqu'il s'agit d'une hospitalisation. Dès lors, vous êtes en droit de réclamer à Audiens jusqu'à 30 % du montant de vos piges brutes. Les règles d'attribution sont différentes de celle de la Sécurité sociale, Audiens prenant en référence, pour le calcul du salaire moyen, les 12 mois précédant l'arrêt de travail et non pas les 12 mois précédant le jour de la demande. Ce qui permet de ne pas prendre en compte dans le calcul la période éventuelle entre l'arrêt et la demande d'indemnisation – pendant laquelle vous n'avez par définition pas travaillé donc rien gagné.

L'allocation journalière versée par la prévoyance d'Audiens ne se substitue pas au complément de salaire que doivent payer les employeurs. Cependant, des règles de cumul existent pour que vous ne gagniez pas plus en étant malade qu'en travaillant ! Mais cette prévoyance sera bienvenue si vous ne remplissez pas les conditions d'ancienneté pour bénéficier du complément de salaires d'au moins l'un vos employeurs. Ou lorsque l'arrêt s'éternise au-delà d'un an. Dans ce cas, les prestations de la prévoyance d'Audiens interviendront en sus des indemnités journalières de la Sécurité sociale et du complément partiel de salaire provenant de certains de vos employeurs.

Suivant le même principe, la prévoyance prévoit le versement d'indemnités à partir du 31e jour de congé maternité (toujours sur la base de 30 % des piges brutes), ainsi qu'en cas d'invalidité ou d'incapacité permanente de travail. Tout comme le versement d'un capital aux ayants droit en cas de décès, avec la possibilité d'une rente d'éducation pour vos enfants à charge.

De plus, ce régime permet de bénéficier d'autres prestations sociales et d'aides exceptionnelles (bourses d'études pour vos enfants, prêt au logement, financement d'une formation pour des pigistes privés d'emploi, stages d'aide au retour à l'emploi, etc.). Renseignez-vous auprès des services de l'accompagnement solidaire et social du groupe Audiens pour connaître les prestations auxquelles vous pouvez prétendre. Ces fonds restent sous-utilisés par les journalistes pigistes.

Couverture sociale

Services d'assistance et d'action sociale

La complémentaire santé d'Audiens ouvre droit à certaines prestations en cas d'hospitalisation et d'arrêt à domicile de plus de 2 jours (pour la garde des enfants, le bénéfice d'une aide-ménagère, la garde d'animaux domestiques...), ainsi qu'en cas d'événement traumatisant (prise en charge d'un psychologue) ou du décès d'un proche (aide à l'organisation des obsèques...). Elle accompagne aussi le souscripteur dans ses démarches administratives, sociales et juridiques, ainsi que dans ses besoins de services médicaux (conseils, recherche d'intervenant, organisation d'un transport en ambulance, livraison de médicaments prescrits...). Lors d'un « coup dur » (chômage, accident, maladie, handicap, décès...), vous pouvez aussi bénéficier de l'accompagnement solidaire et social du groupe Audiens.

Les droits à la retraite

Tous les revenus donnent droit à des pensions de retraite. En plus des droits acquis avec ses salaires dans le cadre de son activité de pigiste, le journaliste indépendant qui exerce une activité complémentaire sous le statut d'auteur ou d'auto-entrepreneur augmente ses droits à la retraite, selon le montant des honoraires et du chiffre d'affaires perçus. Il bénéficiera de droits dans le régime général des retraites, dont dépendent les salariés, et sur lequel s'aligne le régime social des indépendants.

La pension de retraite se calcule différemment selon le niveau de retraite considéré. Il y a le régime obligatoire, composé de la retraite de base (gérée par la CARSAT et la CIPAV) et la retraite complémentaire (gérée par l'Arrco et l'Agirc), ainsi que le régime facultatif de retraite supplémentaire collective (PERCO) et individuelle (PERP, assurance vie).

Fonction du nombre de trimestre acquis, la retraite de base se calcule sur les revenus des 25 « meilleures » années de salaire. La retraite complémentaire est déterminée en fonction du nombre de points de retraite acquis par vos cotisations tout au long de votre carrière.

Il est possible de consulter en ligne son relevé de carrière pour connaître sa situation. À l'heure actuelle, chacun peut partir en retraite à partir de 62 ans. Mais le retraité ne bénéficiera du versement complet de sa pension que s'il a cotisé le nombre de trimestre requis. Ce nombre est fonction de l'âge : il faut 166 trimestres requis pour les personnes nées en 1955, 1956 et 1957, mais ceux nés en 1973 devront justifier de 172 trimestres pour bénéficier de leur retraite « à taux plein » dès 62 ans. Sinon, la retraite sera à taux réduit. À 67 ans, tout le monde bénéficie de sa retraite à taux plein, quel que soit le nombre de trimestres acquis.

Les journalistes pigistes titulaires de la carte de presse bénéficient d'un régime de retraite complémentaire au régime vieillesse. Par le jeu de cotisations plus élevées, ils acquièrent plus de droits à la retraite que leurs collègues en poste. Sur la base d'un revenu annuel de 25 000 € en 2015, le journaliste acquiert ainsi 163,84 points pour sa retraite complémentaire alors qu'un journaliste en poste n'en récupère que 101,58. La gestion de ce régime est assurée par

Audiens retraite Arrco, l'Arrco étant l'association pour le régime de retraite complémentaire des salariés, réservée aux emplois du secteur privé. En complément, il est possible de renforcer cette retraite de base en souscrivant une épargne retraite collective ou individuelle.

Depuis la réforme des retraites de 2010, les institutions de retraite mettent en œuvre l'entretien information retraite (EIR). Audiens propose aux journalistes pigistes de plus de 45 ans de faire un point gratuit sur leur situation (droits, simulation du montant des pensions de retraite, informations, etc.).

Cumuler emploi et retraite ?

Il est désormais possible de cumuler sans limitation des pensions de retraite avec des revenus professionnels pour les personnes âgées de 62 à 67 ans bénéficiant d'une pension à taux plein et des personnes âgées de 67 ans ayant liquidé toutes leurs pensions de retraite. À défaut, le cumul des pensions de retraite et des salaires ne doit pas dépasser 160 % du Smic ou le salaire moyen des dix années précédentes.

Chapitre 20

Faire rémunérer la ré-exploitation de son travail

La loi n° 2009-669 du 12 juin 2009 favorisant la diffusion et la protection de la création sur Internet – loi Hadopi – a bouleversé le droit d'auteur dans le journalisme. Depuis son entrée en vigueur, les droits d'exploitation des œuvres réalisées par les journalistes professionnels en presse écrite peuvent être cédés à titre exclusif à l'employeur du seul fait d'une collaboration – pendant un temps déterminé par un accord d'entreprise que l'employeur et les instances représentatives des salariés doivent conclure. L'employeur peut donc décider librement d'utiliser les œuvres dans un périmètre donné et durant une temporalité définie, moyennant un simple complément de salaire forfaitaire définit par accord d'entreprise. Cela signifie que la « repasse » d'un de vos articles ou d'une de vos photographies ne donne pas obligatoirement lieu à un versement de salaire supplémentaire.

Lorsque vous débutez une nouvelle collaboration, il est judicieux de vous rapprocher des délégués du personnel ou des membres du CE pour obtenir une copie de cet accord afin de savoir quelles conditions ont été négociées.

Selon l'article L. 132-37 du Code de la propriété intellectuelle, les journalistes se voient attribuer une rémunération complémentaire lorsque l'exploitation de leurs œuvres se fait au-delà de la période de référence fixée par l'accord. Les modalités de cette rémunération sont également fixées par l'accord d'entreprise ou par tout autre accord collectif.

Les principes du droit d'auteur

Selon les termes de l'article L. 111-1 du Code de la propriété intellectuelle, les auteurs d'œuvres de l'esprit jouissent d'un droit de propriété incorporel exclusif de ladite œuvre, droit opposable à tous. En l'absence de définition légale de l'œuvre par le législateur, c'est la création humaine qui fait l'œuvre. N'importe quel texte, illustration, photographie, bande sonore ou montage vidéo répond à ce postulat, dans la mesure où ils revêtent une forme et une originalité propres (ce n'est pas une contrefaçon). Dès lors, l'auteur dispose de prérogatives sur son œuvre : les droits moraux et les droits patrimoniaux.

Inaliénables et imprescriptibles, les droits moraux portent notamment sur le droit au respect de l'œuvre (impossibilité de modifier un texte ou de recadrer une photo sans l'accord de l'auteur) et au respect de l'auteur (obligation de mentionner le nom de l'auteur). C'est au nom de ces droits moraux que l'auteur est le seul à pouvoir divulguer son œuvre et, éventuellement, à réclamer son retrait (quitte à indemniser le cessionnaire).

Exclusifs, les droits patrimoniaux sont ceux permettant l'exploitation de l'œuvre. Seul l'auteur peut donc autoriser la publication ou la diffusion de son œuvre. C'est également lui qui détermine la contrepartie financière de cette parution. La cession de ces droits patrimoniaux intervient à titre onéreux dans le cadre contractuel déterminant précisément la durée et la zone géographique concernée, ainsi que le support de presse qui diffusera l'œuvre. La loi Hadopi institue une cession légale à laquelle le journaliste ne peut s'opposer.

Important

Remanié ou même entièrement réécrit, un article reste l'œuvre d'un journaliste. Celui conserve donc pleinement les droits vis-à-vis de son œuvre, le réviseur ou secrétaire de rédaction pouvant, au mieux, bénéficier de la qualité de coauteur.

Le journaliste est un salarié auteur

A priori, le statut d'auteur et celui de salarié sont antinomiques. En effet, le droit d'auteur protège une œuvre originale née de la liberté de création de l'auteur, tandis que le contrat de travail instaure un lien de subordination entre l'employeur et le salarié.

Au niveau de la propriété de l'œuvre, la loi estime cependant que si l'employeur acquiert les fruits du travail du salarié, l'œuvre demeure la propriété de l'auteur. Le journaliste « auteur salarié » est donc un auteur comme les autres aux yeux du Code de la propriété intellectuelle. Dans le cas des œuvres journalistiques, en application de la loi Hadopi, le contrat de travail opère une cession des droits d'auteur durant une certaine temporalité (définie par accord d'entreprise). Toute autre exploitation suppose l'autorisation expresse de l'auteur et doit donner lieu à une rémunération complémentaire, en salaire ou en droits d'auteur. Cette périodicité comme les modalités de rémunération n'ont pas été prévues par le législateur. C'est donc aux syndicats de le faire dans le cadre d'une négociation collective dans chaque entreprise.

Hadopi : la quadrature des cercles

La loi n°2009-669 du 12 juin 2009, « favorisant la diffusion et la protection de la création sur Internet » – loi Hadopi – et retranscrite dans le Code de la propriété intellectuelle, a profondément changé les règles concernant le droit d'auteur des journalistes, qu'il s'agisse de textes, de photos, de vidéos, de sons, de montages multimédias, etc. Le nouveau texte stipule que le fait déclencheur du droit d'auteur n'est plus le changement de support, mais le changement de temporalité, celle-ci étant fonction de la périodicité du support.

Dans un premier temps (cercle 1), qui correspond généralement à la « durée de vie » du support (24 heures pour un quotidien, une semaine pour un hebdomadaire, 1 mois pour un mensuel), l'éditeur acquiert, par le paiement du salaire, le droit d'utilisation de l'œuvre pour tous les supports du titre. Autrement dit, le contrat de travail (ou le paiement de la pige) comprend la cession des œuvres dont le journaliste est l'auteur pour une période limitée. Cette cession au profit de l'employeur est consentie à titre exclusif en vue de leur exploitation sur tous supports, qu'il soit papier, informatique, numérique en ligne ou hors ligne.

Toujours durant cette période de référence, la loi Hadopi autorise également l'éditeur, si l'accord d'entreprise le prévoit, à exploiter l'œuvre du journaliste à d'autres titres relevant d'une même « famille cohérente » de presse. Une notion trop vague qui ouvre la porte à de nombreuses interprétations. Rien n'est automatique ni ne peut être décidé unilatéralement par l'éditeur : pour être prise en compte, cette dernière doit être précisément définie dans l'accord d'entreprise.

La ré-exploitation, par l'éditeur, de l'œuvre journalistique dans un autre titre que la « famille cohérente de presse » – après la période d'actualité (en tant qu'archive, ce qui correspond au cercle 2) –, contre rémunération, doit être précisée dans l'accord collectif. La revente à des titres tiers (correspondant au cercle 3) doit faire l'objet d'un accord individuel avec le journaliste. La rémunération de ces droits d'auteur prend souvent la forme d'un paiement forfaitaire annuel, voire d'un pourcentage sur les ventes ou l'audience. Pour les pigistes, le calcul est souvent fait au prorata du salaire annuel divisé par le salaire annuel moyen des salariés permanents.

Si la négociation collective n'aboutit pas, la Commission paritaire de conciliation Hadopi peut être saisie et trancher sur les points importants comme le périmètre de la «famille cohérente de presse», la période de référence ou encore la base de la rémunération. La loi ne précise ni le délai ni la rémunération : c'est aux syndicats de négocier au sein de chaque entreprise (y compris les plus petites) les modalités portant sur les conditions d'exploitation des droits d'auteur des journalistes. La loi Hadopi a prévu la création d'une Commission des droits d'auteur des journalistes (CDAJ) chargée de trancher les litiges et de veiller à la bonne mise en œuvre du dispositif.

La pression historique du numérique

Concepteur d'une œuvre écrite ou audiovisuelle, le journaliste est un auteur comme un autre. Du seul fait de la création de cette œuvre, il bénéficie d'un droit de propriété exclusif et opposable – y compris lorsque le journaliste est salarié. Dans l'esprit du législateur, les droits naissent dans le patrimoine de l'auteur, pas de l'appartenance de ce dernier à l'entreprise. Pour le journaliste pigiste, le versement du salaire opère automatique une cession de ces droits d'auteur limitée à la première exploitation de l'œuvre. Et toute nouvelle parution d'un article ou rediffusion d'un reportage suppose l'autorisation expresse de l'auteur et donne généralement lieu à une rémunération supplémentaire (versée en droits d'auteur et non plus en salaire). Cette obligation est valable pour toute «repasse» dans un même support, pour la publication dans un autre titre du même groupe de presse et la publication dans un titre tiers suite à la cession à un autre organe de presse. Enfin, cela se passait comme cela avant Hadopi.

Toutes ces dispositions issues des principes généraux du droit d'auteur ont été bouleversées par l'avènement du numérique. Dès la fin des années 1990, articles, photos et reportages audiovisuels ont rapidement été déclinés sur les éditions Web des titres. Certains journaux ont mis en ligne les articles parus le jour même sur le support papier, ce qui a multiplié les contentieux. Les tribunaux saisis ont rappelé à plusieurs reprises aux éditeurs de presse le principe selon lequel le droit de reproduction des œuvres journalistiques était épuisé dès la première publication. Dans un contexte de concentration du marché de la presse, la plupart des titres ont négocié des accords d'entreprise pour encadrer la cession de ces droits d'auteur et ainsi éviter d'avoir à nouveau à payer toute rediffusion (en général à 50 % du tarif initial). La plupart d'entre eux prévoyaient une rémunération forfaitaire annuelle pour les journalistes (entre 200 et 400 €). Pour les pigistes, ce forfait était souvent proportionnel à leur activité.

Et les journalistes multititres ?

La loi Hadopi consacre le caractère « multititre » des journalistes. Traditionnellement, chaque journaliste était affecté à seul un titre de presse. En renvoyant à la loi Hadopi, l'article L. 7111-5-1 du Code du travail annule ce rattachement au titre unique. D'où l'importance de mentionner précisément les publications concernées dans le contrat de travail ou autre convention de collaboration (commande ponctuelle pour le pigiste, par exemple).

Un titre *versus* tous les titres d'un groupe

La cession automatique contre salaire pendant un temps donné s'applique à un titre tel que défini à l'article L. 132-35 du Code de la propriété intellectuelle. Soit « l'organe de presse à l'élaboration duquel le journaliste a contribué, ainsi que l'ensemble des déclinaisons du titre, quels qu'en soient le support, les modes de diffusion et de consultation ». Cette définition est certes un peu plus large que la notion traditionnelle de publication (et englobe donc le site Web), mais en aucun cas, elle ne s'applique à plusieurs titres d'un même groupe, ceux-ci ne constituant pas une « famille cohérente de presse ». Le groupe Ebra a été ainsi débouté par la justice qui a estimé que ses différents titres ne composaient pas une telle entité. Chaque accord collectif avec les partenaires sociaux doit définir cette famille si elle existe (ce qui n'est pas une obligation), quitte à établir la liste exhaustive des titres concernés.

Le cas particulier des photographes

Le photographe est considéré comme auteur s'il produit une image de sa propre initiative. Dès lors qu'il reçoit des instructions relatives à sa production, il y a un lien de subordination et il devient salarié auteur. Selon l'article L. 132-41 du Code de la propriété intellectuelle, la présomption de contrat de travail entraîne donc la cession automatique dans le cadre du cercle 1. En revanche, si le reportage photo n'a fait l'objet d'aucune commande, la loi Hadopi ne s'applique pas et chacune des publications de l'œuvre doit faire l'objet d'une rémunération (indépendamment de la notion de famille de presse).

L'accord d'entreprise a force de loi

Depuis l'avènement de la loi Hadopi, chaque société de presse a normalement conclu un accord d'entreprise portant sur les droits d'auteur. Cet accord revient sur la définition des journalistes professionnels bénéficiaires de l'accord (dont les pigistes), du titre de presse considéré et sa famille de presse. L'accord détaille également les modes d'exploitation des œuvres journalistiques dans le cadre des trois cercles d'exploitation et les conditions de rémunération complémentaire y afférant. Il est d'usage de soumettre l'exploitation dans le troisième cercle (vente à des tiers) à l'accord préalable de l'auteur.

Le recours auprès de la Commission des droits d'auteur des journalistes

On l'a vu, la loi Hadopi oblige les partenaires sociaux à se mettre d'accord pour conclure un accord d'entreprise sur les droits d'auteur. En l'absence de négociation ou lorsque celle-ci échoue, syndicats et entreprise peuvent se tourner vers la Commission des droits d'auteur des journalistes (CDAJ). Celle-ci a pour mission d'aider les partenaires sociaux à trouver un terrain d'entente, en s'appuyant notamment sur les accords précédemment conclus dans des entreprises de presse similaires. Les accords déjà signés font en quelque sorte « jurisprudence ». Dotée de pouvoirs effectifs, la CDAJ propose un accord exécutoire. Sa décision s'impose dans l'entreprise dans un délai de 2 mois à compter de la saisine.

La gestion collective des droits d'auteur par la Scam

Lorsqu'une œuvre journalistique – écrite ou audiovisuelle – est directement réemployée par un autre média, la collecte et la redistribution des droits d'auteur qui en découle sont gérées par la Société civile des auteurs multimédias (Scam). Cette dernière les représente auprès du législateur, des producteurs et des diffuseurs. Elle discute, collecte et répartit leurs droits patrimoniaux, affirme leur droit moral et négocie leurs intérêts futurs. En général, un diffuseur signe avec la Scam un contrat pour acquérir le droit d'exploiter son catalogue. Ce sont les œuvres déclarées à la Scam par ses membres qui constituent ce répertoire. En ce sens, la Scam est aux auteurs ce que la Sacem est aux musiciens. Elle ne gère pas les droits individuels de tel ou tel auteur, mais négocie de manière forfaitaire et globale l'exploitation de son répertoire par un diffuseur. Et procède ensuite à la répartition individuelle (très complexe) des sommes forfaitaires perçues entre tous les auteurs dont les œuvres ont été exploitées sur la période.

Il faut pour cela que ces œuvres soient au préalable déclarées à cet organisme. Attention : seules les œuvres à caractère documentaire peuvent faire l'objet de versement de droits d'auteur ; les articles ou reportages d'actualité ne sont pas concernés.

Pour bénéficier des services de la Scam, il faut s'acquitter d'un droit d'entrée (7,62 €) et verser sa cotisation annuelle (15,24 €). Chaque œuvre doit être déclarée au moyen d'un « bulletin de déclaration » dans les 3 mois suivant sa première diffusion. Pour les œuvres audiovisuelles, cette démarche peut s'effectuer en ligne. Cette déclaration (qui ne protège pas votre statut d'auteur vis-à-vis de l'œuvre) permet à la Scam de vérifier l'existence de l'œuvre et la répartition des droits d'auteur qui s'y rattachent. Les auteurs de la Scam peuvent consulter leurs relevés de droits en se connectant à l'extranet de la Scam. Le versement des droits d'auteur collectés par la Scam intervient cinq fois par an.

Que faire face à une œuvre exploitée illégalement ?

Si vous découvrez qu'un éditeur a utilisé un article ou une photo en dehors du cadre légal indiqué ci-dessus, vous pouvez réclamer le respect de vos droits d'auteur. S'il s'agit d'une publication en ligne, le premier réflexe est de réaliser des copies d'écran afin de prouver l'infraction. Si l'abus est d'envergure et l'éditeur connu, un constat d'huissier s'impose ; sinon, l'éditeur risque de retirer votre travail du site et vous n'aurez plus aucune preuve. Dans un premier temps, le mieux est de contacter l'éditeur par lettre recommandée pour négocier à l'amiable. Le conseil d'un avocat peut se révéler précieux pour la rédaction de ce courrier. Si votre interlocuteur fait la sourde oreille, une procédure judiciaire s'impose. Il faut alors saisir le tribunal de d'instance (ou le tribunal de grande instance si le litige est supérieur à 10 000 €) de votre domicile. Pour lancer la procédure, adressez une assignation au greffe du tribunal. Celle-ci devra détailler les motifs du litige et chiffrer les demandes de dommages et intérêts. En cas d'urgence, vous pouvez parallèlement lancer une procédure en référé pour obtenir des réparations provisoires en attendant le procès principal.

Chapitre 21
Déclarer ses impôts

Les feuilles bleues remplissent nos boîtes aux lettres chaque année à la fin de l'hiver. Pour les journalistes exerçant sous plusieurs statuts, la déclaration d'impôts n'a rien d'évident puisqu'elle doit intégrer l'ensemble des revenus perçus, toutes catégories confondues. Les salaires, mais aussi les revenus issus d'une éventuelle activité d'auto-entrepreneur et les droits d'auteur. Sans oublier, le cas échéant, les allocations-chômage et les indemnités journalières de la Sécurité sociale en cas de maladie. S'y ajoutent, comme pour n'importe quel contribuable, les autres revenus d'origines variées (pensions alimentaires, revenus fonciers, intéressements, etc.).

Une sacrée soirée s'annonce donc pour le journaliste indépendant souhaitant synthétiser toutes ces informations en vue de remplir sa déclaration. Pour gagner du temps, nous vous conseillons de renseigner à la fin de chaque mois un tableau récapitulatif de vos revenus bruts mensuels, employeur par employeur (voir chapitre 15, « Être et durer dans la pige », page 167). Vous suivrez ainsi l'évolution de vos revenus par employeur et mesurerez le poids de chacun d'eux, mais vous préparerez surtout le travail de synthèse pour la déclaration annuelle.

À partir de votre deuxième année d'activité, vous recevrez une déclaration pré-remplie de revenus (formulaire Cerfa n° 2042 K) contenant, en bas de la page 2, le récapitulatif connu par l'administration fiscale de tous vos revenus, et qu'il vous appartient de vérifier. Si la majorité de vos ressources provient d'activités salariées, les revenus provenant d'autres statuts (droits d'auteur, recettes d'auto-entrepreneur) seront considérés comme complémentaires. Mais vous serez néanmoins obligé de remplir une déclaration fiscale complémentaire pour ces bénéfices non commerciaux (BNC).

Rémunération en salaires et droits d'auteur

Les salaires sont des revenus venant d'une société de presse pour la réalisation de piges pour des médias, ou par une société de portage pour des piges ou des activités annexes hors presse (animations de tables rondes, journaux d'entreprise, etc.). Sauf lors de votre première déclaration, le total de ces revenus figure normalement en haut de la page 3, dans la catégorie « Traitements, salaires, primes pour l'emploi, pensions et rentes », en application des règles de droit commun. Ce montant résulte de l'addition des revenus connus par l'administration fiscale, dont le détail figure en bas de la page 2 de la déclaration des revenus. Comme on vous y invite, il est conseillé de vérifier l'exactitude de ce montant en additionnant vous-même tous les salaires nets imposables figurant en bas de tous vos bulletins de paie de l'année, ou bien en le comparant avec le cumul annuel indiqué sur votre dernier bulletin de paie.

Il faut réitérer l'opération pour chaque employeur. Certains envoient parfois (mais tardivement) un récapitulatif annuel qui facilite la démarche. À noter que les indemnités d'allocation de retour à l'emploi versées par Pôle emploi et les indemnités journalières de la Sécurité sociale sont considérées comme des salaires par l'administration fiscale. Les revenus liés aux droits d'auteur occasionnels relèvent également de cette catégorie. Pour les journalistes dont la majorité des revenus est issue de salaires, les montants perçus en droits d'auteur devront donc s'ajouter aux salaires dans la case 1AJ de la déclaration de revenus.

L'imposition variable des indemnités journalières de la Sécurité sociale

Normalement, toutes les indemnités journalières versées par la Sécurité sociale pour maladie, accident ou maternité sont intégralement imposables. Mais celles versées à la suite d'un accident du travail ou d'une maladie professionnelle, comme les indemnités temporaires d'inaptitude, sont exonérées à hauteur de 50 %. Dans certains cas graves (maladie avec traitement prolongé ou coûteux, maladies radio-induites, victimes de l'amiante, etc.), elles sont totalement exonérées.

Rémunération principale en droits d'auteur

Si la majorité de vos revenus a pour origine des droits d'auteur (c'est le cas pour certains photographes), l'administration fiscale vous considère comme auteur. Les revenus de vos prestations (vous ne pouvez pas faire de négoce) sont à ce titre imposables au titre des bénéfices non commerciaux (BNC), dits au réel simplifié, ce qui vous permet d'amortir vos investissements et de déduire vos frais professionnels. Vous ne serez donc imposé que sur vos seuls bénéfices. L'auteur peut opter pour la TVA ou pas, mais a intérêt à y être assujetti pour récupérer la TVA sur ses achats et frais. Le taux de TVA sur les droits d'auteur est fixé à 10 %. Tout cela implique la tenue d'une comptabilité sérieuse et le recours à un expert-comptable. Dans tous les cas, l'adhésion à un centre de gestion agréé est conseillée.

Recettes de l'auto-entrepreneur

En dehors des activités commerciales (négoce) et artisanales, l'auto-entrepreneur relève de la catégorie des micro-BNC (bénéfices non commerciaux). Au moment de vous inscrire sous le régime de l'auto-entrepreneur pour des activités hors presse, vous avez opté pour l'un des deux modes distincts de déclaration des impôts : le régime fiscal de la micro-entreprise traditionnel ou le régime micro-social simplifié avec prélèvement libératoire mensuel ou trimestriel de l'impôt sur le revenu.

Dans le premier cas, il vous appartient d'inscrire vous-même votre chiffre d'affaires (c'est-à-dire vos recettes) réalisé l'année précédente sur la déclaration de revenus (imprimé Cerfa 2042). Ce régime ne permet pas de déduire les dépenses professionnelles (article 50-0 du Code général des impôts), mais l'administration fiscale applique automatiquement un abattement de 34 %.

Dans le second cas, le plus simple, l'auto-entrepreneur déclare chaque mois ou chaque trimestre, au choix, ses activités. Cette procédure et le paiement des cotisations sociales et d'une quote-part de l'impôt qui en découlent peuvent être effectués en ligne sur

Impôts

le site www.lautoentrepreneur.fr. Cette déclaration sert à établir le montant final de votre impôt restant à payer en fin d'année. Au printemps, la Sécurité sociale (Urssaf) vous adresse une attestation portant sur vos recettes de l'année précédente et précisant le montant de l'impôt restant à devoir. Ce montant est à reporter sur une déclaration de revenus professionnelle complémentaire (Cerfa 2042 C), dans les cases 5HQ et 5JQ du cadre D, qui correspond au régime des micro-BNC.

Attention : ce régime simplifié n'est pas avantageux lorsque vous êtes non imposable (vous payez quand même la quote-part). Il est par ailleurs réservé aux personnes dont les revenus annuels de 2016 sont inférieurs 26 784 € (la 3e tranche du barème de l'impôt sur le revenu), pour une personne seule, de 53 528 € pour un couple et 80 292 € pour un couple avec deux enfants. Au-delà, chaque enfant supplémentaire augmente le montant de 6 481,50 € (chiffres pour l'année 2016).

L'exonération temporaire de la CET

La contribution économique territoriale (CET) remplace depuis 2010 la taxe professionnelle sur les équipements et biens mobiliers (TP), à laquelle étaient soumises les entreprises et les personnes qui exercent une activité professionnelle non salariée. La CET est composée de la cotisation foncière des entreprises (CFE) et de la cotisation sur la valeur ajoutée des entreprises (CVAE). L'auto-entrepreneur est exonéré du paiement de cette CET lors de sa première année d'activité – et même pendant trois ans s'il choisit le versement libératoire de l'impôt sur le revenu. Par ailleurs, certaines professions comme les photographes auteurs sont exonérés de la CVAE et donc ne payent qu'une part de la CET (article 1460 du Code général des impôts).

L'abattement forfaitaire des journalistes professionnels

En plus de l'abattement traditionnel de 10 %, les journalistes professionnels bénéficient d'un abattement forfaitaire de 7 560 € (appelé allocation pour frais d'emploi). Selon le Code général des impôts (article 81, 1er paragraphe), ce montant correspond à une allocation pour frais inhérents à la fonction et donc exonérée d'impôt sur le revenu. Tous ceux qui n'optent pas pour les remboursements de frais réels peuvent y prétendre. Pour cela, il suffit de corriger le montant porté par l'administration fiscale sur la déclaration des revenus (que l'on reçoit désormais prérem-plie), figurant au-dessus des cases AJ ou BJ du cadre 1 (traitements et salaires) de la page 3 de la déclaration fiscale, en inscrivant le montant de sa rémunération annuelle diminuée de la somme de 7 650 € dans les cases blanches 1AJ ou 1BJ. Ceux qui ont commencé ou quitté la profession de journaliste en cours d'année ne pourront déduire qu'une partie de cette allocation (7 douzièmes de l'allocation, par exemple, pour une période d'activité de 7 mois). C'est notamment le cas pour ceux qui partent à la retraite ou qui ont changé de métier durant l'année considérée. En revanche, les pigistes ayant connu des périodes de chômage, qui n'ont pas travaillé tous les mois, mais qui ont exercé leur activité de pigiste durant toute l'année déduisent l'allocation dans son intégralité.

Précisons que la carte de presse n'est pas obligatoire pour bénéficier de cette niche fiscale. L'allocation pour frais d'emploi n'est même pas réservée aux journalistes professionnels tels que définis par le Code du travail : elle peut ainsi s'appliquer à ceux dont les revenus du journalisme ne représentent qu'une partie des revenus. Selon la notice 2041 GP qui reprend l'article 81-1 du Code des impôts, « il n'est pas nécessaire que l'activité de journaliste soit l'activité principale du contribuable ou lui procure l'essentiel de ses ressources tant qu'elle est caractérisée par sa régularité au profit des publications ou des agences de presse ».

En pratique, il est de coutume de joindre à la déclaration un courrier précisant sa qualité de journaliste et comprenant une formule du type : « Selon l'article 81,1° du Code général des impôts, les 7 650 premiers euros de la rémunération des journalistes sont considérés comme une allocation pour frais d'emploi exonérés. Pour l'année 2007, mes revenus salariaux s'élèvent à… €. À la ligne correspondant à mes revenus d'activité, j'ai donc inscrit la somme de… €, soit mes revenus salariaux moins 7 650 €. Comme vous pouvez le constater, j'ai renoncé à l'option des frais réels. »

Si vos revenus issus du journalisme sont inférieurs à 7 650 € sur une année, vous ne pouvez pas déduire la totalité des 7 650 € mais seulement appliquer l'abattement à hauteur des revenus effectivement issus du journalisme.

Pas de proratisation de l'abattement pour les pigistes

Selon l'administration fiscale, les dispositions liées à l'abattement fiscal – désormais baptisé «allocation pour frais d'emploi» – s'appliquent *prorata temporis* en cas d'embauche (dans le cas d'une reconversion) ou d'arrêt de l'exercice du métier de journalisme en cours d'année (dans le cas d'un départ en retraite par exemple). Certains agents zélés ont une large interprétation de cette directive et contestent parfois le plein droit de l'abattement à certains journalistes pigistes au motif du caractère irrégulier de leur activité. Pour autant, cette fluctuation ne correspond pas à un début ou à une fin d'activité comme journaliste. Et, sur ce point, les tribunaux administratifs ont maintes fois donné raison aux journalistes pigistes*. Chaque fois, le tribunal a estimé qu'aucune disposition législative ou réglementaire ne prévoit que l'allocation pour frais d'emploi puisse faire l'objet d'une réduction à proportion du temps écoulé lorsque le contribuable n'a pas exercé l'activité de journaliste durant la totalité de l'année d'imposition.

* Jugements n° 0406850 du 8 décembre 2005 à Versailles, n° 1207974 du 7 juin 2013 à Montreuil, n° 1302658 du 13 février 2014 à Orléans.

Choisir l'option des frais réels

Au lieu de l'abattement forfaitaire, il est possible d'opter pour les frais réels – les deux options ne sont évidemment pas cumulables. Dans ce cas, il faut conserver précieusement tous vos justificatifs de frais (loyers, déplacements, restaurants, achat de matériel, etc.) dont le total viendra minorer le montant global de vos revenus annuels. Ce total est à déclarer en page 3 (case IAK), accompagné d'une liste détaillée des frais sur papier libre.

Les frais professionnels réintégrables

Tous les frais à caractère professionnel remboursés par vos employeurs (frais de déplacement ou d'hébergement supportés lors d'un reportage) n'ont pas à être réintégrés dans les revenus lors de la déclaration d'impôts. En revanche, dès lors que ces frais ont un caractère d'avantages en nature, l'employeur doit les réintégrer aux revenus lorsqu'ils dépassent un certain plafond. Les journalistes pigistes sont rarement concernés, car ils ne jouissent pas d'un téléphone portable ou d'une voiture de fonction mis à leur disposition.

Le calcul des frais kilométriques doit être déterminé selon le barème administratif kilométrique applicable aux automobiles, en fonction de la cylindrée du véhicule utilisé. Des plafonds existent pour les frais courants, notamment pour les frais d'abonnement et de communications téléphoniques du domicile (91 €), les frais de repas (915 € par an) et les frais de taxi (1,50 € par jour) (pour plus de détail, se reporter à la circulaire DSS/SDFSS/5B/N°2005/376 du 4 août 2005 relative aux frais professionnels. Attention : l'administration fiscale peut vous demander de prouver que ces frais sont utilisés dans le cadre de votre activité professionnelle. Outre l'aspect administratif, cette formule est rarement alléchante, car l'administration fiscale ne considère jamais qu'un investissement (micro-ordinateur, appareil photo) soit exclusivement dédié à une utilisation professionnelle. Donc en pratique, seulement une partie des achats est considérée comme des frais professionnels par les impôts. De plus, pour tous les achats de matériel (ordinateurs, appareils photo mais aussi mobiliers de bureau) supérieurs à 500 € HT, une notion d'amortissement intervient également. Et seule la valeur de la dépréciation annuelle est déductible chaque année. Par exemple, un ordinateur portable d'une valeur de 1 500 €, acheté le 1er janvier de l'année, utilisé professionnellement pour les deux tiers de son usage, ouvrira droit à une annuité déductible de seulement 333 € durant trois ans (l'année de son achat et les deux années suivantes). L'administration fiscale considère en effet que les ordinateurs ont une durée de vie de trois ans et ne tient compte que de la valeur supérieure à 500 € HT. D'où leur calcul minorant très sensiblement l'annuité.

Lien

La circulaire relative aux frais professionnels est consultable en ligne : http://social-sante.gouv.fr/fichiers/bo/2005/05-09/a0090046.htm

Si l'on choisit les frais réels, il faut alors indiquer le montant des frais déductibles dans la case « Frais réels », 1 AK ou 1 BK, située juste en dessous de celle des « Salaires » et joindre à sa déclaration un relevé détaillant l'ensemble du calcul de ces frais. Et conserver tous les justificatifs durant trois ans après l'année d'imposition... en cas de contrôle fiscal. Le choix de cette option est donc réservé aux personnes qui ont une gestion administrative très carrée de leur activité ou qui font appel aux services d'un comptable. Avec le jeu des amortissements fiscaux, il est rare que ces frais réels dépassent les 7 650 € de l'abattement. En pratique, seuls les journalistes avec des frais très importants non remboursés et les photographes qui investissent massivement dans du matériel ont intérêt à se mettre aux frais réels.

À noter

La déclaration préremplie peut faire mention d'autres revenus annexes qui n'ont rien à voir avec votre activité professionnelle, comme les revenus de capitaux mobiliers déclarés par votre banque.

Le cas des cotisations syndicales

Comme les dons aux associations reconnues d'utilité publique, les cotisations syndicales sont déductibles des impôts – plus précisément partiellement exonérées, car taxées sur seulement un tiers du montant réel versé. En pratique, il faut les indiquer en remplissant la case 7AC de la 4e page de la déclaration d'impôts du montant total versé.

Le litige avec l'administration fiscale

Même en dehors d'un contrôle fiscal, l'administration fiscale peut à tout moment réclamer des précisions concernant votre déclaration dans la limite d'une prescription de trois ans (et même plus en cas de fraude ou d'activités occultes). Si elle constate une inexactitude, une omission ou une dissimulation, elle vous fera parvenir une proposition de redressement. L'absence de réponse dans le mois suivant la réception vaudra acceptation et il vous faudra alors régler le montant indiqué.

En cas de désaccord sur l'assiette, le calcul ou le montant de l'impôt, il existe plusieurs formes de recours : la voie amiable et la réclamation contentieuse. Si la première est plus souple, seule la seconde interrompt la procédure de l'administration fiscale. Il est donc indispensable de faire une réclamation officielle tout en préparant un recours gracieux. D'autant qu'une réclamation ne dispense pas du versement des rappels d'impôts, sous peine de pénalités.

Pour entamer un recours gracieux, il faut adresser un courrier (lettre recommandée de préférence) à l'inspecteur divisionnaire ou principal. Son nom figure sur votre déclaration. Si sa réponse n'est pas satisfaisante ou en l'absence de réponse dans les 2 mois, vous pouvez saisir le conciliateur fiscal départemental (dont la liste figure dans la rubrique « Contacts » du site www.impots.gouv.fr). Il s'engage à vous répondre dans les 30 jours pour vous informer de sa décision. En tout état de cause, l'administration fiscale n'est pas contrainte de tenir compte de son avis. Si vous n'êtes toujours pas d'accord, il est possible de saisir le médiateur du ministère de l'Économie et des Finances qui adresse une recommandation. Encore une fois, l'administration fiscale n'est pas obligée de tenir compte de ce nouvel avis.

La procédure contentieuse prend la forme d'une simple lettre dans laquelle vous exposez l'objet de votre contestation et à laquelle vous joignez les pièces justificatives. L'administration fiscale a 6 mois pour vous répondre – l'absence de réponse étant assimilée à un refus. Passé ce délai, ou après réception du courrier rejetant votre réclamation, il est nécessaire de faire appel au tribunal administratif, dont le recours est gratuit et ne requiert pas l'assistance obligatoire d'un avocat (sauf en cas d'appel). La requête est à adresser au greffe à l'attention du président. Votre dossier doit contenir l'exposé de vos motifs, c'est-à-dire des faits (récapitulatif de vos échanges avec l'administration fiscale), l'argumentaire juridique détaillé de ce que vous contestez, avec l'ensemble des pièces justificatives.

Ces procédures d'appel et de recours sont longues et fastidieuses. N'hésitez pas à solliciter l'aide de confrères ou des syndicats pour constituer votre dossier. Mais le jeu en vaut la chandelle, car l'administration fiscale refuse parfois aux journalistes professionnels le bénéfice de l'abattement.

Important

Un recours gracieux et une réclamation ne permettent pas de différer le paiement. Il est cependant possible de demander à l'administration fiscale un sursis selon l'article L. 277 du Livre des procédures fiscales.

Site

La plupart des informations et textes de référence sont consultables sur le site www.impot.gouv.fr. En particulier les documents BOI 5 F-14-99 relatifs aux dispositions concernant les journalistes et assimilés et DB 5 F-1151 à propos de l'application de l'allocation pour frais d'emploi.

Chapitre 22
S'inscrire à Pôle emploi

Rares sont les journalistes pigistes qui n'ont jamais poussé les portes de Pôle emploi. En ces temps de crise, le chômage fait malheureusement presque partie intégrante de leur parcours professionnel... Alors mieux vaut savoir comment ça marche ! Car même si Pôle emploi commence à être bien au courant des subtilités du journalisme à la pige, les conseillers apprécient plus ou moins bien certaines situations. Il faut les comprendre : s'apparentant à un CDI à temps partiel annualisé, sans notions de durée ni de montants définis à l'avance, la pige a bien du mal à rentrer dans les cases formatées du droit du travail et de Pôle emploi. Et comme tout se fait aujourd'hui par informatique, les subtilités de la pige passent souvent à la trappe. La récente réforme de l'assurance chômage complique encore un peu plus les choses.

La convention relative à l'indemnisation du chômage du 14 mai 2014 a singulièrement changé la donne depuis octobre 2014. Certaines règles ont été simplifiées, facilitant la vie des pigistes. Ainsi, le cumul entre allocations et revenus est facilité : pour bénéficier d'une indemnisation chômage tout en continuant à travailler, il fallait jusqu'alors impérativement justifier de deux conditions : avoir perdu au moins 30 % de ses revenus et que l'activité réduite ou occasionnelle ne dépasse pas 110 heures par mois. De plus, la perception d'allocations, tout en continuant à travailler, était limitée à 15 mois (sauf pour les plus de 50 ans). Tout est donc plus simple depuis le 1er octobre 2014. Avec la nouvelle convention, tous ces seuils sont supprimés et remplacés par une nouvelle formule de calcul. Désormais, toute perte de revenus d'activité professionnelle permet de cumuler une partie de ses allocations avec une poursuite d'activité réduite, mais avec une indemnisation réduite également.

La nouvelle convention introduit une innovation avec le principe des droits rechargeables. Désormais, une fois les droits initiaux épuisés, il suffit d'avoir cumulé 150 heures de travail (soit 1 mois) durant l'ensemble de votre période d'indemnisation, au titre d'une ou plusieurs activités, pour prétendre au prolongement de vos allocations. Comme toujours, l'absence de correspondance horaire dans le travail des pigistes ne facilite pas les choses. Mais les agences Pôle emploi compréhensives acceptent de considérer qu'un pigiste a travaillé un mois complet dès lors que ses bulletins de salaire dépassent le Smic. Arrivée à la fin théorique de vos droits à l'allocation-chômage, vous aurez donc le moyen de bénéficier de la « recharge » de vos droits acquis par vos piges durant votre indemnisation.

Malgré cette réforme, l'inscription à Pôle emploi et surtout la justification de la fin des commandes de piges restent complexes. « L'arrêt momentané de commandes de pige ne donne pas accès aux indemnités chômage : seule l'une des fins de contrat de travail visées par le Code du travail (licenciement, fin de contrat à durée déterminée, rupture conventionnelle, démission pour suivi de conjoint ou clause de conscience) permet de considérer que la relation de travail entre le journaliste pigiste et son employeur a cessé », insiste Rémy Large, chargé de mission à la Direction des opérations de la direction régionale Pôle emploi Rhône-Alpes.

Pôle emploi ne pourra donc vous ouvrir de droits que pour les emplois pour lesquels vous fournirez une attestation employeur dûment remplie. Si l'employeur refuse de vous la donner avec votre solde de tout compte, il vous faudra la lui réclamer par lettre recommandée avec accusé de réception et en donner une copie à Pôle emploi, lequel la lui demandera à son tour. Pour calculer vos droits et faire la différence entre les piges conservées et les piges perdues, Pôle emploi aura besoin des attestations, voire celles de tous vos employeurs.

Pôle emploi et les pigistes

Pôle emploi est l'instance chargée d'indemniser les chômeurs selon les règles définies par les partenaires sociaux réunis au sein de l'Unédic. Les conseillers de Pôle emploi ont reçu le 30 septembre 2014 la circulaire d'application de la nouvelle convention d'indemnisation – un pavé de 277 pages avec les annexes, au vocabulaire juridique fleuri. Malgré toute leur bonne volonté, les conseillers de Pôle emploi restent un peu démunis face aux conditions d'indemnisation. Entre le manque de personnel, les bugs informatiques et la spécificité du travail de journaliste pigiste (salarié sans références d'heures travaillées), de nombreux problèmes continuent de survenir et bloquent les dossiers, et il y a fort à parier que beaucoup de dossiers seront bloqués.

Bénéficier des allocations-chômage

Seuls les journalistes pigistes rémunérés en salaire qui cotisent à l'assurance chômage (Unédic) peuvent bénéficier des allocations-chômage, à condition d'avoir perdu leur emploi involontairement (licenciement, rupture conventionnelle,...). À l'exception de certains cas pouvant être considérés comme des « départs volontaires légitimes » (comme le suivi de conjoint), et hormis les départs intervenant dans le cadre d'une clause de conscience, la démission n'ouvre pas de droits à l'assurance chômage.

Les démissions qui ouvrent droit aux allocations-chômage

Certaines démissions sont reconnues comme légitimes par Pôle emploi. C'est notamment le cas lorsqu'on rompt son contrat de travail pour suivre un conjoint ayant déménagé pour un nouvel emploi. La démission pour non-paiement de salaire est aussi valable. Les journalistes peuvent aussi prendre l'initiative de la rupture de leur contrat de travail en invoquant la clause de conscience (en cas de cession de la publication ou de changement dans l'orientation éditoriale). Pôle emploi considère que le chômage en résultant est involontaire, car la rupture du contrat de travail n'est pas le fait du salarié.

La condition d'ouverture des droits à l'allocation-chômage – correspondant à 57 % de votre ancien salaire brut, avec un minimum de 28,67 € par jour – relève du régime général : comme tous les salariés du secteur privé, les pigistes doivent avoir travaillé au moins 4 mois (122 jours ou 610 heures) au cours des 28 derniers mois précédant la fin du contrat de travail (termes du préavis). La durée d'indemnisation est équivalente à la période de cotisation (si vous avez cotisé 9 mois, vous serez indemnisé pendant 9 mois), jusqu'à un maximum de 24 mois (36 mois pour les personnes de plus de 50 ans).

Pour les adaptations, les journalistes pigistes relèvent de l'annexe 1 du Règlement général annexé à la convention du 14 mai 2014 relative à l'assurance chômage. Cette annexe précise les dispositions propres à plusieurs catégories de salariés (VRP, journalistes, personnels navigants de l'aviation civile, assistants maternels et familiaux, agents rémunérés à la commission) qui, du fait de leurs conditions d'emploi et de la nature de leur activité, reçoivent des rémunérations variables. Ces activités dérogent à la règle générale de Pôle

À savoir

Si vous perdez l'intégralité de vos piges (dans le cas où vous travaillez exclusivement pour un média qui met fin à votre collaboration, par exemple), l'indemnisation chômage correspondra à 57 % de votre salaire brut.

emploi parce que le temps de travail peut ne pas être pris en compte.

Les règles fondamentales de l'assurance chômage

Comme tous les salariés, les journalistes pigistes cotisent à l'Unédic, qui gère l'assurance chômage (2,4 % du salaire). Pour bénéficier d'une allocation, il faut avoir perdu involontairement son emploi et travaillé au moins 4 mois, 122 jours ou 610 heures) au cours des 28 derniers mois (ou 36 derniers mois pour les plus de 50 ans). La règle est qu'un jour travaillé donne droit à un jour indemnisé (3 mois de travail ouvrent droit à 3 mois d'indemnisation, 9 mois de travail à 9 mois d'indemnisation, etc.) dans la limite de deux ans maximum (trois ans pour les plus de 50 ans).

Cette annexe est importante, car c'est elle qui précise également que le salaire de référence utilisé pour calculer l'indemnité s'établit à partir des rémunérations perçues au cours des 12 mois précédents – en principe la fin du contrat de travail –, qu'elles soient ou non afférentes à cette période. En clair, au niveau de l'indemnisation de Pôle emploi, il faut toujours tenir compte des salaires versés sans préjuger de la période pendant laquelle ce travail a effectivement été réalisé.

D'une manière générale, Pôle emploi a progressé dans sa connaissance des activités des journalistes pigistes. « Nous savons que l'activité de pigiste se réalise le plus fréquemment dans un cadre peu formalisé où la relation de travail est matérialisée par un simple bulletin de salaire sans donner lieu à un contrat de travail écrit. La fréquence et les rémunérations issues de cette activité sont variables et imprévisibles, il n'y a pas de durée de travail quantifiable. L'absence de contrat de travail écrit, compte tenu de la présomption de salariat posée par le Code du travail, permet de qualifier la relation de travail de CDI », indique Rémy Large.

Pour s'inscrire sur la liste des demandeurs d'emploi, il faut être à la recherche à la fois « effective et permanente » d'un emploi. Toutes ces conditions sont cumulatives et le non-respect de l'une d'elles conduit à un refus d'inscription. Cette dernière résulte donc d'une démarche personnelle, à la suite de laquelle Pôle emploi va calculer vos droits aux indemnités chômage. C'est là qu'intervient la nouvelle convention d'assurance chômage du 14 mai 2014. Auparavant, le journaliste pigiste doit avoir perdu de manière définitive au moins 30 % de ses revenus pour bénéficier d'une quelconque allocation. Désormais, la seule justification de perte de revenus ouvre droit aux indemnités.

Portage salarial et droits au chômage

Faire reconnaître vos droits à l'allocation-chômage dans le cadre d'une relation de portage salarial sera complexe, car l'entreprise qui met fin à votre collaboration (le magazine pour lequel vous écrivez, par exemple) n'est pas votre employeur (la société de portage). Or, la présentation d'une attestation employeur, donc l'existence d'un lien de subordination, est toujours exigée par Pôle emploi. Dans ce cas, le seul moyen d'obtenir des indemnités est d'obtenir une attestation employeur de la société de portage.

Malgré cette souplesse, l'agence Pôle emploi vous demandera toujours une attestation employeur (la fameuse « feuille jaune », qui ne l'est plus d'ailleurs) de tous les employeurs avec lesquels le contrat est rompu, mentionnant vos salaires des 12 mois précédents. Concernant l'emploi perdu, l'attestation employeur devra expressément préciser les motifs de la rupture du contrat de travail.

Pour Pôle emploi, seule l'une des fins de contrat de travail visées par le Code du travail (licenciement, fin de contrat à durée déterminée, démission, rupture conventionnelle homologuée de CDI) permet de considérer que la relation de travail entre le journaliste pigiste et son employeur a définitivement cessé. Les motifs « fin de pige », « fin de collaboration », « fin de mission » ou « autre motif » sur l'attestation employeur ne peuvent constituer des fins de contrat de travail permettant de considérer que l'intéressé est privé d'emploi. Il en est de même des mentions « rémunéré à la pige », « arrêt de pige » et « pigiste payé pour un article » indiquées par l'employeur dans les rubriques relatives à la rupture du contrat de travail de l'attestation destinée.

Pour les emplois conservés, Pôle emploi accepte les bulletins de salaire et les attestations moins formelles que celles concernant les emplois perdus. Reste que toutes les attestations doivent, au minimum, préciser vos salaires des 12 mois précédents, ainsi que la date d'entrée dans l'entreprise.

Site

Pôle emploi a publié une instruction n° 2011-192 (accessible en ligne : www.pole-emploi.fr) qui revient en détail sur les modalités d'inscription des demandeurs d'emploi.

Pour les débutants

Les jeunes journalistes débutants ou les jeunes diplômés peuvent s'inscrire s'ils remplissent les conditions suivantes : être à la recherche d'un emploi, avoir accès au marché du travail, se présenter personnellement auprès de Pôle emploi, justifier de leur identité et déclarer leur domiciliation. Le seul document à fournir pour l'inscription est un justificatif d'identité (carte nationale d'identité ou passeport pour les ressortissants français et communautaires). Pour les ressortissants d'autres nationalités, il faudra un titre de séjour avec autorisation de travail.

Chômage et activité partielle

Avec la réforme de l'assurance chômage, il est beaucoup plus simple de cumuler piges et allocation. Avant 2014, il fallait justifier de la perte d'au moins 30 % de ses revenus pour bénéficier d'une indemnisation tout en continuant à travailler moins de 110 heures par mois. Et ce, dans la limite de 15 mois maximum. Désormais, ces seuils sont supprimés (on se moque du nombre d'heures travaillées) et vous pouvez toucher des allocations à la moindre perte de piges. Le montant des indemnités complémentaires intervient toujours dans la limite du montant de votre salaire brut perçu antérieurement à la baisse de piges. Mais la façon de prendre en compte votre activité résiduelle dans le calcul des indemnités a changé.

La nouvelle convention ne distingue plus l'activité conservée de l'activité reprise. Seul lui importe que vous ayez perdu une partie de votre activité. Deux cas de figure existent : soit l'activité que vous continuez à exercer vous procure un revenu équivalent ou supérieur à votre ancien salaire de référence, alors l'indemnisation est suspendue le temps de la période d'activité – ce qui repousse d'autant la date de fin des droits initiaux ; soit l'activité que vous continuez à exercer est inférieure à l'ancien salaire, il est alors possible de cumuler ce revenu avec une partie de l'allocation-chômage. Dans ce cas, les nouvelles règles d'indemnisation se font sur la base d'un calcul compliqué d'où ressort un quotient correspondant à un nombre de jours indemnisables par mois. La première étape du calcul consiste à affecter un coefficient de 70 % au salaire journalier brut de référence (SJR) et à le soustraire de son allocation de retour à l'emploi

(ARE) théorique (celle que l'on obtiendrait sans conserver d'activité). Seconde étape : diviser le montant obtenu par l'ARE. Le résultat (arrondi au chiffre entier supérieur) correspond au nombre de jours d'indemnisation au taux de l'ARE que la personne touchera en plus des revenus de son activité.

Ce cumul est assuré sans limite de durée, tant que l'allocataire bénéficie des droits à l'indemnisation chômage et tant que le cumul des allocations et des rémunérations n'excède pas le montant mensuel du salaire de référence (avant la perte de piges). Dans le cas contraire, l'indemnisation sera réduite, voire nulle. Valable dans d'autres secteurs, l'objectif de ce nouveau calcul est d'inciter les personnes au chômage à travailler, même partiellement, puisqu'elles gagneront plus en exerçant une activité partielle.

Toutefois, les demandeurs d'emploi dont l'indemnisation a été suspendue pendant plus de 3 mois d'affilée doivent faire le point avec Pôle emploi pour prouver qu'ils n'ont pas démissionné. Une difficulté en plus pour les pigistes à l'activité variable. Après 91 jours d'affiliation sans indemnisation, il faudra produire une demande pour obtenir la reprise du versement de ses droits et produire de nouvelles attestations destinées à Pôle emploi justifiant de ses périodes d'activité et de la perte involontaire de celles-ci.

Site

Un simulateur est disponible sur le site de Pôle emploi : http://candidat.pole-emploi.fr/candidat/simucalcul/perteemploi

Important

Le salaire de référence à prendre en compte par Pôle emploi doit être calculé sur la moyenne des salaires perçus au cours des 12 ou 24 derniers mois (à l'avantage du pigiste).

Calcul du cumul de piges et allocations-chômage

Imaginons un pigiste ayant gagné un salaire moyen brut de 3 000 € par mois au cours des 12 derniers mois. Son salaire journalier brut de référence (SJR) est donc de 100 € (3 000 € divisés par 30 jours). S'il perd des piges à hauteur de 700 € (ce qu'il devra justifier par des attestations employeur de licenciement), son salaire n'est plus que de 2 300 €. Calculée sur la base de son salaire initial (SJBR), son allocation de retour à l'emploi (ARE) devrait être de 57 % × 100 € = 57 €. S'il ne travaillait plus du tout, son ARE « théorique » serait de 57 € × 30 jours soit 1 710 € net.

Première étape : Pôle emploi déduit 70 % de l'ARE « théorique » du pigiste qui n'est donc plus que de 39,90 € par jour (70 % × 57 €). Soit 1 197 € net par mois. La seconde étape consiste à diviser cette somme par le montant de l'ARE journalière théorique : 1 197 € / 57 € soit 21 jours d'indemnisation.

Tout en continuant à piger dans la limite de 2 300 € brut par mois, notre pigiste pourra donc bénéficier d'un complément de sa rémunération par une indemnité chômage de 21 × 39,90 € = 837,90 €. Il conservera cette allocation sans limitation de durée, sauf s'il vient à augmenter ses piges au-delà de 2 300 €, auquel cas son allocation baissera pour que son cumul rémunération + allocation reste en-deçà des 3 000 € de son salaire initial. Si cette situation perdure plus de 3 mois, Pôle emploi reconsidérera son dossier.

Le différé de versement des allocations-chômage

En cas de licenciement, vous ne bénéficierez pas immédiatement de vos allocations-chômage : un double délai de carence s'applique avant de les toucher. D'abord un différé pour congés payés, non plafonné, correspondant au nombre de jours payés par votre employeur au titre des congés payés restant à prendre. Cette indemnité compensatrice de congés payés (ICCP) doit apparaître sur votre dernier bulletin de paie sous la forme d'un nombre de jours. Même si vous vous inscrivez le lendemain de votre licenciement, Pôle emploi ne commencera à vous indemniser qu'une fois passé ce nombre de jours. Attention : Pôle emploi considère tous les jours ouvrables (une semaine = 7 jours), alors que la plupart des entreprises raisonnent en jours ouvrés (5 jours de congés = une semaine).

S'ajoute à ce différé pour congés payés un différé fonction des indemnités de licenciement versées au-delà du niveau légal, plafonné à 180 jours (six mois). Il s'élevait à 75 jours avant la réforme de l'assurance chômage. Sont aussi concernées toutes les indemnités de ruptures conventionnelles ou transactions personnelles. Lorsqu'il s'applique, ce différé spécifique est calculé selon la formule : indemnités supralégales/90. Autrement dit, Pôle emploi considère dans son calcul que le salaire journalier de référence ne peut dépasser 90 €. Attention : dans le cas d'indemnités versées au titre de la clause de cession ou lors d'un licenciement économique, le plafond de 75 jours pour le différé spécifique continue de s'appliquer.

L'indemnité légale et conventionnelle

L'indemnité légale fixée par le Code du travail en cas de licenciement correspond à 1/5 de mois de salaire brut par année d'ancienneté, auxquels s'ajoute 2/15 de mois de salaire brut par année d'ancienneté au-delà de dix ans. Les éventuelles indemnités supplémentaires versées par l'employeur sont dites « supralégales ». Dans le cas des journalistes professionnels, ces indemnités légales sont déterminées par l'article L. 7112-3 du Code du travail et correspondent aux montants fixés par la convention collective, à savoir : 1 mois par année ou fraction d'année de collaboration jusqu'à quinze ans (montant fixé par la commission arbitrale au-delà de quinze ans). L'indemnité des journalistes est donc légale et conventionnelle.

Pige et contrat de sécurisation professionnelle

Comme toute personne licenciée, le journaliste pigiste peut bénéficier d'un accompagnement renforcé proposé par Pôle emploi dans le cadre d'un contrat de sécurisation professionnelle (CSP). S'il accorde une allocation supérieure au régime général (80 % du salaire brut) et un meilleur accompagnement, le CSP est plus restrictif au niveau de la reprise du travail. Normalement, cette convention ne vous autorise qu'à deux périodes d'activité professionnelle (de 14 jours à 6 mois). Tenant compte des particularités de l'exercice de la pige (rémunération forfaitaire dépourvue de référence horaire), Pôle emploi accepte néanmoins qu'un journaliste en CSP puisse

Site

Pôle emploi a publié une instruction complète sur l'inscription des demandeurs d'emploi, datant du 24 novembre 2011 (instruction Pôle emploi n° 2011 192), accessible en ligne sur son site Internet : www.pole-emploi.fr.

Et la baisse des piges ?

On peut comparer la pige à un CDI à temps partiel annualisé, sans durée ni montants définis à l'avance. Tant que le contrat avec l'employeur n'est pas rompu, il n'y a pas d'ouverture de droits aux allocations de chômage au titre de cet emploi. Et une baisse de piges n'est pas une rupture en soi... Si cette baisse devient conséquente et atteint 30 % de vos revenus (seuil réclamé pour l'indemnisation par Pôle emploi), une seule solution : prendre acte de la rupture du contrat de travail par lettre recommandée pour « constater » la modification substantielle de votre contrat de travail et tenter de vous faire licencier. Pour être valable, la baisse de salaire doit pouvoir s'analyser sur une longue période (au moins 1 an, voire plus). Évidemment, il y a de fortes chances que votre employeur estime qu'il s'agit là d'une démission de votre part et refuse de vous envoyer l'attestation et de vous verser les indemnités de licenciement (1 mois par année d'ancienneté, selon la convention collective). Dans ce cas, il sera nécessaire de faire appel à la justice et de faire statuer les prud'hommes. La prise d'acte produit les effets d'un licenciement sans cause réelle et sérieuse, si les juges estiment que les faits invoqués par le salarié la justifient. Elle produit les effets d'une démission dans le cas inverse. C'est pourquoi, dans cette situation, Pôle emploi attendra la décision judiciaire qualifiant la rupture avant d'attribuer des allocations et de pouvoir déterminer le caractère volontaire ou involontaire du chômage consécutif à celle-ci.

occasionnellement piger (instruction n° 2012-79 de Pôle emploi du 17 avril 012). Donc, les journalistes travaillant à la pige au moment de leur licenciement économique et qui choisissent le CSP peuvent continuer leur activité de pigistes avec des employeurs conservés ou nouveaux (sauf celui qui les a licenciés), sans que l'allocation de base du CSP, dite allocation de sécurité professionnelle (ASP) soit modifiée ou suspendue, et ce pendant les 12 mois du dispositif de CSP. À l'issue de cette période, l'ARE (allocation de chômage « classique ») prend automatiquement le relais (sans réinscription) pour la durée d'indemnisation du chômage restante. Mieux vaut quand même se renseigner auprès de votre agence pour vérifier qu'une pige ne vous privera pas de vos allocations.

Les droits rechargeables

L'arrivée des droits rechargeables est la principale innovation de la nouvelle convention d'assurance chômage. Le principe de ces droits rechargeables veut que plus une personne travaille, plus elle accumule des droits à l'assurance chômage. Alors qu'il fallait auparavant avoir travaillé 4 mois au cours des 28 mois précédents pour prétendre bénéficier d'une allocation de retour à l'emploi, il suffit désormais de cumuler 150 heures travail pour toucher l'ARE.

Ainsi, une personne s'inscrivant à Pôle emploi dispose d'un « capital » de droits selon le temps qu'elle a travaillé. Mais une fois ces droits épuisés, ceux-ci peuvent être « rechargés » dès lors qu'elle retravaille au moins 150 heures, entre la rupture du contrat de travail ayant entraîné sa période d'indemnisation initiale et la date d'épuisement de ses droits. Ces nouveaux droits sont calculés selon les mêmes règles (un jour travaillé = un jour indemnisé). Encore une fois, l'absence de références horaires sur bulletins de salaire des piges constitue un obstacle qu'il faudra franchir avec son conseiller pour qu'il accepte de considérer qu'un Smic touché en pige sur un mois correspond à un mois d'activité. Nonobstant cette contrainte, ce nouveau dispositif est particulièrement intéressant pour les pigistes qui pourront immédiatement prolonger leurs droits, même avec des collaborations ponctuelles, au lieu d'attendre d'avoir travaillé 4 mois.

La déclaration mensuelle

Cette déclaration doit être effectuée le mois du paiement des piges (indiqué sur le bulletin de paie) et non celui des mois où l'on a travaillé. Lors de l'actualisation, il faut toujours faire une évaluation approximative des heures de travail (mettre au moins 1 heure), puis indiquer le montant brut des piges et bien cocher la case spécifiant que l'on est toujours à la recherche de travail. L'actualisation de situation vis-à-vis de Pôle emploi se fait généralement durant la première quinzaine du mois suivant.

Cumuler allocations et autres revenus

Les journalistes pigistes inscrits à Pôle emploi qui renouvellent leur situation mensuellement sont tenus de déclarer tous leurs revenus, quelle que soit leur origine. C'est notamment le cas d'éventuels salaires transitant par le biais de sociétés de portage. En revanche, les droits d'auteur ne rentrent pas en compte dans le calcul des indemnités, selon la circulaire de l'Unédic n° 04-07 du 31 mars 2004 sur les « Droits d'auteur & droits voisins ».

En revanche, l'activité d'auto-entrepreneur doit être déclarée. Pôle emploi retiendra au titre du revenu professionnel le chiffre d'affaires amputé d'un abattement forfaitaire de 34 % pour les bénéfices non commerciaux, correspondant aux activités annexes habituelles des journalistes (rédaction de comptes rendus, animations de tables rondes).

Réclamations

Si votre demande d'admission à l'allocation d'aide au retour à l'emploi n'a pas reçu de suite favorable, il existe plusieurs recours possibles. Si votre dossier est bloqué, la première chose à faire est d'envoyer une réclamation par Internet (sur le site de Pôle emploi, à la rubrique « Contactez-nous », onglet « Réclamations ») en précisant que vous êtes pigiste et en activité réduite. En règle générale, ce sont des agents compétents qui répondent. Le dossier peut se débloquer rapidement si votre situation n'est pas trop compliquée.

En cas de désaccord sur le fond (sur le montant des allocations, par exemple), la première démarche est d'adresser une réclamation écrite au directeur de votre agence, qui traite votre dossier, puis une autre à la direction régionale de Pôle emploi. Il est aussi possible de saisir le médiateur de Pôle emploi ou encore le Comité de liaison de Pôle emploi. Cette instance, qui regroupe des associations et des syndicats de chômeurs, peut aider à débloquer certaines situations inextricables.

En dernier ressort, si aucun accord n'est trouvé, il est possible de porter ses différends avec Pôle emploi devant le tribunal d'instance, (ou de grande instance si le litige dépasse 10 000 €). Ce qui nécessite obligatoirement l'assistance d'un avocat. Il faut saisir la justice dans un délai de 2 mois après la notification initiale de Pôle emploi. Attention : les réclamations ou la saisie du médiateur ne modifient en rien ce délai de 2 mois.

Chapitre 23
Gérer les litiges

Au regard de la loi, le journaliste pigiste rémunéré en salaire est un salarié en contrat à durée indéterminée (CDI). Il doit bénéficier à ce titre des mêmes droits que son homologue « posté » à la rédaction. Malheureusement, la réalité est tout autre. Les journalistes pigistes ont déjà du mal à obtenir la reconnaissance de certains droits (bénéfice des tickets restaurant ou des œuvres du Comité d'entreprise, maintien du salaire en cas de maladie, etc.). Mais en période de crise, les directions des ressources humaines ont la fâcheuse tendance à les considérer comme de simples « fournisseurs ».

L'arrêt et la baisse des piges constituent évidemment les cas les plus graves. Mais la non-parution ou la parution tronquée d'un article entraînent aussi un manque à gagner. Tout comme le fait d'inclure les congés payés, la prime d'ancienneté ou le treizième mois dans le montant brut de la pige. Il y a des dizaines de raisons de se fâcher avec une publication. Savoir où l'on met les pieds en posant les bonnes questions est le plus sûr moyen d'éviter les pièges.

Souvent, les problèmes surgissent à la faveur d'un changement de management ou de la dégradation des conditions économiques du média. Du point de vue comptable, la pige est une source d'économie facile à réaliser. Esseulé, le pigiste a souvent peur d'entrer en conflit avec son employeur. Pour éviter les désagréments, le mieux est d'abord d'évoquer le sujet avec l'autre partie puis, éventuellement, de faire appel aux instances représentatives du personnel (délégués du personnel ou membres du CE) et de prendre conseil auprès des avocats. Parfois, il est indispensable de porter l'affaire en justice en saisissant les prud'hommes. Une procédure moins complexe qu'il n'y paraît.

Pigiste salarié : textes de références

Le journaliste pigiste bénéficie d'une présomption de salariat (voir chapitre 1, « Le journaliste pigiste », page 5). C'est inscrit dans le Code du travail depuis l'adoption de la loi Cressard (loi 74-630 du 4/07/1974) et la jurisprudence est constante en ce sens (pourvoi n°96-44450 et 96-44713 du 1er décembre 1998, auprès de la chambre sociale de la Cour de cassation ; n°97-41415 du 13 juillet 1999 ; n°98-40924 du 22 mars 2000).

Savoir où l'on met les pieds…

Un employeur probe est rarement indélicat. Et inversement. Au début d'une collaboration – voire à l'envoi du synopsis –, il est important de connaître le profil de son futur employeur. Appartient-il à un groupe ? Travaille-t-il avec beaucoup de pigistes ? Est-il l'objet de railleries sur Internet ? Il existe différentes pistes pour se renseigner.

La première est de se rapprocher de l'assistant(e) de la rédaction pour connaître la façon dont la publication travaille avec ses pigistes. Par l'intermédiaire des réseaux sociaux (en posant une question sur le forum de la liste Piges, par exemple), il est aussi possible d'entrer en contact avec des pigistes ou anciens pigistes de la publication et de les questionner. Aucun réseau n'a pris le risque de publier une « liste noire » qui serait difficile à mettre à jour et condamnable pour diffamation. Mais certaines réputations ne sont plus à faire… Les syndicats peuvent également vous fournir la liste de leur(s) délégué(e)(s) en place, s'il y en a. Enfin, « googeliser » son futur employeur permettra de prendre connaissance d'éventuels litiges portés sur la place publique.

Bref, tous les moyens sont bons pour connaître le mieux possible le profil et les pratiques de votre futur employeur. Si vous réussissez à apprendre qu'il paye en retard, que la prime d'ancienneté n'est pas versée et qu'il traîne plusieurs casseroles aux prud'hommes, vous saurez que le risque de dérapage est réel. À l'inverse, une publication d'un grand groupe ayant pris la peine d'éditer une charte des pigistes, qui verse le treizième mois, les congés payés et la prime d'ancienneté saura vous rassurer.

Autre point essentiel : les délais de paiement. L'usage veut que les articles soient payés le mois de la parution ou le mois suivant. Mais rien n'est prévu si le délai s'allonge entre la date de rendu et la publication. Tant que votre papier sera «au marbre», vous risquez de ne pas être payé. Il est donc important de connaître les modalités internes concernant les paiements pour s'éviter les mauvaises surprises. En tout état de cause, réagissez vite. Sinon, il y a de fortes chances que votre article ne soit plus dans l'actu et vous devrez le retravailler en profondeur. Si votre papier est toujours absent du chemin de fer malgré vos relances, il faut négocier votre paiement en dépit de sa non-parution.

Article commandé = article payé

Selon l'article L. 761-9 du Code du travail, « tout travail commandé ou accepté par une entreprise de journal ou périodique et non publié doit être payé ». Nul besoin de délai probatoire : en termes juridiques, le fait générateur du paiement d'une pige n'est pas la parution de l'article mais son acceptation. Et l'absence de remarques notifiées à l'auteur pour empêcher sa parution équivaut à une acceptation. Autrement dit, toute pige commandée doit être payée dans les conditions de la commande, même si elle n'est pas publiée. Pourtant, il s'agit là d'une des nombreuses règles qui ne sont pas toujours respectées par les employeurs... Les piges sont commandées par téléphone, sans trace écrite et les feuillets âprement marchandés. D'où la nécessité de toujours demander confirmation de la commande par e-mail et de conserver celui-ci.

En cas de litige, sachez distinguer les interlocuteurs pour ménager la rédaction. Vos (bonnes) relations avec la rédaction ne doivent pas être mises à mal pour des questions administratives ou juridiques. Certes, la première négociation doit s'engager avec elle sur le tarif de la pige. Ensuite, un retard de paiement, l'oubli d'une prime ou une erreur sur le bulletin de paie n'est pas de son ressort. Il faut dès lors dissocier les interlocuteurs et contacter la direction des ressources humaines (DRH) pour évoquer ouvertement le ou les sujets en question. En adoptant une attitude adaptée en fonction des sujets : inutile de râler à tout bout de champ, ça ne sert à rien. Faites preuve de diplomatie et d'ouverture, sachez relancer délicatement, mais fermement. Si vous n'obtenez pas de réponses précises à vos questions malgré vos relances, il est clair que l'on ne souhaite pas vous répondre. À vous d'en prendre acte et de poursuivre sur le terrain judiciaire si vous le jugez utile.

Quelle réaction face à un vol d'idée ?

On peut se prémunir contre le vol d'idée en déposant son synopsis écrit à l'Inpi ou à la Scam, car l'idée n'est protégée que lorsqu'elle se matérialise sous la forme écrite. L'avantage de ce dépôt, c'est qu'il prouvera l'antériorité et la paternité de votre travail devant la justice. Avant d'en arriver là, mieux vaut tenter d'arranger les choses à l'amiable. Plutôt que de faire valoir vos droits sur une cause perdue d'avance (jamais on ne vous proposera de refaire l'article), profitez-en pour « réclamer » une nouvelle pige. Quitte à proposer vous-même le sujet. Cela vous évitera d'entrer en conflit avec la rédaction et sera l'occasion de débuter une collaboration. Si vous estimez au contraire que vous n'avez rien à attendre de cette rédaction et voulez coûte que coûte faire valoir vos droits et réclamer des dommages et intérêts, il vous faudra assigner l'employeur devant les tribunaux de grande instance (à Bordeaux, Lille, Lyon, Marseille, Nanterre, Nancy, Paris, Rennes, Fort-de-France) pour délit de contrefaçon. En pratique, les sommes en jeu justifient rarement d'engager un bras de fer pénible et de se « griller » avec un média. Mieux vaut en profiter pour réclamer une pige en compensation pour ainsi mettre un pied dans la rédaction.

Avant toute nouvelle collaboration avec une rédaction, il est judicieux de se renseigner sur son état d'esprit vis-à-vis de collaborations avec d'autres publications. Auteur de ses œuvres, le journaliste peut en disposer comme il l'entend. En particulier, il peut en céder les droits de reproduction à un autre support que celui initialement prévu. Même en cas de parution, il peut « revendre » le sujet (sous une autre forme, avec un autre angle) à condition d'avoir l'accord préalable du premier éditeur. D'une façon générale, mieux vaut éviter de travailler avec des supports directement concurrents. En effet, l'article 7 de la convention collective nationale des journalistes stipule que les journalistes doivent, à chaque première collaboration, puis chaque année, déclarer par écrit la liste des autres publications avec lesquelles ils collaborent. Et la plupart du temps, l'employeur refuse de commencer ou poursuivre une collaboration s'il estime qu'un titre de la liste est de nature à lui porter un préjudice professionnel.

Requalification de collaboration

Au début d'une collaboration, la question du mode de rémunération est sans doute la plus fréquente. Il est plus simple de refuser dès le départ le paiement illégal en droits d'auteur ou comme auto-entrepreneur. Mais si vous avez été contraint de le faire, il n'est jamais trop tard pour réagir. N'en parlez pas forcément à la rédaction, préférez traiter directement avec le service des ressources humaines en lui faisant part de votre souhait d'être rémunéré en salaire, conformément à la loi. Agissez progressivement mais fermement en effectuant votre demande d'abord par mail puis par lettre recommandée. Contactez également les instances représentatives du personnel pour leur faire part de vos difficultés.

Les délégués du personnel et élus du comité d'entreprise sont à votre disposition pour évoquer les questions sous l'angle du droit lors de réunions mensuelles, de façon anonyme pour ne pas fragiliser votre situation dans l'entreprise. En l'absence de réponse satisfaisante, ils peuvent signaler l'abus à l'inspection du travail de la Direction régionale des entreprises, de la concurrence, de la consommation, du travail et de l'emploi (DIRECCTE) et à l'Urssaf. Affûtez vos arguments : si vous collaborez comme CLP ou travaillez sous le statut d'auteur ou d'auto-entrepreneur, ayez bien à l'esprit la répartition des charges salariales et le coût total des piges pour l'employeur (voir tableau comparatif page 52). Si le litige porte sur le montant de la rémunération, renseignez-vous sur les éventuels barèmes en vigueur dans la catégorie de presse considérée et tentez de connaître les tarifs dans les médias similaires.

Les personnes qui travaillent pour une entreprise de presse sous le statut de correspondant de presse (CLP) ou sous les statuts d'auteur et d'auto-entrepreneur peuvent réclamer la requalification de leur contrat de travail de journaliste en CDI s'ils prouvent qu'ils exercent bien le métier de journaliste professionnel avec un lien de subordination. Il en va ainsi des personnes qui obéissent à des directives précises, se voient fixer un emploi du temps détaillé, doivent respecter des procédures et formalités particulières ou respecter des délais. Lorsque le travail confié par un client met l'auto-entrepreneur en situation de dépendance économique, en étant dirigé, contrôlé et éventuellement sanctionné, obligé à ne plus travailler pour d'autres, la justice considère que le client lui impose un lien de subordination propre au statut de salarié (Cass. soc, 6.5.2015, n° 751). En droit social, quelle que soit la qualification donnée par les parties à une relation de travail, ce sont les conditions réelles dans lesquelles elle s'exerce qui déterminent le statut de salarié.

Les employeurs voient souvent d'un très mauvais œil cette requalification. Ce qui oblige le plus souvent les personnes concernées à entamer un marathon judiciaire pour faire valoir leurs droits. Pour le moment, aucun journaliste forcé de travailler sous le statut d'auto-entrepreneur ou journaliste travaillant via une société de portage salarial n'a osé se lancer dans un tel marathon. Le fait qu'ils obéissent aux directives de l'entreprise de presse pour laquelle ils collaborent induit pourtant une notion de lien de subordination.

L'arrêt des piges

Si un employeur ne vous commande plus d'articles, cette fin « unilatérale » de collaboration est juridiquement considérée comme une rupture de contrat de travail. En effet, la jurisprudence du droit commun rappelle que l'employeur ne peut pas apporter de modification du contrat de travail sans avoir obtenu au préalable le consentement du salarié (Cass. soc. 31 octobre 2000, pourvoi n° 98-44.988). En cas de refus du salarié, l'employeur est tenu de le licencier.

Voilà pour la théorie. Dans la pratique, les rédactions ne licencient jamais leurs pigistes – sauf lors des plans sociaux (et encore). Elles tentent d'éviter le coût d'un licenciement (indemnités, préavis...) en faisant parfois espérer au pigiste le retour de jours meilleurs. Mais si l'absence de commandes perdure, il va falloir vous battre un peu (parfois beaucoup) pour que l'arrêt de piges soit considéré comme un licenciement dès lors que vous avez un peu d'ancienneté.

Un licenciement ne se demande jamais à un employeur. Sinon, celui-ci s'empressera de répondre à la demande en arguant qu'il agit selon votre souhait. Dans le cas d'un arrêt de piges, vous devez constater une « modification substantielle de votre contrat de travail » par lettre recommandée avec accusé de réception. Votre courrier doit rappeler l'ancienneté de votre collaboration et démontrer l'existence d'un lien de subordination ; il est utile de préciser que l'arrêt de versements de salaires correspond à un changement des termes du contrat et de demander à l'employeur ce qu'il compte faire pour y remédier. En parallèle, il est conseillé de vous rapprocher des représentants du personnel pour qu'ils évoquent officiellement votre cas lors d'une des réunions mensuelles.

La rédaction de cette lettre est souvent le bon moment pour vous faire conseiller par un syndicat de journalistes ou un avocat spécialisé. Souvent, cela ne suffit pas et vous devez franchir une étape supplémentaire en assignant votre employeur aux prud'hommes pour rupture abusive du contrat de travail et réclamer à la justice un rappel de salaires et des dommages et intérêts. À ce stade, il faut mesurer la conséquence de ses actes. Un employeur réagira sans doute assez mal s'il est traîné en justice et risque de mettre fin à toute collaboration. Avant de partir au front demandez-vous bien s'il ne s'agit pas d'une suspension temporaire des piges (pour cause de budgets serrés) et si votre action en justice ne risque pas de vous « griller » auprès d'autres titres du groupe.

D'un côté, les bénéfices d'une action en justice sont évidemment à prendre en compte. Les juges vont d'abord estimer le manque à gagner que vous avez subi avec l'arrêt de pige et vous attribuer un rappel de salaire. Ils vont également octroyer une indemnité de licenciement. Selon la convention collective, celle-ci correspond à 1 mois de salaire par année d'ancienneté. Pour les journalistes pigistes le salaire de référence est celui des 12 ou 24 mois (retenir le calcul le plus avantageux) précédant l'arrêt des commandes. Chaque année commencée est considérée comme pleine. Enfin, en cas de licenciement pour cause non réelle et sérieuse, des dommages et intérêts peuvent s'ajouter aux indemnités conventionnelles.

D'un autre côté, une procédure en justice risque de vous fermer des portes. D'abord celle de l'entreprise que vous attaquez pour laquelle vous ne pourrez plus travailler dans le futur. Vous risquez aussi de vous retrouver blacklisté. Si vous attaquez l'un des titres d'un groupe de presse, il y a de fortes chances pour que l'accès aux autres titres du groupe vous soit interdit.

Pigistes et plan social

En tant que salariés, les journalistes pigistes doivent être inscrits sur la liste des salariés couverts par un plan de sauvegarde de l'emploi (PSE) ou une liquidation judiciaire, et bénéficier des indemnités prévues. Dans le cas d'un PSE, n'hésitez pas à vous rapprocher du secrétaire du CE ou des délégués du personnel pour bénéficier des indemnités négociées dans le cadre du plan social.

Lors d'un redressement ou d'une liquidation judiciaire, le Code du commerce prévoit la désignation d'un représentant des salariés auprès de l'administrateur judiciaire, qui pourra faire respecter vos droits.

La loi de sécurisation de l'emploi de juillet 2013 a ramené à trois ans le rappel des salaires, contre cinq précédemment. Concrètement, cela signifie que vous avez trois ans pour réagir et réclamer votre dû. Dans la pratique, il est conseillé d'intervenir un peu plus tôt (au bout d'un an, voire avant lorsqu'il s'agit d'un quotidien), car les juges admettent difficilement que l'on prenne trop de temps pour réagir.

Important

Tout comme l'arrêt des piges, la baisse du tarif de pige s'analyse comme une modification unilatérale du contrat de travail qui doit faire l'objet d'un avenant et être acceptée par le journaliste pigiste. En cas de refus par ce dernier, l'employeur est tenu de le licencier.

Depuis des années, la Cour de cassation confirme la portée de l'article L. 761-2 du Code du travail sur la présomption de salariat de tout journaliste professionnel rémunéré à la pige. Le principal attendu de cet acquis jurisprudentiel tient en une phrase : « Si en principe une entreprise de presse n'a pas l'obligation de procurer du travail au journaliste pigiste occasionnel, il n'en est pas de même si, en fournissant régulièrement du travail au journaliste pendant une longue période, elle a fait de ce dernier, même rémunéré à la pige, un collaborateur régulier auquel l'entreprise est tenue de fournir du

En cas de dépôt de bilan de votre employeur

Si votre employeur se déclare en cessation de paiement, il faut immédiatement prendre contact avec le représentant des salariés qui doit être désigné par le personnel pour suivre la procédure. Vous pouvez lui rappeler de vérifier que tous les journalistes pigistes sont bien mentionnés sur la liste des salariés et donc pris en compte par l'administrateur judiciaire en cas de cession ou de licenciement.

Même si l'entreprise est mise en liquidation judiciaire, vous pouvez faire valoir vos droits auprès du liquidateur ; et même porter le litige devant les prud'hommes. Si vous gagnez, c'est l'Assurance garantie des salaires (AGS) qui vous indemnisera. Attention : cette possibilité est offerte aux salariés, pas aux auteurs et encore moins à ceux qui collaborent en portage.

travail ». Les juges resservent la même formule pour tout journaliste pigiste privé de travail en soulignant que l'interruption de la relation de travail s'analyse comme un licenciement. La justice n'a jamais précisé la durée de collaboration antérieure requise, mais un pigiste ayant un an d'ancienneté a déjà obtenu gain de cause.

La baisse des piges

Le cas de la baisse des piges est plus complexe. D'abord parce qu'il ne se constate pas d'un coup et ne peut s'apprécier qu'au bout de quelques mois. Ensuite parce que le pigiste hésite à signaler cette baisse dans la mesure où il continue de collaborer avec la publication en question. Dès lors, l'alternative est simple : soit on continue sans rien dire, au risque de voir le rythme des commandes s'amenuiser toujours plus ; soit on choisit de faire valoir ses droits, quitte à perdre une pige. Un vrai dilemme !

Le montant des sommes en jeu peut aider à trancher, sachant que vos indemnités pour licenciement sans cause réelle et sérieuse (un mois de salaire par année d'ancienneté) et les éventuels dommages et intérêts seront avant tout calculés au prorata du temps passé dans l'entreprise. Pour quelques centaines d'euros, le jeu en vaut-il la chandelle ? Ou ne vaut-il mieux pas continuer à collaborer pour encore quelque temps ? La réponse vous appartient. Mais sachez qu'une procédure aux prud'hommes est toujours longue et éreintante. Elle oblige à ressasser le passé avec un esprit de vengeance rarement compatible avec l'énergie réclamée pour la recherche de nouvelles piges.

En ce qui concerne la façon de procéder, vous devez respecter les étapes suivantes, pour démontrer la gradualité de vos demandes. Dans un premier temps, il faut interroger par e-mail votre interlocuteur, puis la direction, sur les raisons de la baisse de vos piges ; sans réponse de leur part après une période raisonnable (deux ou trois mois), il faut réclamer officiellement le maintien de votre salaire par lettre recommandée avec accusé de réception. Cette lettre officialise le début de la procédure. C'est donc à partir de cette date que seront calculées vos éventuelles indemnités. Elle est d'autant plus importante que les rappels de salaires ne courent plus que sur les trois années précédentes, contre cinq auparavant. Si vous tardez trop à envoyer ce «marqueur», ces trois années incluront la période de la baisse des piges, ce qui réduira d'autant la base de calcul sur laquelle seront fixées vos indemnités.

La maîtrise du timing est donc primordiale : d'un côté, il ne faut pas revendiquer trop tôt, car il est admis de voir un volume de piges varier d'une année à l'autre ; d'un autre côté, il faut tirer le signal d'alarme sans trop tarder pour éviter que vos salaires (base de calcul de vos indemnités) ne fondent comme neige au soleil. Sauf cas particulier, comme la tenue d'une rubrique régulière, il faut généralement attendre une année pour envoyer une telle lettre pour un mensuel, afin de pouvoir faire des comparaisons mois par mois, d'une année à l'autre. Votre requête devra être étayée en rappelant les collaborations passées et la régularité des commandes, en constatant la baisse de salaire et en affichant votre disponibilité et votre volonté de poursuivre le travail aux conditions précédentes.

Selon la jurisprudence, «on peut admettre une variabilité du volume de travail et de la rémunération d'un journaliste rémunéré à la pige, à condition que cette variabilité n'entraîne pas un bouleversement de l'économie du contrat qui ressort de son exécution dans le temps» (chambre sociale de la Cour de cassation du 10 mars 1999, pourvoi n° 97-40.706). Donc si le volume de travail et la rémunération peuvent varier d'un mois à l'autre, les baisses de salaire d'une année à l'autre doivent rester raisonnables. D'ailleurs, certains employeurs ont anticipé la question et négocié avec les syndicats un accord d'entreprise : au journal *Le Monde*, la «Charte des pigistes» précise que toute baisse de plus de 25 % de la rémunération du pigiste est considérée comme une modification substantielle du contrat de travail. À *Libération*, il est prévu de compenser la perte de salaire des pigistes dès que leur rémunération baisse de 20 % d'une année à l'autre.

Si poursuivre votre collaboration sous de nouvelles conditions (nouveau tarif de pige, par exemple) ne vous intéresse pas, vous pouvez à tout moment «prendre acte» de la rupture de votre contrat de travail aux torts exclusifs de l'employeur, en constatant «une modification substantielle unilatérale de votre contrat de travail». Par ces termes, vous reprochez expressément à votre employeur d'avoir modifié votre salaire, lequel représente l'un des éléments constitutifs du contrat de travail. La prise d'acte doit être faite par lettre recommandée avec accusé de réception. Il ne s'agit pas d'une démission : vous pouvez saisir les prud'hommes pour qu'ils statuent sur cette prise d'acte. La résiliation judiciaire aux torts de l'employeur prononcée par les juges produira les effets d'un licenciement sans cause réelle et sérieuse si les faits invoqués par le salarié le justifient ; dans le cas contraire, elle s'apparente à une démission.

Les ravages de l'arrêt Bayard

En matière de baisse des piges, la position des juges s'appuie sur l'interprétation erronée d'une jurisprudence de la chambre sociale de la Cour de cassation rendue le 29 septembre 2009 (pourvoi n° 08-43.487) concernant le groupe Bayard. La Cour avait alors considéré qu'une baisse de pige ne constituait pas une modification du contrat de travail au regard d'un accord d'entreprise de 2001 prévoyant des modalités de dédommagement en cas de baisse de la rémunération moyenne supérieur à 35 % sur 6 mois. Évidemment, les avocats des entreprises de presse s'empressent de mettre en avant cet arrêt en « oubliant » de préciser qu'il s'agit d'un arrêt d'espèce rendu au regard d'un cas particulier lié à l'accord d'entreprise. Dans ce cas précis, il n'y avait pas de modification du contrat de travail dès lors que ce contrat prévoyait lui-même une modulation de la rémunération et faisait référence aux mesures de dédommagements prévus. Mais ce cas d'espèce n'a pas à être transposé en dehors de son cadre spécifique et une baisse de rémunération d'un journaliste pigiste régulier dans des entreprises n'ayant pas conclu d'accords similaires doit s'analyser comme un licenciement.

Attention : l'évolution jurisprudentielle conduit les juges à analyser une prise d'acte consécutive à une baisse de piges si elle constitue un manquement grave empêchant la suite du contrat, ce qui n'est pas le cas lorsqu'elle n'a pas eu d'influence défavorable sur le montant de la rémunération perçu par le pigiste ou ne représente qu'une faible partie de celle-ci. Autrement dit, vous risquez fort d'être débouté si l'employeur démontre l'absence de préjudice, dans le cas par exemple où vous avez remplacé ses piges par d'autres, et que vous avez réussi à compenser la perte de salaire liée à l'arrêt de la pige en question.

Ceux qui hésitent à recourir aux services d'un avocat, pour des raisons de coût, doivent vérifier sur leur contrat multirisque habitation ou leur cotisation de carte bancaire si une clause leur permet de bénéficier d'une assistance juridique permettant la prise en charge des frais d'avocat. Par ailleurs, tous ceux qui gagnent moins de 1 400 € par mois peuvent bénéficier d'une aide juridictionnelle pour une prise en charge totale ou partielle des frais d'avocat. N'oubliez pas que l'article 700 du Code de procédure civile fait porter la charge du procès au perdant, mais que le juge tient compte de la situation économique des deux parties : si l'employé gagne, les juges lui allouent généralement de quoi couvrir ses frais d'avocat ; et si c'est l'employeur, qui gagne, ils évitent de pénaliser l'employé et ne le condamnent pas ou peu aux dépens.

Calcul et imposition des indemnités de licenciement

En cas de licenciement, l'indemnité légale (article L. 7112-3 du Code du travail) est la même que celle prévue par la convention collective (article 44). Elle est donc légale et conventionnelle. Elle équivaut à 1 mois de salaire brut par année d'ancienneté ou fraction d'année (toute année commencée est considérée comme une année pleine). Pour les pigistes dont la rémunération fluctue au gré des commandes, le salaire considéré est la moyenne des rémunérations reçues au cours des 12 ou 24 mois précédents, en retenant le calcul le plus avantageux.

Au-delà de 15 années de détention de la carte de presse (ou en cas de licenciement pour faute lourde), la saisine de la Commission arbitrale des journalistes, via un syndicat de journalistes, est obligatoire pour fixer le montant de l'indemnité. La décision de cette commission paritaire est sans appel. Le recours à cette juridiction exceptionnelle n'est pas incompatible avec une action aux prud'hommes, par exemple pour obtenir des dommages et intérêts en cas de licenciement sans cause réelle ni sérieuse. Les indemnités de licenciement versées en dehors d'un plan de sauvegarde pour l'emploi (PSE) sont exonérées de l'impôt sur le revenu dans la limite de 6 fois le montant annuel du plafond de la Sécurité sociale (fixé à 38 616 € en 2016), soit 219 696 €. En revanche, tous les rappels de salaires, congés payés ou primes d'ancienneté sont imposables.

Les compléments de salaire en cas de maladie

Comme indiqué précédemment (chapitre 19, « Bien gérer sa couverture sociale », page 221), la Convention collective des journalistes prévoit un maintien de salaire en cas de maladie et de maternité.

Pour les journalistes en poste dans une seule entreprise, l'employeur verse l'intégralité du salaire et perçoit directement l'indemnité de la Sécurité sociale (selon le principe de subrogation). Les pigistes doivent quant à eux non seulement faire un dossier à la Sécurité sociale pour bénéficier des indemnités journalières (avec attestation des employeurs et fiches de paie), mais réclamer eux-mêmes à tous leurs employeurs la quote-part correspondante au maintien de salaire.

Concrètement, il faut réclamer à votre Caisse primaire d'assurance maladie le tableau récapitulatif de vos salaires des 12 derniers mois qui leur a permis de calculer vos indemnités journalières. À partir de ce tableau, il sera possible d'établir le poids relatif de chacun de vos employeurs qu'il vous faudra solliciter directement pour obtenir le versement de la quote-part correspondante du complément de salaire. Par exemple, si vous avez trois employeurs qui représentent respectivement 50, 30 et 20 % de vos revenus (moyenne des 12 derniers mois), chacun d'entre eux contribuera – dans les mêmes proportions – au complément de salaire. Si vous aviez un salaire de 3 000 € et que la Sécurité sociale vous verse la moitié du salaire de base, soit 1 500 € (cas de l'arrêt maladie), vous êtes en droit de recevoir, de votre premier employeur la moitié du « manque à gagner » pour cause de maladie (50 % × 1 500 €), ainsi que 30 et 20 % des deux autres.

En général, les employeurs qui versent chaque mois des revenus conséquents et réguliers (plusieurs centaines d'euros) ne rechignent pas trop à verser le complément de salaire. S'ils tardent à répondre ou ne donnent pas signe de vie, n'hésitez pas à les relancer ou à porter l'affaire en justice.

Prud'hommes : mode d'emploi

Le conseil de prud'hommes est une justice gratuite et paritaire, rendue par des juges non professionnels dits conseillers. Il s'agit d'employeurs et de salariés élus, en nombre égal, par leurs pairs sur des listes syndicales. La présence d'un avocat n'est nullement obligatoire ; chacun peut se défendre seul ou être assisté par un représentant syndical. Néanmoins, seul un avocat pourra vous guider dans les méandres de la justice. En fonction de ses ressources, il est possible de bénéficier de l'aide juridictionnelle pour régler les honoraires d'un avocat, qui varient de 1 000 à 1 500 €, avec un pourcentage éventuel de 8 à 12 % sur les sommes attribuées par la justice.

Le coût d'un avocat

L'avocat n'est pas obligatoire dans une procédure prud'homale, même en appel. Néanmoins, la présence d'un professionnel de la justice est un atout indéniable. Seule condition : faire appel à un spécialiste du droit du travail. S'il connaît le secteur de la presse et les caractéristiques du travail à la pige, c'est encore mieux. En général, le coût de sa prestation se compose d'une partie fixe (1 000 à 1 500 €) et d'une partie variable (de 10 à 15 % des gains). Même pour ce prix, vous devrez vous investir massivement pour amasser les preuves et trouver les arguments justifiant votre demande pour organiser votre argumentaire ; l'avocat se chargera de la rédaction des conclusions et de la plaidoirie à l'audience.

Pour les pigistes, mieux vaut saisir le tribunal du lieu de domicile que celui de l'employeur. En général, les procédures en région sont plus rapides qu'à Paris. Et cela vous évitera d'avoir à vous déplacer. En tant que demandeur, vous devez remplir un formulaire au greffe du tribunal des prud'hommes, sur lequel il faut motiver et surtout chiffrer votre demande d'indemnité, sans rien oublier : le rappel des salaires, mais aussi les préavis de licenciement, l'indemnité de licenciement ainsi que les congés payés et primes d'ancienneté y afférents. Sans oublier l'indemnité de perte de chance d'utiliser son droit à la formation (CPF), ni les dommages et intérêts pour préjudice moral et matériel. Évidemment, tout devra être prouvé (articles de loi à l'appui) et il sera nécessaire de disposer de nombreuses pièces pour étayer son argumentaire : bulletins de paie, échanges de courriers, témoignages écrits, jugements concernant des affaires similaires, etc.

À noter

Le référé est une procédure judiciaire accélérée pour les affaires urgentes, comme le non-paiement de salaires. Elle n'est pas soumise à conciliation. Après dépôt du dossier, le greffe du tribunal fixe une date d'audience dans les deux mois suivants.

Dans un premier temps, les deux parties sont convoquées pour une audience de conciliation. En général, personne ne se réconcilie à ce niveau-là et l'affaire est inscrite pour être plaidée. Le demandeur doit alors transmettre ses conclusions auxquelles répond le défenseur, selon un calendrier précis. Chacun doit connaître les pièces de la partie adverse avant l'audience.

Faire traîner les choses est le jeu préféré des avocats (et des employeurs ?) : l'audience est très souvent reportée à cause de la remise tardive des pièces. Un autre moyen de gagner du temps est de contester la compétence de la section saisie. Ainsi, certaines publications à caractère professionnel contestent leur inscription à la section « industries » et réclament leur inscription à la section « encadrement ». Sauf qu'il est facile de démontrer que le pigiste n'exerce aucun commandement dans l'entreprise.

À l'audience, le demandeur reprend l'argumentaire auquel répond le défenseur. Les juges ne posent pas toujours de questions. Leur délibéré peut durer près de 2 mois, et la notification prendre un bon mois. Au final, il s'écoule au moins un an entre le dépôt de demande et le jugement de fond.

Les deux parties peuvent faire appel dans le mois suivant la notification du jugement. L'appel ne suspend pas la totalité de l'exécution du jugement prud'homal. Faire appel est courant de la part des employeurs condamnés, même quand leurs chances sont faibles. Sans doute les avocats les poussent-ils.

Les intérêts légaux d'une condamnation

Toute somme due à la suite d'une décision de justice doit être majorée d'intérêts légaux si elle est versée en retard. Ridiculement bas (0,04 % par an), le taux légal n'incitait pas les mauvais payeurs à sortir leur chéquier. Un taux bien plus contraignant s'applique aux créances des personnes physiques depuis 2015, réactualisé tous les semestres. Au second semestre 2016, ce taux d'intérêt légal applicable aux créances salariales et indemnitaires obtenues par les salariés devant la juridiction prud'homale était de 4,35 %.

Faute grave et faute lourde

Pour éviter d'avoir à verser des indemnités, certains employeurs n'hésitent pas à accuser leurs pigistes de fautes graves ou de fautes lourdes. Ces deux notions sont définies par la jurisprudence. La négligence, l'irrespect, l'abandon de poste et une attitude déplacée sont des fautes graves. En journalisme, la violation des règles déontologiques, comme la diffusion d'une information non vérifiée, peut être considérée comme une faute grave. Conséquence : le salarié est congédié immédiatement, sans indemnités de préavis. En cas de licenciement pour faute grave, les indemnités de licenciement sont fixées par la Commission arbitrale.

La faute lourde est une faute grave commise avec l'intention de nuire à son employeur. Outre les indemnités de préavis, le salarié se voit aussi privé de ses congés payés et de ses indemnités de licenciement. En cas de licenciement pour faute grave, c'est obligatoirement la Commission arbitrale qui fixe le montant des indemnités des journalistes.

La clause de cession

Lors d'une vente ou d'un changement d'actionnaire principal, une voie de résolution d'un litige avec l'employeur passe par la clause de conscience (article L. 7112-5 du Code du travail). Cette disposition exceptionnelle (et dérogatoire au droit commun) est prévue pour garantir la liberté d'expression des journalistes. Elle s'applique en cas de vente ou de changement d'actionnaire principal d'un titre de presse. Sur le plan juridique, il s'agit d'une rupture du contrat de travail prise à l'initiative du journaliste, mais imputable à l'employeur, donc produisant tous les effets d'un licenciement. Tous les journalistes peuvent demander à en bénéficier, y compris les pigistes. En faisant jouer cette clause de cession – nul besoin de motiver sa décision –, le journaliste a droit aux indemnités légales de licenciement (1 mois par année d'ancienneté, calculée sur la moyenne des 12 ou 24 mois précédents) et du chômage. Attention : la clause ne s'ouvre qu'à la suite d'une modification de la structure du capital de l'entreprise et non pas avec un changement éditorial.

Parfois, la discrétion des actionnaires ne permet pas d'identifier cette modification et il faut consulter le registre du commerce ou traquer les changements sur les documents officiels comme les bulletins de salaire. La clause s'ouvre dès que la cession est effectivement réalisée. En théorie, elle ne s'arrête jamais. En pratique, vous n'aurez aucun mal à réclamer son application durant un an. Parfois, certains employeurs l'encadrent avec les syndicats pour fixer une date butoir.

La rupture conventionnelle

Depuis 2008, il est possible de convenir avec son employeur des conditions de la rupture du contrat de travail. Cette disposition générale s'applique aussi aux journalistes pigistes. La rupture conventionnelle ne prévoit aucun préavis, mais les parties s'entendent pour fixer la date de départ du salarié. Tout est négociable dans cette convention dépourvue de motifs autres que la volonté commune. En particulier, le montant de « l'indemnité spécifique de rupture conventionnelle », qui ne doit toutefois pas être inférieure à l'indemnité légale. Attention : celle-ci est bien moins avantageuse que l'indemnité versée aux journalistes en cas de licenciement (ou lors d'une clause de cession). Cette indemnité de droit commun ne représente que 1/5 de mois de salaire par année d'ancienneté plus 2/15 de mois de salaire au-delà de dix ans d'ancienneté dans l'entreprise (art. L 1234-9 du Code du travail), contre un mois de salaire par année d'ancienneté (dans la limite de 15 mois) pour le régime dérogatoire des journalistes professionnels (art. L 7112-3 du Code du travail). En pratique, si la rupture vient de l'employeur, il est probable que celui-ci applique le régime dérogatoire des journalistes pour inciter au départ.

Durant la procédure et les entretiens, il est conseillé de se faire assister d'un représentant des salariés ou d'un conseiller choisi sur la liste de la section de l'inspection du travail de la Direction locale des entreprises, de la concurrence, de la consommation, du travail et de l'emploi (DIRECCTE). Cela crédibilise la transaction (on suppose que vous n'avez pas fait l'objet de pression) et lui apporte une caution juridique. Dans la mesure où le contenu de la convention dépend de la capacité de négociation de chacun, mieux vaut avoir à ses côtés un témoin qui soit en mesure de rappeler à l'employeur les règles de droit ou ce qui s'est déjà pratiqué dans l'entreprise.

Le principal avantage de la rupture conventionnelle est de « solder » votre aventure avec un employeur en touchant rapidement vos indemnités pour passer à autre chose. C'est bien moins long et moins risqué qu'une procédure prud'homale, qui peut prendre des années en cas de recours multiples. Une fois la convention signée, il est encore possible de poursuivre l'employeur aux prud'hommes si vous arrivez à prouver qu'elle a été obtenue sous la contrainte et qu'il s'agit en fait d'un licenciement déguisé. Les conseillers prud' homaux n'apprécient guère que les employeurs détournent la loi à leur profit et n'hésitent pas à requalifier la rupture conventionnelle; s'ils considèrent que le licenciement est sans cause réelle et sérieuse, ils peuvent éventuellement ajouter de nouvelles indemnités et des dommages et intérêts.

Gérer un impayé

Le statut de salarié est bien plus protecteur que celui des indépendants. Pour les auto-entrepreneurs, et même les auteurs, les impayés sont un casse-tête difficile à résoudre dans une relation où seul prévaut le droit commercial. Tout retard de paiement est un premier indice. Par défaut, une facture est considérée comme légalement en retard à partir de 30 jours après réception. Des délais supérieurs peuvent être négociés, mais ils doivent impérativement figurer sur la facture.

Lorsque le retard s'éternise et que la facture devient impayée, on peut tenter de relancer le client à l'amiable. Mais ne vous laissez pas abuser par de prétendues excuses et n'hésitez pas à déclencher les recours.

Pour commencer, faites une relance informelle mentionnant « l'oubli », par e-mail, puis par courrier. Sans réponse dans le mois qui suit, renvoyez une relance par lettre recommandée avec accusé de réception. Si le client ne réagit toujours pas deux semaines plus tard, il faut passer à la lettre de mise en demeure officielle (toujours en recommandé avec accusé de réception) : cette fois, on ajoute à la lettre une copie du bon de commande et de la facture. En général, la plupart des impayés se règlent à ce stade. Pour les derniers récalcitrants, qui rechignent à honorer leurs engagements, il sera nécessaire de passer par l'étape judiciaire.

Celle-ci prend la forme d'une demande d'injonction de payer, à déposer au tribunal de commerce. Sur un formulaire disponible auprès du greffe du tribunal ou sur Internet, vous récapitulerez l'ensemble des informations concernant les sommes demandées et les justificatifs de la créance (devis, bon de commande, e-mails, bons de livraison, factures, lettres de relance, etc.). L'ensemble sera adressé au tribunal de commerce, avec un timbre fiscal (35 €) et environ 40 € de frais de greffe. Rapidement, si le juge estime la requête justifiée, il rend une « ordonnance portant injonction de payer ». Muni de cette requête, vous avez alors 6 mois pour en informer votre client par voie d'huissier. Après réception de l'ordonnance, votre client a 1 mois pour faire opposition. S'il ne le fait pas, le président du tribunal de commerce vous envoie un ordre exécutoire, qui vous donne pouvoir (par voie d'huissier) d'aller saisir l'argent chez votre client. S'il s'oppose à l'ordonnance, l'affaire est alors portée devant le tribunal qui convoque les parties, les entend, tente de les concilier et, à défaut, rend un jugement. Cette audience est l'occasion de présenter vos arguments et surtout les pièces qui prouvent votre bonne foi et votre bon droit. L'assistance d'un avocat n'est pas obligatoire. Si vous gagnez, vous recevez avec la décision du tribunal un mandement qui vous autorise à demander à un huissier d'exécuter le jugement. Évidemment, cette procédure prend du temps et présente un coût financier certain (un huissier facture environ 80 € pour signifier un jugement).

Verrouiller les conditions générales de vente

Mieux vaut prévenir que guérir. Pensez à signifier dans vos conditions générales de ventes (en bas ou au dos de votre facture) que les droits cédés sur votre travail ne sont considérés comme acquis qu'au paiement complet de votre facture. Ainsi, un mauvais payeur exploitant votre travail devient de facto un contrefacteur. Un délit pénal autrement plus grave, avec lequel les entreprises ne plaisantent pas.

« LA RELATION AVEC LES PIGISTES DEVIENT MIEUX FORMALISÉE »

Témoignage de Benoît Barbedette

Benoît Barbedette est directeur des rédactions du pôle Transport/Tourisme au sein du groupe de presse Info6TM, à Paris. Diplômé du CFPJ en 1991, après des études de droit, il a d'abord été pigiste pour des rubriques juridiques de magazines féminins (*Femme Actuelle*, *Maxi*...), puis a travaillé en agence de presse, avant d'intégrer le mensuel *France Route*, dont il deviendra le rédacteur en chef en 1997. Depuis 2003, il a pris la rédaction en chef d'un hebdomadaire du groupe, *L'Officiel des Transporteurs*.

Comment gère-t-on les pigistes du côté des éditeurs ?

Comme dans toutes les entreprises, il y a des budgets annuels et les secteurs de la presse et de l'édition n'échappent pas à la règle. C'est la base de la gestion. Ces budgets sont établis à partir de projections comprenant des recettes et des dépenses, des historiques, des évolutions de marché et des projets. Tous les rédacteurs en chef sont censés avoir un budget annuel de piges et de dépenses (frais de déplacements, factures...). À eux d'en faire bon usage et de le maîtriser. Ensuite, le rédacteur en chef a toute latitude pour gérer son budget piges : le choix des pigistes, la fréquence des commandes, le nombre de feuillets selon les sujets et l'actualité. Et de le « lisser », mois par mois, selon la périodicité du titre.

Quels sont les pigistes avec lesquels vous travaillez ?

Il y a deux profils principaux : les pigistes spécialistes, qui disposent de compétences spécifiques et reconnues (juristes, médecins, consultants et experts); et les pigistes implantés localement, en France ou à l'étranger, qui nous offrent une proximité géographique accrue et une veille sur l'actualité. Nous avons aussi quelques journalistes généralistes à Paris. Nous recrutons peu de nouveaux pigistes, car il y a peu de turn-over. Et si nous en cherchons un, nous regardons parmi ceux qui collaborent déjà à d'autres titres du pôle.

Quels sont les tarifs en vigueur et la définition du pigiste régulier chez Info6TM ?

Chaque rédaction pratique des tarifs qui lui sont propres, en tenant compte du barème minimal fixé par accord d'entreprise. En 2016, le tarif minimal de rémunération du feuillet (de 1 500 signes) était fixé à 57,87 € brut, hors congés payés et hors treizième mois. La pratique du forfait est minoritaire, car le tarif au feuillet reste une unité de mesure facile et compréhensible par les deux parties. Le caractère régulier d'un pigiste est également fixé par un accord d'entreprise.

Qu'est-ce qu'un bon pigiste ?

C'est d'abord quelqu'un qui respecte l'angle défini d'origine, le calibrage et qui rend ses papiers à l'heure ! Il lui faut aussi bien appréhender le lectorat du titre auquel il collabore. Ce qui n'est pas toujours évident lorsqu'on travaille pour différents types de presse et sur différents secteurs. Selon moi, la presse professionnelle est plus exigeante que la presse grand public, car nos lecteurs sont des spécialistes et des acteurs du secteur concerné. Un autre point important est que le pigiste doit, aussi, être force de proposition et prendre l'initiative. C'est vrai dans le fond, en proposant des sujets, des actus, des idées d'enquête. C'est aussi vrai dans la forme, en proposant un traitement original, à base de graphiques par exemple. Mieux vaut, parfois, une infographie qu'un paragraphe truffé de chiffres.

Et un mauvais pigiste ?

C'est celui qui, sur la durée, rend ses papiers en décalage avec ce qui est attendu et commandé. Ce n'est pas le fait de rendre un papier plus court que prévu ou en retard, de temps à autre, qui est en cause. Tout le monde peut être confronté à un sujet particulièrement difficile ou moins dense qu'imaginé à l'origine. C'est la succession d'articles bâclés ou en retard sans donner de nouvelles qui pose problème, à la longue. C'est quelque chose qu'on voit parfois quand un pigiste dit oui à tout le monde et se retrouve débordé ou peu impliqué.

Demandez-vous aux journalistes de faire ou de fournir des photos ?

Il y a beaucoup de cas de figure différents. Si l'on demande au pigiste de faire des photos, on les rémunère. Il arrive aussi qu'on lui demande d'essayer de récupérer des images auprès de ses contacts, sans obligation de résultat évidemment, quand ses sujets ou interviews sont traités par téléphone. De plus en plus, les rédactions sont abonnées à des banques d'images.

Qu'est-ce qui a le plus changé dans la gestion des pigistes depuis vingt ans ?

En vingt ans, d'après mon expérience, on est passé d'une relation aléatoire avec les pigistes, dont j'ai fait partie, à une gestion plus maîtrisée et formalisée, qui va de pair avec la définition en évolution de leur statut. Désormais, les rédactions en chef sont sensibilisées à la gestion de cet effectif, en faisant attention de formaliser la relation professionnelle sans nuire à la nécessaire souplesse d'exécution. La gestion de l'ancienneté est prise en compte. Cette évolution prouve que les pigistes sont importants pour nos titres.

Selon vous, est-ce que les pigistes vivent bien cette situation ?

Il y a celui qui subit cette situation et celui qui l'a choisie. Pour le second, cela peut correspondre à un choix de vie, à domicile, sans contrainte horaire ni hiérarchie directe... J'en connais certains, hier intégrés, ex-rédacteur en chef pour l'un d'entre eux, qui ont choisi de se concentrer sur le travail d'enquête et d'écriture en redevenant pigiste. Un pigiste qui travaille bien, avec un bon carnet d'adresses, doit pouvoir s'en sortir. Encore aujourd'hui, certains ont l'occasion de mieux gagner leur vie que leurs collègues intégrés. S'il est un spécialiste reconnu, le pigiste peut aussi développer d'autres activités, comme animer des tables rondes thématiques, organiser des séminaires d'information ou écrire des ouvrages.

Dépôt légal : décembre 2016
IMPRIMÉ EN FRANCE

Imprimé en décembre 2016
sur les presses de l'imprimerie « La Source d'Or »
63039 Clermont-Ferrand
Imprimeur n° 13525

Dans le cadre de sa politique de développement durable,
La Source d'Or a été référencée IMPRIM'VERT®
par son organisme consulaire de tutelle.
Cet ouvrage est imprimé - pour l'intérieur - sur papier offset 90 g
provenant de la gestion durable des forêts,
produit par des papetiers dont les usines ont obtenu
les certifications environnementales ISO 14001 et E.M.A.S.